Einführung in die Geschichte der Soziologie

Friedrich Heckmann · Friedhelm Kröll

Einführung in die Geschichte der Soziologie

Ferdinand Enke Verlag Stuttgart 1984

Professor Dr. Friedrich Heckmann
Hochschule für Wirtschaft und Politik
2000 Hamburg 13

Dr. Friedhelm Kröll
Mathildenstraße 24
8500 Nürnberg

CIP-Kurztitelaufnahme der Deutschen Bibliothek

Heckmann, Friedrich:
Einführung in die Geschichte der Soziologie /
Friedrich Heckmann; Friedhelm Kröll. – Stuttgart:
Enke, 1984.
ISBN 3-432-94081-5

NE: Kröll, Friedhelm:

Dieses Buch trägt – mit Einverständnis
des Georg Thieme Verlages, Stuttgart –
die Kennzeichnung

flexibles Taschenbuch

Satz: Composersatz Heinrich-Jung, 7120 Bietigheim-Bissingen
Druck: Maisch und Queck, 7016 Gerlingen

Vorwort

Die Frage „Was ist Soziologie?“ wird in diesem Buch durch die Darstellung ihrer Entstehung und Entwicklung beantwortet. Dabei wird der Entstehungsgeschichte der Soziologie in Deutschland besondere Aufmerksamkeit geschenkt.

Das Interesse an diesem Problem entstand aus Einführungsveranstaltungen in die Soziologie. Wir haben die Überzeugung gewonnen, daß Einführungen in das Fach, die den Weg historisch-systematischer Rekonstruktion seiner Entstehungsgeschichte zusammen mit – was in diesem Buch nicht dargestellt – einer Einführung in die gegenwärtigen „Denkweisen“ der Soziologie gehen, den günstigsten Einstieg in das Verständnis der Disziplin bilden.

Wenn auch die Kapitel des Buches zunächst von beiden Autoren getrennt entworfen wurden, ist doch der vorliegende Text Resultat gemeinsamer Arbeit und Diskussion.

Wir danken den Verlagen J.C.B. Mohr (Paul Siebeck), Tübingen, und Duncker und Humblot, Berlin, für Nachdruckgenehmigungen.

Herrn *Hans Kindt* vom Enke Verlag sind wir für die freundliche Zusammenarbeit und viele Anregungen zu Dank verpflichtet.

Nürnberg, Mai 1984

Friedrich Heckmann *Friedhelm Kröll*

Inhalt

Einleitung

Unter dem Namen „Soziologie“ wird bis heute höchst Ungleichnamiges zusammengefaßt.[1] Folge dieses viel-seitigen Erscheinungsbildes, das die Soziologie bietet: Der Anfänger arbeitet sich in ein zwar interessantes und anregendes, zugleich aber auch verwirrend vielgestaltiges wissenschaftliches Gebiet ein. Ein Eindruck, der auch den „Fortgeschrittenen“ nie so ganz losläßt. Die Irritationen setzen bereits an der Eingangsschwelle ein. Zu Recht beklagt *Dreitzel* (1966, 220): „Schon die Bestimmung dessen, was eigentlich Soziologie ist, stiftet reichlich Konfusion.“ Auch Definitionsversuche helfen allein nur wenig weiter.

Diese Publikation möchte mehr sein als nur ein Kapitel soziologischer Ideengeschichte. Es geht vielmehr um den Versuch, über eine historisch-systematische Rekonstruktion von Determinanten und Stufen des Werdens soziologischer Denkweisen einen Begriff von Soziologie als einzelwissenschaftlicher Disziplin zu gewinnen. „Einzelwissenschaftlich“ meint die Herausbildung einer eigenständigen Fachdisziplin Soziologie. Dieser Vorgang ist zu unterscheiden von den historisch viel weiter zurückreichenden Denktraditionen, die das gesellschaftliche Leben überhaupt, die „Gesellschaft“, zum Gegenstand von Erkenntnisbemühungen machen. Die historisch aufgehäuften Wissensbestände des Nachdenkens über Erscheinungsformen, Ursachen und Entwicklungswege menschlicher Vergesellschaftung können gleichsam als eine „Soziologie im weiten Sinne“ angesprochen werden. Deren Denk- und Anregungspotential ist nicht nur in der Form von Programmelementen in die Fundierung einer eigenständigen Disziplin Soziologie eingeflossen. Vielmehr gehört das Erbe des Nachdenkens über Ursache, Entwicklung und Sinn des gesellschaftlichen Lebens zu den geistig-kulturellen Voraussetzungen, ohne die die Konstitution der soziologischen Disziplin nicht denkbar ist.

Es wäre ein Irrtum zu glauben, mit der Etablierung von Soziologie als einzelwissenschaftlicher Fachdisziplin sei Soziologie in jenem weiten Sinne allmählich zum Stillstand gekommen; jene „weite Soziologie“ wirkt bis heute auf den Entwicklungsgang der Einzeldisziplin Soziologie ein. Die Formen, in denen dies geschieht, sind wesentlich davon bestimmt, welche konzeptionelle Auslegung von Soziologie als wissenschaftlicher Disziplin favorisiert wird. So finden sich gegenwärtig soziologische Schulen und Richtungen, in denen „Soziologie im weiten Sinne“ in Form von Sozialphilosophie oder allgemeiner Gesellschaftslehre aus der soziologischen Fachdisziplin ausgegrenzt wird; und es finden sich solche Richtungen, in denen Elemente der „Soziologie im weiten Sinne", etwa Geschichts- und Sozialphilosophie, systematisch in die Einzeldisziplin integriert sind. Welche konzeptionelle Auslegung von Soziologie als wissenschaftlicher Einzeldisziplin auch jeweils zugrunde gelegt wird, unserer Auffassung nach ist eine vollständige Immunisierung der Fachdisziplin Soziologie gegen Ideen und Anregungen aus der Umsphäre dessen, was wir unter „Soziologie im weiten Sinne" verstehen, weder möglich noch wünschenswert. Ein Sachverhalt, der darin begründet liegt, daß die Beziehung zwischen Soziologie und ihrem Gegenstand häufig über Sozialphilosophien und Gesellschaftslehren vermittelt ist. Dies, so hoffen wir, wird im Verlauf der Lektüre dieser Einführung deutlich werden.

Zum Aufbau der Arbeit:

Teil A:

Teil A enthält eine Darstellung der Herausbildung der Soziologie.

- Kapitel 1 gibt einen knappen Aufriß von Aspekten einer Problemgeschichte gesellschaftstheoretischen Denkens bis zur Herausbildung der Soziologie als Einzeldisziplin.
- Kapitel 2 befaßt sich mit der Entstehung der Soziologie als eigenständiger Disziplin in Frankreich und England.
- Kapitel 3 hat die Herausbildung der Soziologie als einzelwissenschaftlicher Disziplin in Deutschland zum Thema.
- Kapitel 4 behandelt die Grundlegung und Ausarbeitung der soziologischen Disziplin in Deutschland durch *Simmel* und *Weber.*

Teil B:

Hier werden ausgewählte Quellentexte zur Geschichte der Soziologie aus den Werken von *Comte, Spencer, Simmel* und *Weber* wiedergegeben.

Der Gliederung liegt die Einsicht zugrunde, daß Entstehung und frühe Entwicklung der Soziologie als Einzelwissenschaft in den verschiedenen europäischen Gesellschaften nicht gleichzeitig und gleichmäßig vonstatten gehen. Es kann ein westeuropäisch-angelsächsischer und ein deutscher Entwicklungsverlauf unterschieden werden. Vor dem Hintergrund der realgesellschaftlichen und ideengeschichtlichen Konstitutionsgrundlagen erscheint es darum sinnvoll, den Werdeprozeß in Frankreich und England auf der einen und den in Deutschland auf der anderen Seite gesondert zu betrachten. Die Eigentümlichkeit Deutschlands als „verspäteter Nation" macht sich gerade auch in der komplizierten Herausbildung der Disziplin Soziologie geltend.

Das historisch-systematische Verfahren, das wir verfolgen, bedeutet, sich um die Rekonstruktion systematisch-inhaltlicher Verbindungslinien des soziologischen Denkens zu bemühen. Dabei finden chronologische Gesichtspunkte sachangemessene Beachtung, ohne daß Chronifizierung zum Darstellungsprinzip wird. Die Diskussion solcher Verbindungslinien bedarf allerdings ebenfalls der Auswahlkriterien; allgemeinstes Kriterium, dem wir folgen, ist der Versuch, wichtige *Entwicklungsetappen* und *Fortschritte* des soziologischen Denkens zu finden.

Der mit der „klassischen Soziologie" vertraute Leser wird bald diesen, bald jenen Namen der Gründungsgeschichte der Soziologie vermissen. Warum nicht *Vilfredo Pareto*? Warum nicht *Werner Sombart* oder *Emile Durkheim*? Die Liste der fehlenden Namen ließe sich gewiß verlängern. Da die Verfasser nicht die Absicht haben, ein Panorama von „Vätern der Soziologie" auszubreiten, ist der Gedanke an eine „Vollständigkeit" der Darstellung des Werdeprozesses der Soziologie von vornherein fallen zu lassen. Eine derartige Totalschau würde gerade das Gegenteil von dem bewirken, was diese „Einführung in die Geschichte der Soziologie" im Sinn hat: Über eine historisch-systematische Betrachtungsweise der Stationen und Wege der Herausbildung der Soziologie ein geschärftes Verständnis für den Charakter dieser Disziplin zu gewinnen. Hierfür erschien uns die Konzentration auf *Comte* und *Spencer* als Repräsentanten der Soziologie im internationalen und auf *Simmel* und *Weber* im deutschen Bereich besonders geeignet.

Zu den Arbeiten von *Marx* und *Engels* werden an verschiedenen Stellen Bezüge hergestellt, ohne daß eine ausführlichere Darstellung erfolgt. Der historische Materialismus ist nicht Teil der Entstehung von Soziologie als einzelwissenschaftlicher Disziplin; im Gegenteil beruht – wie zu Beginn von Kapitel 3 begründet – die Herausbildung von „Soziologie im engeren Sinne" auf der Auseinandersetzung mit dem historischen Materialismus als einer Version von „Soziologie im weiten Sinne".

Teil A: Einführung in die Geschichte der Soziologie

1 Aspekte einer Problemgeschichte gesellschaftstheoretischen Denkens bis zur Herausbildung der Soziologie als Einzeldisziplin

Soziologie – in einem einzelwissenschaftlichen, engen Sinn – ist ein spätes Produkt der bürgerlichen Revolution in Frankreich und zugleich eine Reaktion darauf. Der Begriff „Soziologie" und ein grundlegender programmatischer Entwurf stammen von *Auguste Comte* (1798–1857). Ein zweiter, systematischer Begründungs- und Darstellungsversuch wurde später von *Herbert Spencer* (1820–1903) in England vorgelegt. Auf beide Autoren wird im einzelnen einzugehen sein; ihr Programm des „klassischen Positivismus" stellt den Beginn der Soziologie als einzelwissenschaftlicher Disziplin dar.

Begreift man „Soziologie als Element der gesellschaftlichen Selbsterkenntnis" (*Kon* 1973, VII), beginnt ihre Geschichte, d.h. ihre „Vorgeschichte" auf dem Wege zur Herausbildung als Einzelwissenschaft, wesentlich früher. Sie kann auch als „Vorsoziologie" verstanden werden. Soziologie als Einzelwissenschaft entsteht nicht ohne Voraussetzungen, gleichsam über Nacht, sondern baut auf „Vorleistungen" vergangener Epochen: Sozialphilosophie, die Anfänge einer Geschichtsphilosophie, „soziale Lehren" und die Beschreibung sozialer Prozesse und Institutionen lassen sich bis in frühe Gesellschaftsepochen nachweisen.[2] Soziologie ist darum „dem Gegenstand nach nichts Neues" (*Institut für Sozialforschung* 1968, 9).

Theologische, normative, deskriptive und theoretisch-analytische Momente sind in dieser „Vorgeschichte" der Soziologie notwendigerweise ineinander verwoben; deren methodologische und heuristische Unterscheidung stellt eine Erkenntnisleistung für sich dar, die erst wesentlich später erbracht werden konnte. Für die Geschichte des theoretisch-analytischen Denkens als Entwicklung der „gesellschaftlichen Selbsterkenntnis" enthält dieser Tatbestand jedoch den Verweis auf Spuren und Elemente theoretischen Denkens, wo diese explizit und offen als solche gar nicht bewußt sind.[3] Wenn beispielsweise der Gesetzeskodex des *Hammurabi* (1728–1686) auf dem Höhepunkt der Babylonischen Zivilisation ein umfangreiches System von Gesetzen, Vorschriften und Sanktionen aufstellt bzw. existente Regelungen schriftlich fixiert und in Falldarstellungen exemplifiziert bzw. illustriert, dann enthalten die einzelnen Gesetzesgebote Beschreibungen und Normierungen konfliktärer Sozialbeziehungen und -verhältnisse. Deren „Begriffe" enthalten immer schon eine bestimmte, wenngleich naturwüchsig spontane „theoretische Verdichtung":

Selbst einfachste Beschreibung und Normierung sind ohne Verfügung über Kategorien – als erste Leistungen theoretisch-analytischen Denkens – nicht möglich.

Theoretisches Denken über Gesellschaft bzw. menschliche Vergesellschaftung macht Fortschritte, wenn über die Beschreibung und Normierung von Präzedenzfällen oder einzelnen Ereignissen hinausgegangen wird und Darstellungen von „Allgemeinerem" versucht werden, wenn Typen aufgestellt werden – z.B. Typen von Staats- und Herrschaftsformen –, oder wenn über Stufen der Entwicklung von Gesellschaften nachgedacht wird. In solchen Versuchen kündigt sich die Entstehung von *Geschichtsphilosophie* als eine theoretische Haltung gegenüber der Geschichte an, die auf die Erkenntnis von „Regelmäßigkeiten", „Strukturen" und „Gesetzen" abzielt. Die Geschichtsphilosophie wird historisch zur entscheidenden Vorstufe der Soziologie als einzelwissenschaftlicher Disziplin. Ansätze, Vorstufen und erste Versuche geschichtsphilosophischer Entwürfe gehören zu den wichtigsten Leistungen der griechisch-römischen Antike, wenn diese auch über bestimmte Grenzen, auf die noch einzugehen sein wird, nicht hinauskommt.

Eine systematische oder gar auf vermeintliche Vollständigkeit abzielende Darstellung geschichtsphilosophischer Ansätze in der Antike – wie auch späterer Epochen – kann nicht Ziel dieser Überlegungen sein; die Form exemplarischer Darstellung, die wir wählen, ist aber angesichts der Vielzahl von wissenschaftsgeschichtlichen Darstellungen, die den Leser durch eine verwirrende Zahl von Autoren und Schulen desorientieren, statt zu informieren, mehr als nur eine didaktische „Krücke".

Zur Dokumentierung geschichtspilosophischer Ansätze der Antike stellen wir einige Passagen aus dem Lehrgedicht des *Lucretius* (97–55) „Über die Natur der Dinge" vor. *Lucretius* vereinigt in seiner Person das griechische wie das römische Element antiker Tradition. Als Römer expliziert und propagiert er die philosophischen Lehren der Epikureer. Sein Lehrgedicht „Über die Natur der Dinge" beeinflußte das Denken der Renaissance und vor allem der Aufklärung[4] und kann als einer der ersten Versuche, eine Entwicklungsgeschichte der Menschheit zu formulieren, verstanden werden. *Lucretius* beginnt seine Darstellung mit der Beschreibung eines „vorgesellschaftlichen", „vorkulturellen" Zustandes:[5]

„Im Kreislauf vieler Jahre, den die Sonne am Himmel beschrieb, führten sie (die Menschen, d. Verf.) ein Leben nach Art der umherschweifenden Tiere. Noch gab es keinen kräftigen Lenker des gebogenen Pfluges, noch verstand sich keiner darauf, mit der Hacke das Feld zu bestellen oder junge Sträucher in die Erde zu pflanzen oder von hohen Bäumen alte Zweige mit dem Gärtnermesser auszuschneiden" (S. 410). „Sie vermochten auch nicht, das gemeinsame Wohl zu beachten, noch wußten sie untereinander Sitten und Gesetze anzuwenden" (S. 411).

Eine erste Stufe der gesellschaftlichen Entwicklung wird mit dem „Vertrag der Freundschaft" erreicht:

„Damals begannen auch die Nachbarn, Freundschaft zu schließen, von dem Wunsche geleitet, einander nicht zu schaden noch Gewalt zu erleiden, und empfahlen der Schonung die Kinder und das Geschlecht der Frauen. . ." (S. 412).

Lucretius beschreibt weiter die Entwicklung der Sprache, die Entdeckung der Nutzbarmachung des Feuers und die Einführung des Stammeskönigtums. Nach dem „Fall der Könige" kommt es gleichsam zu einer zweiten Stufe des Gesellschaftsvertrags:

„Die Könige also kamen zu Fall. . . . So ging die Gewalt an die Hefe des Volkes und den großen Haufen, wo ein jeder für sich Herrschaft und Oberhoheit erstrebte. Nun haben einige Leute gezeigt, wie man Beamte wählt und Rechte festlegt, um sich der Gesetze willig zu bedienen. Denn das Menschengeschlecht war es müde, ein Leben der Gewalt zu führen. . . . Um so bereitwilliger unterwarf es sich aus freien Stücken den Gesetzen und dem Zwang des Rechts" (S. 416).

Lucretius sieht in der Geschichte nicht nur „Entwicklung" der Menschheit, sondern Entwicklung als Fortschritt:

„Schiffe und Ackerbau, Stadtmauern, Gesetze, Waffen, Straßen, Kleidung und die übrigen Dinge dieser Art, ausnahmslos alle Werte und Genüsse des Lebens, Lieder, Gemälde und kunstvolle geglättete Statuen haben die Übung und Erfahrung des unermüdlichen Geistes, sie, *die Schritt für Schritt vorangingen,*[6] allmählich gelehrt" (S. 426).[7]

Mit der Vorstellung von Entwicklung, und Entwicklung als Fortschritt sind Basiselemente einer Geschichtsphilosophie konstituiert. Unabhängig von der historisch-empirischen Gültigkeit des Bildes, das *Lucretius* zeichnet, liegt hier eine wichtige *theoretische* Leistung der Antike vor.[8]

Als weitere, nur kurz anzudeutende Resultate antiker „Vorsoziologie" können angesehen werden:
– Der Vorstellung vom Walten Gottes oder des Schicksals wird die These entgegengestellt, daß die Menschen ihre Geschichte selbst gestalten (vgl. *Eichhorn* 1971, 416).
– Es kommt zu ersten „sozialwissenschaftlichen" Erklärungen historischer Ereignisse: *Hippokrates* aus Kos z.B. erklärt geschichtliche Ereignisse aus dem Volkscharakter, der seinerseits als durch Klima, Wohngestaltung und staatliche Verhältnisse bedingt gesehen wird (vgl. ibidem).
– Die antike Geschichtsschreibung ist zwar keine empirische Sozialforschung, hält jedoch eine Reihe sozialwissenschaftlich relevanter

Beobachtungen und „Daten" fest und entwickelt Ansätze eines methodenkritischen Bewußtseins.[9]

In der Geschichte wissenschaftlichen Denkens über das gesellschaftliche Leben bedeutet die Philosophie und Theologie des Mittelalters nicht einfach die Verschüttung der Leistungen der Antike; ihre Wirkungen sind ambivalent, wie an den Lehren des „Kirchenvaters" *Augustinus* (354–430) gezeigt werden kann. *Augustinus* begründet eine theologische Auffassung der menschlichen Geschichte als Entfaltung eines göttlichen Heilsplans. Im „Gottesstaat" schreibt er z.B. über die Überlebenden der Eroberung Roms im Jahre 410 durch die Goten:

„. . . aber das Gute, das ihnen um der Ehre Christi willen widerfuhr, nämlich, daß sie am Leben geblieben sind, schreiben sie nicht unserem Christus zu, sondern ihrem Schicksal, wo sie doch bei klarer Überlegung die harten und schweren Kriegsleiden auf die göttliche Vorsehung zurückführen sollten. Diese sucht nämlich durch Kriege die verderbten Sitten der Menschen zu bessern und auszumerzen und in gleicher Weise die Sterblichen, die einen gerechten und anerkennenswerten Lebenswandel führen, durch derartige Heimsuchungen auf die Probe zu stellen, worauf die Erprobten entweder in ein besseres Jenseits versetzt oder wegen anderweitiger Verwendung noch auf dieser Welt zurückgehalten werden" (*Augustinus* 1923, 18/19).

Die Geschichtstheologie bedeutet gegenüber jenen Ansätzen geschichtsphilosophischen Denkens der Antike, die den Menschen selbst als handelndes Subjekt seiner Geschichte begreifen, einen Rückschritt des theoretischen Denkens. Sie geht über die Antike hinaus, in dem bereits Vorstellungen eines gesetzmäßigen und etappenförmigen Verlaufs der Geschichte ausgearbeitet werden, wenn dieser auch als ein außerhalb der Menschen entstehender und gesteuerter verstanden bzw. dogmatisch propagiert wurde. Zugleich eröffnet das Christentum eine „(über)geschichtliche Perspektive. . . . Der Christ erst begreift sich . . . von der Vergangenheit her und auf seine Zukunft hin" (*Fetscher* 1960, 108). Das Entwicklungs- und Fortschrittsdenken des *Lucretius* war dem gegenüber nicht über die eigene Gegenwart hinausgegangen.

Gegen die Scholastik als theologisch präformierte Philosophie des Hochmittelalters gewinnt im 16. und 17. Jahrhundert in England und Frankreich naturwissenschaftliches Denken, d.h. systematisches, auf Empirie gegründetes Erkennen, Vorrang. Zum „Stammvater" des neuen, rationalen naturwissenschaftlichen Denkens wird *Bacon* (1561–1626).[10] *Bacon*s Experiment, Beobachtung und Erfahrung propagierende Erkenntnistheorie, die sich zunächst auf die Erforschung der *Natur* richtet, wird zu einer der entscheidenden Vorstufen der Aufklärungsphilosophie insgesamt; d.h. der Empirismus beeinflußt nicht nur die sich rasch entwickelnden Naturwissenschaften, sondern auch Philosophie und Geschichtsphilosophie.[11] Geschichtsphilosophie als rationale Haltung gegenüber Geschichte und Gesellschaft – als Begriff zuerst von *Voltaire* (1694–1778) eingeführt, setzt sich nun bewußt ab von der „bloßen Chronik" bisheriger Geschichtsschreibung.[12] Sie erlangt allgemeine Anerkennung vor allem mit *Herder* (1744–1803), der sie als Disziplin definiert, welche die Erforschung allgemeiner Prinzipien und Gesetze der historisch-gesellschaftlichen Entwicklung zum Ziel hat.

Die Erforschung allgemeiner Gesetze der historischen Entwicklung bezieht sich nicht allein auf die sich herausbildenden Nationalgesellschaften, sondern hat „Universalgeschichte" zum Gegenstand. Durch die Entdeckung und Erforschung bisher unbekannter Kontinente und Gesellschaften hatte sich der Horizont dieser Universalgeschichte beträchtlich erweitert bzw. die Entdeckung verschiedener Formen und Stufen von Vergesellschaftung wird selbst zum Anlaß, eine stärker theoretische Haltung gegenüber der Geschichte einzunehmen, welche die Entwicklung der Menschheit als Universalgeschichte begreifen will. In seiner akademischen Antrittsrede als Professor für Philosophie in Jena, der er den Titel gab: „Was heißt und zu welchem Ende studiert man Universalgeschichte?", resümierte *Friedrich Schiller* 1789:

„Die Entdeckungen, welche unsere europäischen Seefahrer in fernen Meeren und auf entlegenen Küsten gemacht haben, geben uns ein ebenso lehrreiches als unterhaltendes Schauspiel. Sie zeigen uns Völkerschaften, die auf den mannigfaltigsten Stufen der Bildung um uns herum gelagert sind, wie Kinder verschiedenen Alters um einen Erwachsenen herumstehen und durch ihr Beispiel ihm in Erinnerung bringen, was er selbst vormals gewesen und wovon er ausgegangen ist. Eine weise Hand scheint uns diese rohen Völkerstämme bis auf den Zeitpunkt aufgespart zu haben, wo wir in unserer eignen Kultur weit genug würden fortgeschritten sein, um von dieser Entdeckung eine nützliche Anwendung auf uns selbst zu machen und den verlornen Anfang unsres Geschlechts aus diesem Spiegel wiederherzustellen" (1966, Band 4, 426).

Die realgeschichtliche Entwicklung im „Zeitalter der Entdeckungen" selbst wird zur produktiven Schubkraft des geschichtsphilosophischen Denkens und als solche erkannt.

Die allgemeinen Gesetze menschheitlicher Entwicklung begreift die Geschichtsphilosophie der europäischen Aufklärung als *Fortschrittsbewegung;* die Idee des Fortschritts ist wissenschaftliche Grundüberzeugung der Epoche. *Condorcet* (1743–1794) beispielsweise, einer der führenden französischen Geschichtsphilosophen, veröffentlicht den „Entwurf eines historischen Gemäldes der Fortschritte des menschlichen Geistes":

„Dies ist der Zweck des Werkes, das ich unternommen habe und wovon das Resultat sein wird, durch Vernunftschlüsse und durch Erfahrungen zu zeigen, daß der Vervollkommung der menschlichen Fähigkeiten kein Zielpunkt gesetzt ist; daß die Vervollkommlichkeit des Menschen wesentlich unbestimmbar ist; daß die Fortschritte dieser Vervollkommlichkeit, fürderhin unabhängig von jeder Gewalt, welche sie hemmen zu wollen versuchen könnte, keine anderen Grenzen haben, als die Dauer des Erdrunds, worauf die Natur uns geworfen hat" (*Condorcet* 1963, 174).

Zugleich spricht die Geschichtsphilosophie die Menschheit mündig, d.h. der scholastischen Auffassung der Geschichte als gottbestimmter Heilsgeschichte (Geschichtstheologie) tritt der Mensch der Aufklärung als selbstbewußtes Subjekt des Geschichtsprozesses entgegen. Dieser „Mensch der Aufklärung" ist das sich seiner wachsenden Stärke bewußt werdende Bürgertum, das im Namen der ganzen Gesellschaft die ideologischen und politischen Grundlagen der überkommenden Feudalherrschaft in Frage stellt und zerstören will. Es ist konsequent, daß an die Stelle theologischer Lehren „diesseitsbezogene" Erklärungen menschlichen Handelns gesetzt werden. „Einer der Erklärungsversuche ist geographisch-naturalistischer Art (*Bodin, Montesquieu*). Die diesseitsbezogene Tendenz der klassischen bürgerlichen Geschichtsphilosophie kommt auch in den vielfältigen Theorien zum Ausdruck, die von der ‚Natur des Menschen' ausgehen und auf die Schaffung einer ‚naturgemäßen' gesellschaftlichen Ordnung abzielen." (*Eichhorn* 1971, 416).

Eine resümierende Darstellung der Leistungen der Geschichtsphilosophie: Gegen die überkommene Form, Ereignisse und Persönlichkeiten chronifizierende Geschichtsschreibung betont sie die Notwendigkeit der Entdeckung und Konstruktion *historischer Gesetze* der menschheitlichen Entwicklung; dies bedeutet die *Stärkung des theoretischen Elements* bei der Befassung mit Geschichte und Gesellschaft; Geschichte wird gegen lokale Borniertheit als *Universalgeschichte* begriffen; der Verlauf menschheitsgeschichtlicher Entwicklung wird als *Fortschrittsbewegung* beschrieben; das Voranschreiten der Wissenschaft, die Ausbreitung des Wissens und das Zurückdrängen von Aberglaube und Vorurteil gelten als Indikatoren und Kriterien des Fortschritts; „diesseitige", rationale Erklärungen treten an die Stelle geschichtstheologischer Konstruktionen und sprechen die Menschheit „mündig".

Die Soziologie als Einzelwissenschaft entsteht aus der Aufnahme, vor allem aber der Kritik geschichtsphilosophischer Prinzipien.

„Obwohl sie (die Geschichtsphilosophie, d. Verf.) auf die Geschichte orientiert war, wurden ihre wichtigsten Thesen nicht auf empirischem Wege abgeleitet, sondern aus philosophischen Postulaten deduziert. Historische Fakten wurden lediglich zum Beweise oder zur Illustrierung der spekulativ gewonnenen Ideen angeführt. ... In jedem Falle war aber die Geschichtsphilosophie abstrakte Betrachtung des Geschichtsprozesses, nicht aber seine konkrete Erforschung.

Die Besonderheiten und die Schlußfolgerungen der Sozialphilosophie dieses Typs wurden in weit höherem Maße durch den Charakter ihrer philosophischen Postulate bestimmt als durch die Spezifik des zu untersuchenden Materials." (*Kon* 1973, 2/3).

Soziologie im engeren Sinn als Einzelwissenschaft entstand aus der Kritik der Geschichtsphilosophie, wurde aber zunächst selbst als philosophische Bewegung begriffen; ihre ersten großen Systeme (*Comte* und *Spencer*) wurden als Interpretationen des Geschichtsgangs gelesen. „Die Soziologie ist also, historisch gesehen, Nachkommin, vielfach *Erbin der Geschichtsphilosophie*" (*Freyer* 1930, 116).[13]

Hinzuzufügen bleibt, daß dies auch ihrem Selbstverständnis entsprach: *Comte* glaubte, daß Soziologie „die wesentlichen Grundlagen der wahren Geschichtsphilosophie" darstelle (*Comte* 1923, Band I, 534).

Zusammenfassung

- Soziologie „in einem weiten Sinne" als gesellschaftliche Selbsterkenntnis des Menschen muß von der Begründung und Entwicklung von Soziologie als Einzeldisziplin unterschieden werden. Im „weiten Sinne" ist Soziologie Teil der allgemeinen kulturellen und Erkenntnisentwicklung, als Einzeldisziplin entsteht sie mit der Durchsetzung der bürgerlichen Gesellschaft in Westeuropa.

- Wichtige Elemente und Formen der gesellschaftlichen Selbsterkenntnis des Menschen sind soziale Lehren, historische und juristische Beschreibungen von Institutionen und vor allem die Entwicklung geschichtsphilosophischen Denkens.

- Die Besonderheit von Geschichtsphilosophie besteht in der Herausbildung einer theoretischen Haltung gegenüber dem gesellschaftlichen Leben und seiner Geschichte.

2 Zur Konstituierung einzelwissenschaftlicher Soziologie bei Comte und Spencer

Auguste Comte gilt als „Begründer" und erster Programmatiker der Soziologie als einzelwissenschaftlicher Disziplin. Auch der Begriff „Soziologie" wurde durch ihn eingeführt.[14] Dieser Konstituierungsentwurf ist aber nicht als Einzelleistung eines „großen Mannes" zu begreifen. *Comte* nahm eine Reihe von Zeitströmungen in sein Werk auf und verarbeitete bzw. synthetisierte sie.[15] Soziologie stand im Rahmen der allgemeinen Tendenz fortschreitender wissenschaftsinterner Arbeitsteilung und Spezialisierung gleichsam auf der Tagesordnung der Wissenschaftsentwicklung.

Wir gehen zunächst auf das Programm *Comte*s ein (2.1) und stellen dann einen zweiten wichtigen Entwurf durch *Spencer* (2.2) dar.

2.1 Das Programm Comtes

Ausgangspunkt *Comte*s (1798–1857) ist die Kritik der „bestehenden Sozialwissenschaft".[16] Das Studium der sozialen Erscheinungen habe „selbst bei den hervorragendsten Geistern den theologisch-metaphysischen Zustand noch nicht überwunden" (*Comte* 1923, I, 1/2).[17] Während in anderen Bereichen, vor allem in der Naturwissenschaft, wissenschaftliche Prinzipien, wie sie zuerst von *Bacon* im Novum Organon entwickelt worden seien, erfolgreich angewendet würden, dämmere die Sozialwissenschaft in einem „beklagenswert verlängerten Kindheitszustand" (S. 4) hin.[18] Erst in seinem eigenen Werk finde auch die „Sozialwissenschaft" den Weg zu einem höher entwickelten, zu einem „positiven Zustand" (vgl. S. 477).[19] *Comte* will bewußt eine neue Wissenschaft ins Leben rufen. Was früher die Astrologie für die Astronomie, die Alchemie für die Chemie und die Suche nach dem Universalmittel für das System der medizinischen Studien war, gelte heute analog für das Verhältnis von überkommender „Sozialwissenschaft" und neu zu konstituierender Soziologie.

Den „positiven Geist" in die „Sozialwissenschaft" einzuführen bedeute vor allem die „notwendige und dauernde Unterordnung der Einbildungskraft unter die Beobachtung" (S. 214). Beobachtung, Experiment, vergleichende und historische Methode werden zu Königswegen der Forschung erklärt. Die Orientierung auf empirische Methoden dürfe jedoch nicht zu theorielosem Empirismus führen: „Bei jeder Art von Erscheinungen, selbst den einfachsten gegenüber, ist eine wahrhafte Beobachtung nur insoweit möglich, als sie durch irgendeine Theorie zuerst geleitet und schließlich erläutert wird" (S. 304). Das Postulat der Werturteilsfreiheit sei das Ideal einer wissenschaftlichen Haltung: politische Tatsachen gelte es weder zu bewundern noch zu verdammen, sondern in ihnen wie in jeder anderen Wissenschaft seien nur Gegenstände der Beobachtung zu sehen (vgl. S. 297). Vorausschau sei das Ziel der Wissenschaft.

Der Theoriebegriff *Comte*s polemisiert gegen theologische und metaphysische „Erklärungen" sozialer Tatbestände, orientiert aber selbst auf ein fragwürdiges, auf die Ermittlung von Regelmäßigkeiten und korrelativen Zusammenhängen von „Erscheinungen" sich beschränkendes Theorieverständnis. Metaphysische Theorie, die den Begriff des „Wesens" verwende, habe den Begriff der Gottheit nur säkularisiert, also in modifizierter Form beibehalten. Dagegen gelte es, „das Suchen nach den tatsächlichen Gesetzen der Erscheinungen immer mehr an Stelle desjenigen nach ihren ursprünglichen Ursachen zu setzen" (S. 503). Jede „nutzlose und unzugängliche Erforschung der innersten Natur und der wesentlichen Modalität der Erzeugung irgendwelcher Erscheinungen" (S. 297) sei zu vermeiden.

Bei der Analyse der Gesellschaft unterscheidet *Comte* das „grundlegende Studium der Existenzbedingungen der Gesellschaft" und die Untersuchung „der Gesetze ihrer beständigen Bewegung" (vgl. S. 232). Die Existenzbedingungen der Gesellschaft werden als „soziale Statik", ihre Bewegungsgesetze als „soziale Dynamik" bezeichnet; im politischen Bereich finden diese Unterscheidungen ihre Entsprechung in dem Doppelbegriff der Ordnung und des Fortschritts (vgl. S. 233). Die analytische Trennung von Statik und Dynamik darf jedoch nicht die „dauernde Verbindung dieser beiden Hauptgesichtspunkte . . . vernachlässigen . . ." (S. 232). Soziale Statik habe auszugehen von den allgemeinen Existenzbedingungen zuerst des Individuums, dann der Familie und der Gesellschaft im eigentlichen Sinne. Die Theorie des Individuums jedoch verweist *Comte* in den Bereich der Biologie. Mit scharfer Polemik setzt er Vorstellungen der Aufklärung – z.B. über die Herstellung des Sozialen durch rationale Einzelne, die einen Gesellschaftsvertrag schließen – eine Gehirntheorie entgegen: „Insbesondere wird *Galls* Gehirntheorie . . . einen außerordentlichen philosophischen Dienst leisten, indem sie durch die einzigen Mittel, die jetzt eine wirkliche und dauernde Überzeugung hervorrufen können, die metaphysischen Irrtümer des letzten Jahrhunderts über diesen wichtigen Gegenstand auf immer zerstreut. . ." (S. 393). Dieser Verweis in den Bereich der Physiologie bedeutet den Verzicht auf eine soziologische Theorie der Individuen, Vergesellschaftung wird zum Resultat „instinktiver Neigung zum Gemeinschaftsleben" (S. 394). Biologisierende Denkweise liegt auch der *Comte*schen Vorstellung von Gesellschaft zugrunde; diese wird als Organismus verstanden, dessen Teile

„organisch" miteinander verbunden und wechselseitig voneinander abhängig seien. Der primäre soziale Organismus sei die Familie. Gesellschaft wird analysiert, „indem wir sie als von Familien und nicht von einzelnen gebildet ansehen. . ." (S. 427).[20]

Während die sozialen Beziehungen in der Familie „innig" und „wesentlich moralischer Natur" seien, herrsche in der Gesellschaft die auf Arbeitsteilung beruhende Kooperation vor: „Dieser unveränderliche Ausgleich zwischen der Arbeitsteilung und der Kräftevereinigung, der um so mehr hervortritt und um so bewundernswerter ist, als sich die Gesellschaft mehr kompliziert und ausdehnt, bildet in der Tat den Grundcharakter der menschlichen Handlungen, wenn man sich vom einfach häuslichen Standpunkte zum wahrhaft sozialen erhebt" (S. 428). Die Arbeitsteilung habe jedoch auch ihre negativen Seiten, indem sie die Tendenz zeige, „die Intelligenz immer mehr einzuengen", d.h. Universalfähigkeiten zu verkümmern, und disruptive Sonderinteressen zu fördern.[21] Aufgabe des Staates sei es, diese Tendenz „hinlänglich zu zügeln und ihr soviel als möglich vorzubeugen" (S. 441).

„Soziale Dynamik" ist die „allgemeine Theorie des natürlichen Fortschritts der Menschheit" (S. 452) als Grundgesetz der Evolution. Fortschritt wird unterteilt in materiellen (Verbesserung der Lebensbedingungen), physischen (Zurückdrängen der „physischen Begierden"), intellektuellen und moralischen Fortschritt. Der intellektuell-geistige und moralische Fortschritt sind bestimmende Momente der gesellschaftlichen Entwicklung. In dem „Dreistadiengesetz" wird darum – konsequent im Sinne dieser idealistischen Geschichtskonzeption – die Entwicklung der menschlichen Gesellschaft als Entwicklung des Denkens begriffen; *Comte* glaubt, „daß die Geschichte der Gesellschaft vor allem durch die Geschichte des menschlichen Geistes beherrscht wird" (S. 471). Das „Dreistadiengesetz", dessen Konzipierung auf *Turgot* und seinen Lehrer *Saint-Simon* zurückgeht – auch wenn *Comte* immer wieder seine eigene Urheberschaft betont –, behauptet, daß die geistige und damit gesellschaftliche Entwicklung des Menschen von einem ursprünglich „theologischen Zustand", über eine metaphysische Phase, die als Übergang begriffen wird, sich zu einem „positiven Zustand" hin entwickle. Diesen für die Sozialwissenschaften zu erreichen, ist das wissenschaftliche Ziel *Comte*s. Es hängt mit seiner erkenntnistheoretischen Position zusammen, wenn er zugleich mit diesen wissenschaftlichen auch gesellschaftspolitische Zielsetzungen formuliert; *Comte* ist nicht nur Programmatiker einer neuen Wissenschaft, sondern zugleich ein eminent politischer Ideologe.

Eine bis heute virulente Vorstellung über die Soziologie – nicht selten gegen sie verwandt – „betrifft den angeblich politisch liberalen, ja revolutionären Charakter der Soziologie, der ihr von Anfang an, von dem ersten systematischen Entwurf, den *Comte* in ‚Cours de philosophie positive' unternahm, eigentümlich" sei (*Maus* 1966, V). Ein genaueres Studium der Schriften *Comte*s erweist diese Vorstellung als Fehlurteil. *Comte,* 1798 geboren, „Sohn streng katholisch und monarchisch gesinnter Eltern aus kleinbürgerlichen Kreisen" (*Waentig* 1923, III), lebt in einer Epoche, in der das jüngst auch zur politischen Macht gekommene französische Bürgertum – nach der Revolution von 1830 – seine Herrschaftspositionen ausbaut und konsolidiert; „Freiheit" und „Gleichheit" als politische Begriffe, mit deren Hilfe das Bürgertum gegen die feudale Gesellschaft gekämpft hatte, verlieren unter den neuen Bedingungen ihren Verbindlichkeitscharakter (vgl. *Steinhauer* 1966, 36). „Terminer la revolution", die Revolution zu beenden und eine „Synthese von Ordnung und Fortschritt" zu bilden ist das politische und wissenschaftliche Ziel *Comte*s. Sein Werk ist getragen von scharfer Polemik – oder auch langatmigen Erörterungen – gegen wesentliche Prinzipien der Aufklärung, die er als Metaphysik denunziert. Er bekämpft die Prinzipien der Volkssouveränität und der Gewissensfreiheit, weil sie hierarchische Ordnungen bedrohen (vgl. *Lenk* 1971a, 47).[22]

Comte wendet sich auch gegen den Kerngehalt geschichtsphilosophischer Vorstellungen der Aufklärung, die Kategorie des Fortschritts als Prozeß der Vervollkommung des Menschen und der Gesellschaft, wie sie von *Condorcet* repräsentativ formuliert worden war. Zwar arbeitet *Comte* im Rahmen der „sozialen Dynamik" weiter mit dem Begriff des Fortschritts, definiert ihn aber um: „. . . ebenso erkennt man noch deutlicher, daß das dynamische Studium des Gemeinschaftslebens der Menschheit notwendig die positive Theorie vom sozialen Fortschritt bildet, die, jeden *nutzlosen Gedanken* an eine absolute und unbegrenzte *Vervollkommnungsfähigkeit*[23] beiseite schiebend, naturgemäß auf die bloße Vorstellung dieser fundamentalen Entwicklung hinauslaufen muß" (S. 233/234).[24] Inhaltlich wird die Kategorie des Fortschritts zu Entwicklung umdefiniert. Mit Recht spricht *Martindale* darum von einer „converted progress formula" (1960, 64). *Martindale* geht auch direkt auf die politischen Konsequenzen – „the conservative content of this coup" (ibidem) – ein: Der Fortschrittsbegriff werde aus konservativer Position – gegen starres Beharren – aufgenommen, aber umdefiniert, die konservative Position elastischer. „This was its answer to the social-critical conception of progress. Conservatism, too, could accept development . . . Conservatism thus receives and surmounts the dangerous principle of change" (ibidem).

In aller Schärfe und Offenheit treten gegenaufklärerische, antiliberale und autoritäre Tendenzen im Spätwerk *Comte*s zutage, vor allem im „Systeme de politique positive" (1851–1854). Ein Teil der *Comte*-Literatur will die Arbeiten nach der Fertigstellung der „Cours de philosophie positive" im Jahr 1842 „nur bedingterweise oder wohl überhaupt nicht mehr als wissenschaftliche Werke . . . betrachten" (*Waentig* 1923, VI; vgl. auch *Blaschke* 1933, XVI). Es wird eine biographische Krisensituation behauptet, die von der „romantischen Liebe zu einer unglücklichen Frau, *Clotilde Deveaux*" (*Waentig*, ibidem) ausgelöst, zu einem biographischen Bruch auch des wissenschaftlichen Werkes geführt habe. Die Spätschriften seien „eher die poetischen Phantasien eines in erotischer Psychose Befangenen und insofern ein ‚document humain' von besonderer Art" (ibidem, VI/VII). Gegen diese Diskontinuitätsthese, deren Interessiertheitscharakter aus der Sicht von Anhängern oder Nachfolgern der positivistischen Tradition offenkundig ist, konnte *Steinhauer* (1966) zeigen, daß Frühwerk und Spätwerk, Gesellschaftstheorie und politische Soziologie aufs engst miteinander verbunden sind.

Das Bild der zukünftigen „positiven" Gesellschaft und Politik, das *Comte* entwirft, ist das einer autoritäten, korporativ verfaßten Gesellschaft, die ihren „Konsens" mittels Zwang und einer neuen „Menschheitsreligion" sicherstellt; in der die Philosophen bzw. Soziologen herrschen und die materiellen Möglichkeiten den Kapitalisten gebühren. Es wird von *Jonas* (1973, Band II, 99) treffend nachgezeichnet:

„Die Produktionsgesellschaft löst die kriegerische Gesellschaft ab; sie wird von Industriellen verwaltet; die soziale und moralische Kontrolle in ihr wird von Soziologen übernommen, die sich zu diesem Zweck als eine neue Priesterschaft konstituieren. Priester, die unsere Gedanken leiten, Frauen, die unsere Gefühle inspirieren, und Praktiker, die unsere Tätigkeit lenken, sind die Klassen der zukünftigen Gesellschaft. Eine neue Religion sorgt dadür, daß der Traum von einer organischen Einheit der Gesellschaft in Erfüllung geht."[25]

Daß *Comte* den russischen Zaren in einem offenen Brief zur Übernahme der weltlichen Herrschaft in ganz Europa aufforderte, wenngleich unter der Bedingung, daß die geistliche Herrschaft den positivistischen Priestern zustehe (vgl. *Waentig* 1923, VII), kann damit nicht unbedingt als Widerspruch zu seinen theoretischen Auffassungen, sondern nur im Zusammenhang mit diesen gesehen werden.[26]

Eine Beurteilung *Comtes* muß die Grundlagen der positivistischen Methode selbst einbeziehen. Die bewußte Einführung „naturwissenschaftlichen" Verfahrens in die wissenschaftliche Analyse des Sozialen, die positive Bewertung der vergleichenden Methode, die richtige Warnung vor einem theorielosen Empirismus, zu welchem seine Forderung der „Unterordnung der Einbildungskraft unter die Beobachtung" leicht umschlagen kann, die Anerkennung der Bedeutung sozialer Strukturen (soziale Statik), diese Punkte bezeichnen methodologisch und theoretisch Leistungen *Comtes*. In anderen Punkten vermag *Comte* jedoch nicht, seine eigene Programmatik einzulösen. Nicht nur, daß er als Kritiker des „theologischen Zustandes" zum Begründer einer neuen Religion wird,[27] seine Kritik des spekulativen Verfahrens der Geschichtsphilosophie verhindert nicht, daß sein „Dreistadiengesetz" selbst eine spekulative Konstruktion bleibt.[28]

Bemißt man die Arbeiten *Comtes* nicht nur an seinen eigenen Standards, muß die Kritik erweitert werden: Der methodologische Satz, das „Suchen nach den Gesetzen der tatsächlichen Erscheinungen ... an Stelle desjenigen nach ihren ursprünglichen Ursachen zu setzen" (S. 503) stellt den Begriff des Gesetzes dem der Kausalität entgegen (vgl. *Kon* 1973, 10). Die zutreffende Kritik an metaphysischer Wesenspekulation gerät *Comte* zur Verbannung von Fragen nach Ursachen und Entstehungsgründen sozialer Tatbestände schlechthin. Die richtige Forderung nach Einbeziehung von Grundlagen naturwissenschaftlichen Verfahrens in die Soziologie wird zur Auffassung, „gesellschaftliche Gesetzmäßigkeit als dingliche Sachverhalte zu interpretieren" (*Jonas* 1973, Band II, 97). Gesellschaft und Geschichte sollen als „Sachen" begriffen werden, deren Strukturen und Prozessen der Charakter naturgesetzlicher Tatsachen zugesprochen wird. Bewußtes geschichtliches Handeln als Eingreifen und Verändern ist damit nur Illusion; *Comtes* Polemik gegen den Freiheitsbegriff und seine Forderung einer „Unterordnung" der Soziologie unter die Biologie wurzeln in diesem verdinglichten Begriff von Geschichte.

Ein weiterer Punkt betrifft die Begriffe der sozialen Statik und Dynamik. Wenn diese verstanden werden als Unterscheidung sozialer Tatbestände in Strukturelemente und Bewegungsgesetze, hat sie großen theoretischen Wert, ist aber zur Entfaltung ihrer analytischen Möglichkeiten darauf angewiesen, beides zu verknüpfen, Sich-Veränderndes aus dem Bestehenden und Bestehendes aus Sich-Verändert-Habendem zu erklären. *Comte* erkennt dieses Erfordernis, kann es aber nicht einlösen.

Ein Grundzug argumentativen Verfahrens bei *Comte* ist schließlich der Rekurs auf Analogien, vor allem organizistische Analogien. Diese Vorgehensweise teilt er mit *Spencer*, auf den wir im folgenden eingehen werden. Eine Beurteilung dieser Verfahrensweise soll im Zusammenhang der Darstellung und Diskussion des *Spencer*schen Werkes erfolgen.

Zusammenfassung

- Aus der Kritik der Geschichtsphilosophie entwickelt *Comte* nach dem Vorbild der Naturwissenschaften ein Programm für eine Einzeldisziplin Soziologie. Sie habe bei der Untersuchung der Gesellschaft nach dem Prinzip der „Unterordnung der Einbildung unter die Beobachtung" zu verfahren und müsse Experiment, vergleichende und historische Analyse als Methoden verwenden; sie müsse werturteilsfrei betrieben werden.

- Beim Studium der Gesellschaft entwickelt *Comte* die aufeinander bezogenen Kategorien soziale Statik und soziale Dynamik. Sein Gesellschaftsprogramm ist gegen die sozial desintegrierenden Folgen der Französischen Revolution gerichtet und hat stark autoritär-elitäre Züge.
- *Comte*s Leistung liegt in einem systematischen Konstituierungsentwurf; er vermag dieses Programm in seinen eigenen Arbeiten jedoch nicht einzulösen.

2.2 Das Programm Spencers

Herbert Spencer (1820–1903) wird neben *Comte* zu den Begründern der Soziologie gerechnet. Im Rahmen wohl einer der letzten enzyklopädisch angelegten Darstellungs- und Deutungsversuche der Wissenschaftsentwicklung, den *Spencer* als „Synthetische Philosophie" bezeichnete, legte er den systematischen Entwurf einer Gesellschaftslehre als Soziologie vor. Die außerhalb der „Synthetischen Philosophie" veröffentlichte „Einleitung in das Studium der Soziologie" (The Study of Sociology) untersucht Konstitutionsprobleme der Soziologie als Einzelwissenschaft, vor allem erkenntnistheoretische Probleme.[29] Für ein bis heute wirksames „Grundmuster" des Denkens über Gesellschaft, das Operieren mit organisch-biologischen Analogien, kann *Spencer*s System als Schulbeispiel dienen. Daß diese Art zu denken und zu argumentieren bis heute nicht nur gängige Münze im politischen Alltagsgeschäft ist, sondern auch in der Theoriediskussion – modifiziert – fortgesetzt wird, kann im folgenden aufgewiesen werden.[30]

Spencer gehörte nicht zu den Kreisen universitärer Fachgelehrter oder esoterischer Intellektueller: Er war einer der führenden, öffentlichkeitswirksamen Ideologen des Victorianischen Englands und des Manchestertums; auch in anderen Ländern, vor allem den Vereinigten Staaten, war er wissenschaftlich und politisch einflußreich. Über seine Einstellung zu seiner Zeit (und sich selbst) schreibt *Martindale:* „He seems to have been a man satisfied with himself and with his time and social order" (1960, 66).

Im Rahmen des Systems der „Synthetischen Philosophie"[31] formuliert *Spencer* Entwicklungsgesetze des anorganischen, organischen und „über-organischen" Lebens. Menschliche Gesellschaften sind hierin Teil des „über-organischen" Lebens. *Soziologie* ist für *Spencer* die Untersuchung der Entwicklung, Struktur, Funktion und der Produkte menschlicher Gesellschaften als Form „über-organischer Entwicklung" (vgl. 1893, vol. I, 7).

Die „Principles of Sociology" sind der Entwurf eines geschlossenen soziologischen Systems. Enzyklopädisch daran ist vor allem der Versuch, das gesamte, damals bekannte ethnographische Material in das System einzubauen; aus diesem Versuch, der Teil I der „Principles" ausmacht, resultiert eine umfassende Rekonstruktion urgesellschaftlicher Verhältnisse: physische, emotionale und intellektuelle Merkmale des urgesellschaftlichen Menschen – *Spencer* verwendet den Begriff „primitive man" –, seine Glaubenssysteme und Riten werden facetten- und materialreich dargestellt. „Entwicklung" oder Evolution, das zentrale Interesse *Spencer*s, geht in diese Darstellung ein als Aufzeigen eines in der Urgesellschaft bereits erreichten Standes an Fähigkeiten und Produkten, vor allem aber als Bemessungspunkt des in der Gegenwart erreichten Entwicklungsniveaus.

Teil II der „Principles" stellt das theoretisch-begriffliche Kernstück der *Spencer*schen Gesellschaftsanalysen dar: Hier werden die zentralen Kategorien Gesellschaft, Struktur, Funktion, „Wachstum", System und Subsystem (implizit) entwickelt; bereits diese Bezeichnungen deuten auf Kontinuitäten zum Strukturfunktionalismus, die das Denken *Spencer*s als keineswegs obsolet erscheinen lassen.[32]

Teil III beinhaltet eine Analyse und Darstellung der Evolution „häuslicher Einrichtungen" („domestic institutions"): sexuelle Beziehungen, Familien- und Verwandtschaftsformen, die Stellung der Frau und der Kinder; in diesem Teil wird wiederum ein riesiges Inventar ethnographischen Materials verarbeitet. Auch Teil IV über „Ceremonial Institutions" (Trophäen, Geschenke, Besuche, Titel, Mode u.a.), die als Teil des Kontrollapparates der Gesellschaft verstanden werden (vgl. 1893, vol. I, 428), verfährt nach dem Muster „illustrativer Empirie".[33] Teil V behandelt die politischen Institutionen, die Entwicklung des Staates, von Gesetzen, des Gerichtswesens, des Militärs, aber auch Institutionen wie das Eigentum, und formuliert eine Typologie von Gesellschaften;[34] Teil VI u.a. die Entwicklung der religiösen und ökonomischen Institutionen. „Die Soziologie ist bei *Spencer* somit eine allumfassende Wissenschaft, die sowohl die Anthropologie und Ethnographie als auch die allgemeine Theorie der historischen Entwicklung einschließt." (*Kon* 1973, 28).

Wesentliche Denkbestimmungen und Denkmuster sind für *Spencer* die Auffassung der Gesellschaft als Organismus und das Konzept der Entwicklung oder Evolution, das sich als zentrales Erkenntnisinteresse und Fragestellung durch alle Themen seiner Soziologie zieht.[35] Die Analogie zwischen Gesellschaft und Organismus stützt sich im wesentlichen auf folgende Punkte: 1) die Gemeinsamkeit des Wachstums; 2) die Zunahme von Komplexität und Differenzierung mit zunehmendem Wachstum in Organismen wie in Gesellschaften; 3) in beiden sei eine fortschreitende Differenzierung der Struktur von fortschreitender Differenzierung der Funktionen begleitet; 4) in Organismen wie in Gesellschaften nehme mit zunehmender Differenzierung der Systemcharakter zu, d.h. die wechselseitige Abhängigkeit der Einzelteile; 5) in dem einen wie dem anderen führe das Zusammenwirken zu einer Erhöhung des Wohls des „Ganzen". Allerdings – und das mache einen wesentlichen Unterschied der Gesellschaft zu Organismen aus – finde das Zusammenwirken nicht zum Wohl des Ganzen statt: „The society exists for the benefit of its members; not its members for the benefit of the society" (1893, vol. I. 449/450). Der Liberalismus und Individualismus *Spencer*s verbieten hier Schlußfolgerungen, die von anderen organizistischen Theoretikern immer wieder zur Begründung einer Unterordnung persönlicher Freiheitsrechte unter staatlich-herrschaftliche Belange angeführt wurden und werden.

Die Beschäftigung *Spencer*s mit „sozialen Strukturen" und „sozialen Funktionen", einflußreich gewordenen Begriffen, die er aber nicht explizit definiert, versucht, Struktur- und Funktionsgesetze vor allem als Entwicklungsgesetze zu formulieren. Es werden allgemeine Hypothesen aufgestellt über den Zusammenhang von Wachstum und struktureller Differenzierung, wechselseitiger funktionaler Abhängigkeit und Substituierbarkeit der Strukturelemente, argumentativ dabei immer wieder auf organische Analogien und ethnographische Illustrationen zurückgreifend.

Auch die zentralen Konzepte von „funktionalen Erfordernissen", „System" und „Subsystem", bestimmt *Spencer* wiederum über organizistischen Analogien.[36] Beispielhaft für das „Erhaltungssystem" als „Subsystem": „The parts carrying on alimentation in a living body and the parts carrying on productive industries in the body politic, constitute, in either case a sustaining system: sustenation is the office they have in common" (1893, vol. I, 486). Teil dieses Erhaltungssystems seien die arbeitenden Klassen: „. . . the classes engaged in manual occupations play the same part in the function of social sustenation, as is played by the components of the alimentary organs in the sustenation of a living body" (ibidem, 484).

Neben einem Erhaltungssystem (sustaining system) unterscheidet *Spencer* als weitere Subsysteme das Verteilungs- (distributing system) und Regulierungssystem (regulating system). Zum Verteilungssystem schreibt er:

„No less certain is it that the entire class of men engaged in buying and selling commodities of all kinds, on large and small scales, and in sending them along gradually-formed channels to all districts, towns and individuals, so enabling them to make good the waste caused by action, is, along with those channels, fulfilling an office essentially like that fulfilled in a living body by the vascular system; which, to every structure and every unit of it, brings a current of nutritive matters proportionate to its activity“ (1893, vol. I. 484).

Evolution, Entwicklung realisiert sich in der Geschichte durch die Prinzipien der Freiheit und der Konkurrenz; diese führen bei „Zurückhaltung“ des Staates zu Selektionsprozessen, welche durch das „Überleben der Tauglichsten“ („survival of the fittest“) gekennzeichnet sind. Zurückhaltung des Staates heißt für *Spencer* nicht nur die „Freiheit“ des ökonomischen Handelns, sondern auch die rigorose Bekämpfung jedes sozialstaatlichen Denkens; zum Beispiel in bezug auf Arme und Kranke, Witwen und Waisen: „If they are sufficiently complete to live, they do live, and it is well they should live. If they are not sufficiently complete to live, they die, and it is best they should die“ (1954, 339/340).[37] Wegen solcher Thesen wird *Spencer* in der Literatur zu Recht als Propaget eines extremen „Sozialdarwinismus“ bezeichnet. Sie machen einen Großteil seines politisch-ideologischen Einflusses für das Manchestertum aus. Der Begriff des Sozialdarwinismus ist allerdings schief, „. . . weil *Darwin* selbst sich von der bloßen Übertragung seiner Lehre von der Entwicklungsgeschichte innerhalb der Natur in das Sozialleben distanzierte. Richtiger müßte man also von einem ‚Sozialspencerismus' sprechen, zumal *Spencer* es war, der 1864 – im ersten Band der Principles of Biology – die für jene Lehre charakteristische Formel ‚Survival of the Fittest'. . . prägte“ (*Kellermann* 1976, Fußnote 1).

Es wäre jedoch eine unzulässige Vereinfachung, wollte man *Spencers* Soziologie und ihre Wirkung auf diesen „Sozialspencerismus“ beschränkt sehen. Ihr Einfluß war durchaus widersprüchlich:

„Die radikalen Denker wurden von *Spencers* Glauben an die Unüberwindlichkeit der sozialen Evolution, von der Anerkennung der Gesetzmäßigkeit alles Bestehenden, der scheinbaren Strenge und Wissenschaftlichkeit seiner Schlußfolgerungen angezogen. Man darf nicht übersehen, daß zu dieser Zeit der Einfluß des Klerikalismus in der Philosophie der meisten westlichen Länder noch stark war, daß in der Geschichtsschreibung die Reduzierung des Geschichtsprozesses auf einzelne Ereignisse und auf die Tätigkeit der ‚großen Männer' in Blüte stand“ (*Kon* 1973, 37).[38]

Spencer gehört zur positivistischen Tradition des 19. Jahrhunderts; wie *Comte* geht es ihm um die Einführung naturwissenschaftlichen Denkens in die Analyse sozialer Prozesse und Strukturen. Die großen Erfolge der Naturwissenschaft begünstigen diese methodologischen Forderungen nachhaltig. Wie wurde nun dieser Anspruch eingelöst? Wie sah das konkrete methodische Vorgehen *Spencer*s aus? [39]

*Spencer*s Vorgehensweise bestand typischerweise aus folgenden vier Grundschritten:
1) der Aufstellung eines „allgemeinen Gesetzes", das für alle Organismen gelten soll;
2) der Illustration bzw. Veranschaulichung dieses „Gesetzes" in der Biologie (der Pflanzen und Tiere);
3) einem Analogieschluß vom Biologischen auf Soziales: „So, too, it is with societies" lautet die typische, in zahlreichen Textstellen vorfindbare Formulierung;
4) der Illustration dieser Analogie mit Beispielen aus dem ungeheuer reichen Inventar ethnographischen Materials, z.T. mit Beispielen aus der zeitgenössischen Gesellschaft.

Hierzu ist methodenkritisch folgendes zu bemerken: 1) die „allgemeinen Gesetze", die *Spencer* aufstellt, werden apriorisch formuliert; sie sind nicht das Resultat konkreter empirischer Forschung. Empirie und Geschichte übernehmen bei diesem Verfahren die Rolle einer Illustrationen liefernden „Agentur"; 2) das weitere methodische Kernproblem dieser Vorgehensweise liegt in der mangelnden wissenschaftlichen Beweiskraft des Analogieschlusses begründet; es handelt sich bei der Analogie um ein logisches Schlußverfahren, bei dem von der Ähnlichkeit oder Übereinstimmung verschiedener Phänomene in ***bestimmten*** Merkmalen auf ihre Ähnlichkeit oder Übereinstimmung auch in ***anderen*** Merkmalen geschlossen wird. Dieser Schluß ist jedoch nicht logisch zwingend, er bleibt ein Wahrscheinlichkeitsschluß; häufig kommt ihm aber psychologisch eine „zwingende" Wirkung zu, da von ihm eine bestimmte Suggestivwirkung ausgeht. Festzuhalten bleibt jedoch, daß Analogien als Erklärungen unzulässig sind; sie vermögen zwar zu veranschaulichen und neue Erklärungswege vorzubereiten helfen, erklären können sie aber nicht. Dem Urteil von *Lukács* (vgl. 1974, Band III, 40), daß es sich bei den Versuchen einer naturwissenschaftlichen Fundierung der Soziologie durch *Spencer* (und *Comte*) um eine „mythologisierte Naturwissenschaft" handelt, ist darum zuzustimmen.

Zusammenfassung

- *Spencer* versteht Soziologie als Untersuchung der Entwicklung, Struktur, Funktionen und der Produkte menschlicher Gesellschaften. Diese sind für ihn Formen „über-organischer Entwicklung".

- Wesentliche Denkmuster sind für *Spencer* die Auffassung von Gesellschaft als Organismus und ein Konzept von Evolution. Struktur und Entwicklung von Gesellschaften versucht *Spencer* über Organismusanalogien zu begreifen.
- Die Idee gesellschaftlicher Systeme und Subsysteme, die funktionale Erfordernisse erfüllen, Begriffe von sozialer Struktur und sozialer Funktion sind Konzepte *Spencer*s, die für die nachfolgende Soziologieentwicklung besonders einflußreich werden.

2.3 Herkunftsverhältnisse und Einflußlinien der frühen Soziologie

Wir haben gezeigt, daß Soziologie als einzelwissenschaftliche Disziplin aus der Kritik der Geschichtsphilosophie entsteht. Die Tradition der Geschichtsphilosophie lebt aber im positivistischen Programm *Comte*s und *Spencer*s fort in der Konzipierung von Soziologie als Universalwissenschaft der Gesellschaft, als Wissenschaft zur Erforschung ihrer Strukturen und Entwicklungsgesetze.[40]

Die Entstehung und Entwicklung der Soziologie können aber nicht nur wissenschaftsimmament verstanden werden. Sie sind des weiteren abhängig von bestimmten realgesellschaftlichen Bedingungen. „Erst als sich die Gesellschaft als eigener Tatbestand vom Staat ablöst, . . erst als das Verhältnis von Staat und Gesellschaft zum geschichtlichen Problem wird, wird die Soziologie zur Wissenschaft" (*Freyer* 1930, 115). Die „Ablösung der Gesellschaft vom Staate" bezeichnet die Prozesse der Entstehung und des Kampfes der bürgerlichen Gesellschaft gegen die Herrschafts- und Regulierungszwänge des feudalabsolutistischen Staates. Soziologie ist in dieser Hinsicht ein Produkt bürgerlicher Emanzipationsbestrebungen.[41]

Gesellschaftsanalyse war auch Gegenstand der klassischen politischen Ökonomie und des utopischen Sozialismus.[42] *Adam Smith* hatte in seinem „Wealth of Nations" beispielsweise Kapitel zum „Ursprung und Wachstum der großen und kleinen Städte nach dem Fall des römischen Reiches", über die „Theorie der Ungleichheit" oder „Reflexionen über das Schulwesen". In welchem Verhältnis stehen nun klassische politische Ökonomie und Soziologie?

Die frühe Soziologie versucht ihre methodologische Grundlegung über das Vorbild der Naturwissenschaft, vor allem der Biologie, zu gewinnen: „Die angebliche Unabhängigkeit der gesellschaftlichen Fragen von den ökonomischen bildet den methodologischen Ausgangspunkt der Soziologie" (*Lukács* 1974, Band III, 39). „Sociology traditionally assumes that social order may be analyzed and understood without making the concerns of economics focal and problematic . . . Sociology focuses upon the noneconomic sources of social order" (*Gouldner* 1971, 94). Mit der sich im 19. Jahrhundert vollziehenden Auflösung der politischen Ökonomie als umfassender Gesellschaftslehre wird die Soziologie ihre Nachfolgerin als tendenziell *entökonomisierte Gesellschaftslehre.*[43]

Der Einfluß *Comtes* und *Spencers* auf das soziologische Denken in Deutschland verläuft indirekt und historisch „verspätet", vor allem über das Erbe des frühen Positivismus in der amerikanischen Soziologie, die nach dem Zweiten Weltkrieg die Soziologie in der Bundesrepublik weitgehend dominiert. Hierbei spielt der Strukturfunktionalismus eine besondere Rolle. Die Begründung einer eigenständigen Soziologie in Deutschland zu Beginn des 20. Jahrhunderts vollzog sich in distanzierender Auseinandersetzung mit den positivistischen Gründungsvätern in Westeuropa.

Kurz vor Beginn der faschistischen Herrschaft bemerkte *Blaschke* als Herausgeber einer neuen Comte-Anthologie, daß „bis zum heutigen Tage" die deutsche Soziologie *Comte* fremd gegenüberstehe. „Im ganzen ist die deutsche Soziologie einen anderen Weg gegangen, der bei *Hegel, Lorenz von Stein, Richard von Mohl, W.H. Riehl* ansetzte und in enger Verbindung mit der Tradition der deutschen Philosophie und Geschichte zu einem Eigengewächs wurde" (1933, XXIII/XXIV). Methodologisches Bollwerk gegen die „westliche" Soziologie war vor allem die individualisierende, sich gegen die Anerkennung von Gesetzmäßigkeiten des Sozialen und Historischen sträubende Erkenntnistheorie der „Geisteswissenschaften" durch *Dilthey.*[44] Soziologie war für ihn die Ausführung einer „gigantischen Traumidee", „eine verworrene und unbestimmte Allgemeinvorstellung, welche aus dem bloßen Überblick über den geschichtlichen Zusammenhang abstrahiert ist".[45] Ganz im Sinne dieser Tradition bemerkt dann auch *Blaschke* gegen Ende seiner Einleitung in die Comte-Anthologie, daß Geschichte „für uns heute" individuell sei, einmalig unwiederholbarer Sinngehalt, und nicht – wie bei *Comte* – naturgeschichtlich begreifbares Geschehen (vgl. ibidem, S. XXV). So bedurfte es des „Umwegs" und der „Umformung" über die amerikanische Soziologie, um das frühe positivistische Denken auch in Deutschland zu einer bestimmten Wirkung zu bringen.

Comte, der in Frankreich zunächst relativ unbekannt blieb, wirkte vor allem über *John Stuart Mill* in England und beeinflußte das Denken *Spencers* stark.[46] *Spencers* Soziologie wiederum wurde in den Vereinigten Staaten so stark rezipiert, daß einige der bedeutendsten Gründungsväter der amerikanischen Soziologie – *Ward, Giddings, Small* und *Sumner* – *Spencer* als ihren Lehrer bezeichneten (vgl. *Kellermann* 1976, 193). Auf Kontinuitäten der frühen in die gegenwärtige Soziologie zu verweisen, soll den abschließenden Punkt dieses Kapitels darstellen.

„Who now reads *Herbert Spencer*?", hatte *Parsons* 1937 gefragt, seine Antwort lautete: *Spencer* ist tot (vgl. *Gouldner* 1971, 357). Auch heute würde vermutlich die Mehrzahl der Soziologen ähnlich urteilen. Die Aussage *Parsons* reizte in der Folge jedoch eine Anzahl von Autoren zur Prüfung dieser These, deren Ergebnis nicht selten in ironischen Anspielungen auf *Parsons* ursprüngliche Behauptung formuliert wurde. „Ach wäre *Spencer* doch tot!", ruft *Dahrendorf* aus.[47] *Ritsert* (1966, 55) „kann sich nicht ganz des Eindrucks erwehren", „daß gerade der Autor, der ihm (*Spencer,* d. Verf.) den Totenschein ausstellte", sich mit ihm in wesentlichen Punkten in Übereinstimmung befindet, und *Gouldner* sagt pointiert: „If, as *Parsons* asked in 1937 ‚Who now reads *Herbert Spencer?*', the answer in the 1960's must be, *Parsons* himself" (1971, 357).

Soziale Struktur, soziale Funktion, die Idee der Existenz gesellschaftlicher „Subsysteme", die bestimmte „funktionale Notwendigkeiten" erfüllen, können beispielsweise als Konzepte angeführt werden, die auf solche *Spencer*-Lektüre bei *Parsons* verweisen; die spätere Konzeption des „Überlebens des Systems" im Strukturfunktionalismus als allgemeinste Funktion sozialer Systeme ist deutlich an einer Organismusanalogie, einem methodischen Hauptprinzip der frühen Soziologie, gewonnen. *Gouldner* (1971, 114) hat das Weiterwirken *Comte*scher Denkweisen treffend wie folgt zusammengefaßt: „Comtian Positivism thus manifested the same fascination with consensus and social cohesion, as well as with the ongoing if hidden usefulness or existing institutions, that later characterized *Emile Durkheim* and *A.R. Radcliffe-Brown.* The Culmination of this abiding Positivist heritage is reached in *Talcot Parsons'* Structural Functionalism. . . Modern Functionalism is the legitimate heir of nineteenth century Sociological Positivism."

3 Zum Konstitutionsprozeß der Soziologie als Einzelwissenschaft in Deutschland: Ausgangspunkte und Entwicklungslinien

Die weitere Darstellung beabsichtigt, historisch-systematisch in den verwickelten Prozeß der Herausbildung der Soziologie als einzelwissenschaftlicher Disziplin in Deutschland einzuführen. Die ausgeprägte Vielgestaltigkeit zwingt zur grundrißartigen Linienführung.

Dieses Kapitel, das die Ausgangspunkte und Entwicklungslinien bis zur programmatischen Grundlegung von Soziologie als eigenständiger Fachdisziplin in Deutschland zum Gegenstand hat, gliedert sich in folgende Darstellungskomplexe:

Der erste Komplex thematisiert die Besonderheit der Entwicklungsbedingungen der Soziologie in Deutschland (Kap. 3.1).

Der zweite Komplex behandelt Entwicklungsansätze soziologischer Denkweise innerhalb der preußisch-deutschen Aufklärung unter Einschluß der weichenstellenden Bedeutung *Hegel*s (Kap. 3.2).

Der dritte Komplex befaßt sich mit wesentlichen Anstößen und Vorbereitungsschritten zur Grundlegung der einzelwissenschaftlichen Fachdisziplin Soziologie in Deutschland (Kap. 3.3).

Um Mißverständnissen vorzubeugen, ist der nachfolgenden Darstellung ein grundlegender Hinweis vorauszuschicken: Der gesellschaftswissenschaftliche Entwicklungszweig des *historischen Materialismus,* der sich mit der Rezeption *Hegel*s herausbildet und auf eigentümliche Weise international ist, d.h. von Beginn an den spezifisch deutschen Entwicklungsweg der Soziologie transzendiert, wird nur in einer knappen wissenschaftshistorischen Ortsbestimmung angesprochen. Es trifft zu, daß die Herausbildung und zumal Vorbereitung zur Grundlegung einer Fachdisziplin Soziologie gerade in Deutschland von der Auseinandersetzung mit dem historischen Materialismus beeinflußt ist. Wenn auch eher implizit haben *Ferdinand Tönnies, Georg Simmel* und *Max Weber* in ihren Arbeiten zur programmatischen Grundlegung der Soziologie sich kritisch auf das von *Engels* und *Marx* fundierte Programm des historischen Materialsismus bezogen. Die Grundlegung der Soziologie als *einzelwissenschaftlicher Fachdisziplin* beruht, wenn auch keineswegs allein, auf der *Abgrenzung* vom historischen Materialismus als einer Version von „Soziologie im weiten Sinne".[48] Da es in der folgenden Darstellung um die Genese der Soziologie gerade als einzelwissenschaftlicher Fachdisziplin geht, werden Bezüge zu Denktraditionen des historischen Materialismus nur insoweit hergestellt, wie sie zum Verständnis eben der Konstitution der Soziologie als einzelwissenschaftlicher Fachdisziplin notwendig sind.[49]

3.1 *Zur Besonderheit der Entwicklungsbedingungen und Entfaltungsweise der Soziologie in Deutschland*

Ohne Berücksichtigung der, gemessen an England und Frankreich, spezifischen ökonomisch-sozialen und politischen Entwicklung Deutschlands, die in der einschlägigen Literatur mit dem Begriff der „deutschen Sonderentwicklung“ gefaßt wird,[50] läßt sich ein zureichendes Verständnis für die Herausbildung der Soziologie in Deutschland nicht gewinnen. Die Entwicklung des gesellschaftswissenschaftlichen Denkens in Deutschland gründet in folgender Ausgangssituation:

– Das preußisch-deutsche Aufklärungsdenken hat im Wege sich internationalisierender Ideenzirkulation durchaus aktiv teil an der Herausarbeitung des in der europäischen Aufklärung repräsentierten, fortgeschrittenen Entwicklungsstandes in den Bereichen der Natur-, Gesellschafts- und Erkenntnistheorie.

– Zugleich aber hinkt die sozial-ökonomische und politische Entwicklung in Deutschland, das bezeichnenderweise in dieser Periode als nationalstaatliches Gebilde noch gar nicht existiert, hinter dem in England und Frankreich erreichten Entwicklungsstand her. Dieses Nachhinken auf der Ebene der realgesellschaftlichen Entwicklung wirkt auf den Charakter der Denkentwicklung zurück.

Es ist das Merkmal von Gleichzeitigkeit und Ungleichzeitigkeit, das der preußisch-deutschen Entwicklung nachhaltig seinen Stempel aufdrückt. Im Bereich des gesellschaftswissenschaftlichen Denkens kommt diese Entwicklungsbesonderheit erst voll zur Geltung in der Periode nach *Hegel* (1770–1831), mit dessen Werk die europäische Aufklärung ihren Abschluß findet. Allerdings ist auch dem gesellschaftstheoretischen Werk *Hegel*s selbst der Widerspruch von europäischem Denkniveau und theoretischen Reflexen zurückgebliebener, spezifisch deutscher Gesellschaftsentwicklung inhärent (vgl. *Negt* 1974, bes. Kap. II.3). Bevor also die verschiedenen Entwicklungsansätze gesellschaftswissenschaftlichen Denkens in der preußisch-deutschen Aufklärung in ihrer Bedeutung für den Herausbildungsprozeß der Soziologie in Deutschland dargestellt werden, gilt es kurz auf die allgemeinen und spezifisch-deutschen Konstitutionsbedingungen gesellschaftswissenschaftlichen Denkens einzugehen. Ohne diese „Vorblende“ läßt sich kaum verstehen, warum es in der nachhegelianischen Periode zur Behinderung soziologiebildender Entwicklungen kommt und dezidiert anti-gesellschaftswissenschaftliche Ansätze Platz greifen. Im Zeichen der verspäteten und „von oben“ durchgesetzten Bildung zum Nationalstaat hat sich innerhalb der „staatsbildenden“ und später, nach 1871, „staatstragenden" Disziplinen (Staatswissenschaften, Philosophie und Geschichte) gleichsam ein Vorurteil gegen „Soziologie" als Denkweise ausgeweitet und verfestigt.

3.1.1 Die Entstehung modernen gesellschaftswissenschaftlichen Denkens im Zeichen der deutschen Sonderentwicklung

Dem hier entwickelten Verständnis der Herausbildung von Soziologie liegt die Auffassung zugrunde, daß deren Quellen nicht kurzerhand in der Nach- bzw. Gegenaufklärung zu verorten sind. Nur wenn man die „Zäsur *Comte*" zur alleinigen Grundlegung der Soziologie hypostasiert, erscheint die Entstehung der Soziologie als Restaurationsprodukt. „Die Konstituierung der Soziologie zur Ordnungswissenschaft" (*Negt* 1974) in der nachaufklärerischen Periode darf nicht den Blick dafür verstellen, daß wichtige soziologiebildende Denkimpulse und Problemansätze aus aufklärungstypischen, optimistischen Anstrengungen zur aktiven Gestaltung des gesellschaftlichen Lebens hervorgehen.

In der Gestalt der europäischen Aufklärung bildet sich das Organ einer optimistischen Selbstreflexion der sich durchsetzenden „bürgerlichen Gesellschaft" heraus; in Deutschland freilich ohne nationalstaatliche Voraussetzungen. Gleichwohl hat man auch hier teil an der Ausarbeitung einer Reihe von aufklärungstypischen, theoretischen Denkmotiven, von denen einige durch alle Verschüttungs- und Uminterpretationsvorgänge hindurch bis heute für die Soziologie grundlegend sind: Dazu gehören Theorien über das menschliche Erkenntnisvermögen, über den Zusammenhang von außermenschlicher und „menschlicher Natur" und endlich über Geschichte und Strukturen menschlicher Vergesellschaftung.[51] Diese Elemente sind zunächst noch mehr oder weniger ineinander verwachsen. Sie bilden aber die Keime später sich verselbständigender und eigenständig sich entwickelnder philosophischer und wissenschaftlicher Disziplinen. Schließlich ist festzuhalten, daß das Aufklärungsdenken als optimistische Selbstreflexion der „bürgerlichen Gesellschaft" konstitutiv gebunden ist an den Modus der *Kritik*. Kritik wird dabei aufgefaßt als eine grundlegende Haltung des erkennenden Subjekts zu den realgesellschaftlichen Verhältnissen sowie zu den überkommenen Denkweisen, Wissens- und Glaubensbeständen.[52]

So hat denn die Entstehung der Soziologie folgende aufklärungsspezifische Elemente zur Voraussetzung:
a) den erkenntnis- und gesellschaftskritischen Impuls,
b) den Anspruch auf antimetaphysische, kausale Erklärung von Gesellschaft und Geschichte,

c) die Idee der Veränderung gesellschaftlicher Zustände nach Maßgabe einer emphatisch reklamierten Vernunft.

Vor diesem Horizont, auf den die Begründungsversuche von Soziologie implizit oder explizit projiziert werden, kristallisiert sich eine reich abdifferenzierte Skala von Soziologie-Entwürfen zwischen „Oppositionswissenschaft", die sich dem Modus der Kritik verpflichtet weiß, und „Ordnungswissenschaft", für die Kritik mit dem Odium des Staats- und Gesellschaftsgefährdenden behaftet ist, heraus.

„Die Geschichte der Soziologie beginnt mit der Trennung von Gesellschaft und Staat" (*Jonas* 1973, Band I, 11). Diese Voraussetzung stellt sich her in Form der relativen Verselbständigung der „bürgerlichen Gesellschaft" gegen den absolutistischen Staat bei gleichzeitiger Entwicklung des staatlichen Typus zum nationalen „politischen Staat" (*Marx* 1974, MEW Band 1, 354 f.). Dieser Prozeß vollzieht sich in England, Frankreich und Deutschland in historisch unterschiedlichen Entwicklungsformen und -tempi. Der von der englischen und französischen Entwicklung erheblich abweichende Prozeß der Bildung eines politischen Nationalstaates in Deutschland gründet in dem Sachverhalt, daß aufgrund der ökonomisch-sozialen Zurückgebliebenheit und der politischen Zersplitterung sich nur zögernd und unter erheblichen Schwierigkeiten eine Nation konstituierende bürgerliche Gesellschaft herausbildet. Dieser gelingt es nicht, sich als wirklich „staatsfreie" Sphäre durchzubilden; in vielfältiger Form verlängert sich die neoabsolutistische Staatssphäre in die „zivile Gesellschaft" hinein, was zur spezifisch deutschen Erscheinungsform des „Obrigkeitsstaates" führt. Der Bildungsprozeß einer nationalen bürgerlichen Gesellschaft, eines nationalen Marktes und Verkehrssystems wird in Deutschland – im Unterschied zu Frankreich und England – nicht gegen die Vormundschaft des absolutistischen Staates durchgesetzt. Vielmehr wird in Deutschland der neoabsolutistische Staat (Preußen) zum Vormund der bürgerlichen Gesellschaft, nachdem 1848 die bürgerliche Revolution scheitert. Es ist der preußisch-deutsche Staat, der eine sozial-ökonomische und politische Vereinheitlichung „von oben her", d.h. im Wege der Bildung eines nationalen politischen Staates neoabsolutistischen Zuschnitts, realisiert. Die gemessen an England und Frankreich verspätete und „von oben her" durchgesetzte Konstitution Deutschlands zum politischen Nationalstaat prägt den Charakter dessen, was als „deutsche Sonderentwicklung" bis in die Fasern von Kultur und Wissenschaft bestimmend wird.

3.1.2 Zur Entwicklungsgeschichte des deutschen gesellschaftswissenschaftlichen Denkens im Lichte der „Zäsur Comte"

In der zweiten Hälfte des 18. Jahrhunderts kommt das moderne gesellschaftswissenschaftliche Denken auch in Deutschland resp. Preußen auf den Weg. Es ist dadurch charakterisiert, daß weniger die eigengesellschaftliche, preußisch-deutsche Entwicklung zum Bemessungsrahmen genommen wird. Vielmehr ist es die fortgeschrittenere ökonomisch-soziale, politische und geistig-kulturelle Entwicklung Englands und Frankreichs, die kritisch angeeignet und theoretisch verarbeitet wird. Diese Verarbeitung betrifft insbesondere auch die Analyse der ökonomisch-sozialen und politischen Probleme, die der gesellschaftliche Fortschritt in diesen beiden Ländern neu aufwirft. Der ökonomisch-sozialen Rückständigkeit Deutschlands ist es geschuldet, daß es hier weniger zu real-gesellschaftlichen Umwälzungen, sondern im wesentlichen zu theoretischen „Revolutionen im Kopf" kommt. Diese Ausgangslage verleiht dem preußisch-deutschen Aufklärungsdenken sowohl einen unbefangeneren wie kontemplativeren Charakter; die fehlende „Verstrickung" in konkrete Umwälzungsprobleme scheint die Freisetzung „flottierender" theoretischer Energien zu begünstigen. Der Aneignungsprozeß der praktischen und theoretischen Verhältnisse und Prozesse Englands und Frankreichs vollzieht sich ohne Verzögerung. Mit *Kant* (1724–1804) erreicht die preußisch-deutsche Aufklärung nicht nur den europäischen Entwicklungsstandard, sondern überschreitet ihn, insbesondere was die philosophische Grundlagenreflexion wissenschaftlicher Erkenntnisformen und die anthropologische Grundlegung von Gesellschaftstheorie angeht.

In Deutschland kommt es lange Zeit hindurch nicht zu einem Nachvollzug des Schrittes, den *Comte* mit seinem Begründungsversuch von Soziologie als Einzelwissenschaft gegangen ist. Stattdessen gewinnen, worin sich ein Stück „deutscher Sonderentwicklung" niederschlägt, unter dem Einfluß der Vormacht des politischen Neoabsolutismus in Deutschland resp. Preußen Staatsphilosophie, Staatswissenschaft und eine dezidiert anti-soziologisch auftretende Geschichtswissenschaft nahezu uneingeschränkten Vorrang. Im offiziell legitimierten preußisch-deutschen Wissenschaftssystem fristet spezifisch gesellschaftswissenschaftliches Arbeiten ein Schattendasein. Erst 1908 meldet *Georg Simmel* (1858–1918) mit seiner „Soziologie" quasi-offiziell für die Soziologie den Anspruch auf Geltung als eine gesonderte Einzeldisziplin an. Erst nach dem Ersten Weltkrieg kommt es zur Einrichtung soziologischer Lehrstühle.

Nun wäre es allerdings verfehlt, aus der Tatsache, daß der Versuch *Comte*s, Soziologie als Einzelwissenschaft zu begründen, in Deutschland lange Zeit hindurch kein Pendant findet, zu schließen, daß hier die gesellschaftstheoretische Entwicklung einfach stagniert. Zwar wird in Deutschland nicht das Postulat aufgestellt, „Sozialwissenschaft“ aus der Umklammerung spekulativer Geschichtsphilosophie zu lösen und als positive Einzelwissenschaft zu setzen, worin sich ein gewisses „Nachhinken“ der deutschen Entwicklung manifestiert. Gleichwohl aber werden einige aus der preußisch-deutschen Aufklärung der zweiten Hälfte des 18. Jahrhunderts überkommende „soziologieträchtige“ Impulse aufgegriffen und fortentwickelt. Zur Fortentwicklung erkenntnis- und gesellschaftstheoretischen Denkens leisten vor allem Arbeiten *Hegel*s einen wesentlichen Beitrag. Wenn es auch nicht zu einem disziplinbildenden Programm Soziologie kommt, so sind doch erhebliche gesellschaftstheoretische Fortschritte zu verzeichnen..

Bei der Rekonstruktion des Konstitutionsprozesses der Soziologie in Deutschland im Licht der „Zäsur *Comte*“ ist zu berücksichtigen, daß *Comte* seinen „Cours de philosophie positive“, worin er Soziologie als Einzelwissenschaft formuliert, erst 1830 beginnt; zu einem Zeitpunkt also, als *Hegel,* der 1831 stirbt, seine erkenntniskritischen und gesellschaftstheoretischen Positionen längst ausgearbeitet und vorgestellt hat (vgl. hierzu Abschnitt 3.2.5). Was den durch *Kant* und *Hegel* erreichten Stand der Erkenntniskritik angeht, so findet dieser bei *Comte* keinen Niederschlag.

Mit Blick auf den gesellschaftstheoretischen Reflexionsstand erscheint die These berechtigt, daß *Comte,* der *Hegel* nicht rezipiert, kaum an dessen gesellschaftsanalytische Leistungen, die 1821 in den „Grundlinien der Philosophie des Rechts“ vorgelegt werden, heranreicht. In dieser für die Geschichte der Gesellschaftswissenschaft weichenstellenden Arbeit entwickelt *Hegel* in kritischer Anknüpfung an die Geschichtsphilosophie der Aufklärung und die englische politische Ökonomie eine Theorie der „bürgerlichen Gesellschaft“ als der entwickeltsten Stufe menschlicher Vergesellschaftung. Im Unterschied zu *Comte* kommt *Hegel*s Theorie der Vergesellschaftung ohne naturwissenschaftlich-analogisierende Anleihen aus. *Hegel* entwickelt Gesellschaftstheorie mit genuin gesellschaftswissenschaftlichen Kategorien und läßt sich nicht zu einer „naturwissenschaftlichen“ Transskription von Gesellschaftstheorie verleiten.

So bietet sich denn im Verhältnis von „westlicher“ und deutscher gesellschaftswissenschaftlicher Denkentwicklung seit ihren modernen Anfängen in der europäischen Aufklärung ein höchst komplexes Bild, das zu vereinfachen zu „Fehlrekonstruktionen“ führt. Es ist im Auge zu behalten, daß es in Deutschland trotz der zögernd-defensiven Herausbildungsweise von Soziologie als Einzelwissenschaft zu einer folgenreichen Aneignung einer Reihe von entwicklungsfähigen gesellschaftswissenschaftlichen Denkansätzen der preußisch-deutschen und europäischen Aufklärung kommt. Hierzu gehören die Arbeiten von *Karl Marx* (1818–1883) und *Friedrich Engels* (1820–1895), die sich außerhalb des offiziell legitimierten Wissenschaftssystems entwickeln. In der von *Marx* und *Engels* begründeten gesellschaftswissenschaftlichen Denkweise wird das *Comte*sche Soziologie-Programm polemisch verworfen, weil dort davon ausgegangen wird, daß *Comte* entschieden hinter das durch *Hegel* repräsentierte theoretische Niveau zurückfalle (vgl. *Marx* 1974, MEW Band 31, 234).

Der für die Herausbildung der Soziologie in Deutschland charakteristische Grundzug einer fehlenden bzw. sehr selektiven Rezeption *Comte*s ist bis in jene Periode hinein bestimmend, in der es in Deutschland zur Begründung von Soziologie als Einzelwissenschaft kommt. Die von *Simmel* und *v. Wiese* eingeleitete Begründung beginnt zwar mit einer Beschäftigung mit „westlicher" Soziologie. Aber nicht *Comte,* sondern *Spencer* ist der Bezugspunkt. Denn zu dieser Zeit wird das *Comte*sche Programm selbst von seinen positivistischen Erben heftig kritisiert. Statt dessen gilt *Spencer*s Programm als die entwickeltste „westliche" Soziologie. So unternehmen *Simmel* und *v. Wiese,* bevor sie an die Ausarbeitung ihrer formalen Soziologie gehen, zunächst eine kritische Rezeption der „westlichen Soziologie", insbesondere *Spencer*s (vgl. *Simmel* 1966, zuerst 1890; *v. Wiese* 1906). Sie kommen aber zu dem Resultat, daß auf dieser Grundlage Soziologie als Einzelwissenschaft *nicht* aufzubauen sei. Auch *Weber* gründet sein Soziologie-Programm auf Denktraditionen, die dem Positivismus nicht verwandt sind. In dieser Distanzierung zur „westlichen" Soziologie drückt sich noch einmal unmißverständlich die „deutsche Sonderentwicklung" im Bereich des soziologischen Denkens aus.

Zusammenfassung

- Die Trennung von (bürgerlicher) Gesellschaft und (National-) Staat bildet die Voraussetzung der Herausbildung von Soziologie als Organ systematischer gesellschaftlicher Selbstreflexion. England und Frankreich vollziehen diese Trennung als erste.

- Gegenüber England und Frankreich weist die Entwicklung in Deutschland einen erheblich abweichenden Verlauf auf: Die Trennung von Gesellschaft und Staat erfolgt verspätet und zögernd. Die Herausbildung der bürgerlichen Gesellschaft und die Werdung zum Nationalstaat erfolgt „von oben" her; die bürgerliche Gesellschaft entwickelt sich unter der Vormundschaft des preußisch-deutschen Neoabsolutismus. Die „deutsche Sonderentwicklung", schwach ausgebildete bürgerlich-zivile Gesellschaft und verspätete, autoritäre Nationalstaatsbildung stellen entscheidende Determinanten einer verspäteten Herausbildung der Soziologie in Deutschland dar.

- Die gesellschaftswissenschaftliche Entwicklung in Deutschland hinkt zum einen dem „westlichen" Standard nach, insofern eine wissenschaftssystematische Grundlegung der Disziplin fast ein Jahrhundert lang ausbleibt; zum anderen aber entwickelt gesellschaftswissenschaftliches Denken in Deutschland vor und nach der „Zäsur *Comte*" ein Reflexionsniveau, das den mit *Comte*s Soziologie erreichten Entwicklungsstand übersteigt.

*Comte*s Soziologie wird in Deutschland jeweils aus unterschiedlichen Motiven sowohl von den Begründern des gesellschaftswissenschaftlichen Programms des historischen Materialismus als auch von den Vertretern der gegenaufklärerischen Staats- und Geschichtswissenschaften abgelehnt oder ignoriert.

3.2 Entwicklungsansätze gesellschaftswissenschaftlichen Denkens in der preußisch-deutschen Aufklärung

Es lassen sich fünf bedeutsame Ansätze gesellschaftswissenschaftlichen Denkens in der preußisch-deutschen Aufklärung herausschälen, auf die wir im folgenden gesondert eingehen werden: *Kant, Nicolai, Garve, Herder, Hegel.* Die einzelnen Ansätze bzw. Beiträge zur Entwicklung der Gesellschaftswissenschaften unterscheiden sich auffällig im Blick auf ihre rezeptionsgeschichtliche Wirksamkeit.

3.2.1 Die wegbestimmende Bedeutung Kants

Der wohl einflußreichste Entwicklungsansatz wird durch die Arbeiten *Kant*s (1724–1804) zur Erkenntniskritik und zur philosophisch-anthropologischen Begründung von Gesellschaftslehre bezeichnet. [53] Die Bedeutung *Kant*s für die Soziologiegeschichte liegt darin, daß er zwei zentrale Problemkreise der Humanwissenschaften thematisiert und Lösungswege aufzuzeigen sucht: erstens das Problem des Verhältnisses von Theorie und Empirie („Begriff" und „Erfahrung"), zweitens das Problem des Verhältnisses von Individuum und Gesellschaft.

Was die Frage von *Theorie und Empirie* angeht, so kommt *Kant* in seinen Studien zu dem Schluß, daß diese beiden Erkenntnisformen nicht bruchlos miteinander zu verknüpfen sind. Dieser Bruch liegt für ihn in dem Sachverhalt begründet, daß Theorie bzw. Begriff und Empirie bzw. Erfahrung sich aus zwei radikal verschiedenen Erkenntnisquellen speisen bzw. sich auf unterschiedliche menschliche Erkenntnisfähigkeiten stützen. Der innere Widerspruch der menschlichen Erkenntnis, wie er von *Kant* gefaßt wird, bedeutet: „Der Mensch kann nicht all sein Wissen aus der Erfahrung übernehmen, und er bleibt doch immer auf seine Erfahrungen angewiesen" (*Jonas* 1973, Band I, 122).

Kant hat aus diesem Erkenntnis-Dilemma einen Ausweg zu weisen versucht, der bis heute zum Standard u.a. des kritischen Rationalismus gehört. Die *Empirie* registriert aufgrund der sinnlichen Erkenntnisfähigkeit des Menschen Oberflächenerscheinungen. Die *Theorie* konstruiert aufgrund der apriorisch gesetzten theoretischen Erkenntnisfähigkeit des Menschen, die jeder Erfahrung vorausgeht und selbst nicht empirisch begründet werden kann, jenseits der Erfahrung gesetzmäßige Zusammenhänge zwischen den konstatierbaren Erscheinungen. Dies gilt für den Bereich der Natur ebenso wie den der Gesellschaft. Da nach *Kant* über die inneren Gesetzmäßigkeiten von Natur und Gesellschaft („das Wesen") keine empirisch begründete Auskunft gegeben werden kann, weil sie der sinnlichen Erkenntnisfähigkeit nicht zugänglich sind, diese nur die Oberflächenerscheinungen wahrnehmen kann, müssen die Gesetzmäßigkeiten in die Natur und Gesellschaft theoretisch „hineinprojiziert" werden. D.h., die inneren Zusammenhänge müssen im und durch das Bewußtsein des denkenden Subjekts konstruiert werden. Die Erfahrung kann die Angemessenheit der Konstruktionen („Hypothesen") immer nur bis zu einem gewissen Grade und vorläufig erhärten, nie aber schlüssig begründen.[54] In den Naturwissenschaften gibt es für *Kant* das technologische Erfolgskriterium. Dieses Kriterium aber ist für ihn im Bereich der Wissenschaften vom menschlichen Zusammenleben jedoch nicht ohne weiteres anwendbar: „Denn in Betracht der Natur gibt uns Erfahrung die Regel an die Hand und ist der Quell der Wahrheit; in Ansehung der sittlichen Gesetze (i.e. der Gesellschaft, d. Verf.) aber ist Erfahrung (leider!) die Mutter des Scheins . . ." (*Kant* 1976, 325).

Was das gesellschaftliche Leben betrifft, so geht *Kant* in einer selbst nicht empirisch begründbaren Konstruktion („Hypothese") davon aus, daß es einen unauflöslichen *Gegensatz von Individuum und Gesellschaft* gebe. Wenn dieser Widerspruch, dem die menschliche Gattung geradezu ihre Entwicklung verdanke, auch nicht zu beseitigen sei, so sei er doch durch die freiwillige Anerkennung von Normen („Maximen") lebenspraktisch überbrückbar. Für *Kant* reicht eine rechtsförmige, am wechselseitigen Interesse der Individuen fixierte Vertragskonzeption, wie sie von den englischen und französischen Aufklärern entworfen worden ist, zur Konstitution von Gesellschaft und ihrer Erklärung nicht hin. In Ansehung der Entwicklung der französischen Revolution von 1789 votiert *Kant* deshalb für eine normative Anthropologie; d.h., er geht davon aus, daß erstens die Menschen fähig sind, und zweitens es für ihr Zusammenleben unabdingbar ist, sich freiwillig gesellschaftlich zu integrieren, auch dann, wenn es den je individuellen Interessen zuwiderläuft. Weil die Interessen der „ungeselligen" Individuen nicht zusammenstimmen mit der Notwendigkeit von „Geselligkeit", weil die „ungesellige Geselligkeit" des Menschen auch über den Weg des Gesellschaftsvertrages allein nicht zur sozialen Harmonie führt, stützt sich *Kant* auf die Ethik als soziale Normquelle.[55] Vor diesem Hintergrund versteht sich sein berühmt gewordener kategorischer Imperativ, von dessen freiwilliger Befolgung er das Gelingen einer friedlichen, weltbürgerlichen Gesellschaft abhängig macht: „Handle so, als ob die Maxime deiner Handlung durch deinen Willen zum allgemeinen Naturgesetze werden sollte " (*Kant* 1978, 51, zuerst 1785).

3.2.2 Ein erster Ansatz „sozialer Empirie": Friedrich Nicolai

Einen zweiten Entwicklungsansatz soziologischer Denkweise in der Aufklärung bilden Vorformen empirisch-statistischer Analyse gesellschaftlicher Zustände. Sie sind vor allem in den von der Soziologiehistorie so gut wie nicht registrierten kulturhistorischen Studien des preußischen Aufklärers *Friedrich Nicolai* (1733–1811) enthalten. *Nicolai*s gesellschaftswissenschaftliche Bedeutung ist erst jüngst von der Publizistikhistorie (*Möller* 1974) und der Literatursoziologie (*Piechotta* 1976) entdeckt worden. Für die Soziologiegeschichte gilt es, diese Entdeckung im Rahmen einer Korrektur des Stereotyps von der einzig „spekulativen" Tradition deutscher Gesellschaftsanalyse ernsthaft auszuwerten. *Nicolai* steht der „moderaten" Tradition angelsächsischer Aufklärung nahe, die auf einen pragmatischen Interessenausgleich zwischen monarchischer Staatsmacht und bürgerlicher Gesellschaft sinnt. Das von ihm repräsentierte preußische Aufklärungsdenken steht ganz im Zeichen der Idee *sozialer Reform.* D.h., es geht *Nicolai* um die schrittweise, nichtrevolutionäre Modernisierung der gesellschaftlichen Zustände unter Beibehaltung des preußischen Königtums als Rahmen und eingreifendes Organ sozialer Reformen.[56] Mit dieser Reformorientierung korrespondiert *Nicolai*s antispekulatives, pragmatisches Wissenschaftsverständnis, das eng an die Tradition des angelsächsischen Empirismus angelehnt ist.

Im Rahmen seiner Untersuchungen über die sozialen Zustände in Preußen bedient sich *Nicolai* Vorformen von Sozialforschung. Seine Erkenntnisprinzipien bezieht er dabei aus Reflexionen über methodische Probleme der Geschichtsforschung. Er differenziert deutlich „zwischen einer nachweisbaren historischen Tatsache und einer Hypothese“ und postuliert „die Nachprüfbarkeit“ der Forschungsergebnisse (vgl. *Möller* 1974, 345). Zum Problem der methodischen Solidität quellenkritischer, an der Komparatistik ausgebildeter Forschung merkt *Nicolai* an: „Indessen kann man immer über die Wahrscheinlichkeit oder Unwahrscheinlichkeit der verschiedenen Vermuthungen durch sorgfältige Vergleichung bekannter Umstände urtheilen.“ (*Nicolai* 1791, 82). Nicht nur gründliche und systematische Quellenkritik ist für ihn Richtschnur; vielmehr fordert *Nicolai* eine ganz bestimmte Erkenntnishaltung vom Forscher: „Insonderheit muß muß er viel Fleiß, Wahrheitsliebe und Unparteylichkeit haben, nebst einer gezüchtigten Einbildungskraft“ (ibidem, 9).

Zwei methodische Forschungsvarianten finden sich in *Nicolai*s Arbeiten. Zum ersten die Methode des intergesellschaftlichen Vergleichs sozialer Zustände; sie steht unter dem Einfluß der wachsenden ethnologisch und „kultursoziologisch“ interessierten Reiseliteratur. *Nicolai* wendet diese Methode bei der deskriptiven Analyse sozialer Verhältnisse im deutschsprachigen Raum an.[57] Zum zweiten arbeitet *Nicolai* mit sozialstatistischen Methoden zur „demographischen“ und „sozialstrukturellen“ Bestandsaufnahme der Lebensverhältnisse in Preußen. Diese Anwendungsversuche finden sich u.a. in dem 1786 erschienen dreibändigen Werk „Beschreibung der Königlichen Residenzstädte Berlin und Potsdam, aller daselbst befindlicher Merkwürdigkeiten und der umliegenden Gegend“. Darüber hinaus bedient sich *Nicolai* in verschiedenen Arbeiten kulturhistorischer Natur der Methode des Auswertens von Dokumenten; so z.B. in einer 1801 erschienen Studie „Ueber den Gebrauch der falschen Haare und Perrucken in alten und neuern Zeiten. Eine historische Untersuchung“, in der es um die sorgfältige deskriptive Rekonstruktion sozial-kultureller Verhaltensformen geht. Grundsätzlich stehen seine Untersuchungen im Zeichen der Sozialkritik als Organ eines evolutionär gedachten historischen Fortschritts.

*Nicolai*s Plädoyer für tatsachenkontrollierte Wirklichkeitsforschung gründet in einer bestimmten Fassung von Geschichtstheorie. Sie steht in Gegenposition zu der *Kant*s, der die Geschichte der Menschengattung letztlich als die Durchsetzung eines verborgenen Plans der Natur begreift. *Nicolai* lehnt generell Geschichtsphilosophien ab, in welchen ehedem theologische Ideen eines göttlichen Heilsplanes säkularisiert und in Geschichtsteleologie verwandelt werden, d.h. in Spekulationen über den Endzweck der Geschichte. Normative Geschichtsmetaphysik ist dem für empirische Geschichtsforschung plädierenden preußischen Aufklärer fremd:

„Aber Thatsachen, die nicht zusammengehören, zusammenzwingen, Jahrhunderte überspringen, und keine Widersprüche mit der Geschichte achten, wenn man nur etwas herbeyziehen kann, was zu einem vorgesetzten Zwecke dienlich scheint, heißt nicht *Geschichte schreiben*, sondern *träumen*, und wenn es auch mit Gelehrsamkeit und Belesenheit geträumet wäre" (*Nicolai* 1782, 163 f.).

Positive Geschichtsforschung, die sich von empirischer Arbeitsweise leiten läßt, ist *Nicolai*s Aufklärungsdevise; eine Aufklärung, die ohne Dokumente, Erfahrungstatsachen und Ursachenforschung arbeitet, ist für ihn keine Aufklärung. Er bekennt sich deshalb explizit zu den erkenntnistheoretischen Positionen und den an der Naturforschung gebildeten erfahrungswissenschaftlichen Verfahren des „großen *Baco von Verulam*. . ., dem die Wissenschaften so sehr viel zu verdanken haben" (*Nicolai* 1782, 182).

„Ich wollte alles möglichst zu verificiren suchen" (*Nicolai* 1783, Band I, IX), dieses wissenschaftsmethodische Resümee *Nicolai*s begründet den gesellschaftswissenschaftlichen Entwicklungszweig eines pragmatischen Empirismus, der lange Zeit hindurch in der deutschen Entwicklung kaum über ein Schattendasein hinaus gelangt. Weil in *Nicolai*s Arbeiten durchaus bemerkenswerte, völlig zu Unrecht vergessene Impulse zur Konstitution „positiver" Wissenschaft enthalten sind, ist seinen Leistungen auch im Rahmen der vorliegenden Gesamtdarstellung besondere Aufmerksamkeit geschenkt.

3.2.3 Der sozial-typologische Ansatz Christian Garves

Einen dritten Entwicklungsansatz gesellschaftswissenschaftlichen Denkens innerhalb der preußisch-deutschen Aufklärung, bilden die Versuche *Christian Garve*s (1742–1798), die Lebensformen der bürgerlichen Gesellschaft in eine deskriptiv-typologische Ordnung zu bringen (vgl. hierzu *Geldsetzer* 1963). *Garve*s gesellschaftstheoretisches Interesse wird durch seine rege Übersetzertätigkeit zusätzlich stimuliert. So übersetzt er beispielsweise Arbeiten der führenden angelsächsischen politischen Ökonomen *Adam Ferguson* (1723–1816) und *Adam Smith* (1723–1790). Seine soziologiegeschichtliche Bedeutung liegt in den durchaus originellen Versuchen, systematisch Grundformen der Gesellung herauszuarbeiten und zu beschreiben. Er arbeitet mit der Methodik phänomenologischer Typenbildung. Sie geben sich gleichsam als Vorläufer derjenigen Methodik zu erkennen, die im Prozeß der Begründung der deutschen Soziologie in Gestalt der formalen Soziologie zum Tragen kommt. Im letzten Band seiner vierbändigen „Versuche über verschiedene Gegenstände aus der Moral, der Literatur und dem gesellschaftlichen Leben“ (1792–1800) entwickelt *Garve* im Abschnitt „Verschiedene Arten der Gesellschaft und der Einsamkeit“ auf der Grundlage empirischen Materials eine Typologie von Grundformen der „Gesellung“ und Grundtypen sozialer Institutionen.[58]

3.2.4 Der kulturhistorische Ansatz: Herder

Einen weiteren bedeutsamen Entwicklungsansatz innerhalb der preußisch-deutschen Aufklärung stellen die geschichtsphilosophischen, kultur- und sprachhistorischen Arbeiten *Johann G. Herder*s (1744–1803) dar. *Herder*s breit gefächertes Werk beeinflußt nicht nur die später sich herausbildende, spezifisch deutsche Tradition der Kultursoziologie, sondern auch die Entwicklung der interkulturell vergleichenden ethnologischen Forschung sowie der nationalgesellschaftlich orientierten Volkskunde. Vor allem aber werden *Herder*s „Ideen zur Philosophie der Geschichte der Menschheit“ (1784–1791, 4 Bände) wirksam für eine gegenaufklärerische Wende der Gesellschafts- und Geschichtswissenschaften in Deutschland. *Herder* selbst hält zwar an der Idee des Fortschritts der menschlichen Gattung fest; er begreift diesen Prozeß aber im Unterschied zu dominanten Positionen der französischen Aufklärung nicht einfach als linear aufsteigende Entwicklung. Auf der Grundlage eingehender Forschungen und der Auswertung fremder und eigener Reiseerfahrungen („Journal meiner Reise“, 1769) zieht er zwei bedeutsame Schlüsse, die in sein Hauptwerk eingegangen sind. Zum ersten baut er in die lineare Geschichtsphilosophie der Aufklärung ein Konzept *zyklischer* Entwicklung ein; zum zweiten bricht er mit der im europäischen Aufklärungsdenken ausgeprägten eurozentrischen Sicht- und Bewertungsweise.

Was sein Geschichtsmodell angeht, so verknüpft *Herder* die Gesichtspunkte linearer und zyklischer Entwicklung zu einem *spiralförmigen* Konzept welthistorischen Fortschritts. Auf der einen Seite stellt sich für ihn Weltgeschichte dar als Fortschritt, insofern seit den Anfängen der Menschheit eine schrittweise Verwirklichung der „Idee der Humanität“ zu konstatieren sei; d.h. eine letztlich unaufhaltsame Kultivierung des Menschen und seiner Lebensverhältnisse. Auf der anderen Seite ist für ihn die Bewegungs*form* des inhaltlichen historischen Fortschritts durch die zyklisch strukturierte Erscheinung eines „Aufstiegs und Verfalls der Kulturen“ charakterisiert. D.h., der Fortschritt vollzieht sich über die „Geburt“ und den „Tod“ aller in der Weltgeschichte auf den Plan tretenden Gesellschaften. Er realisiert sich demnach auch über Phasen der Stagnation und Rückbildung, dann nämlich, wenn es zu keinen kontinuierlichen Aneignungsbeziehungen zwischen historisch-konkreten Gesellschaften kommt. Um Weltgeschichte zu begreifen, reicht es nach *Herder* nicht hin, eine lineare Entwicklungskonzeption zu konstruieren, sondern es bedarf der Untersuchung der je konkreten Gesellschaften und ihres spezifischen Beitrags zum historisch-kulturellen Fortschritt. Zusammen mit der Überwindung des Eurozentrismus führt diese Geschichtskonzeption zu einer Forschungsperspektive, welche die einzelnen Gesellschaften in ihrer Eigenart aufzuschließen versucht, indem sie deren Charakter als kulturelle Ganzheiten anerkennt. Dieser Ansatz öffnet den Blick für die Analyse von konkreten Gesellschaften im Lichte der Interpretation ihrer je eigentümlichen Entwicklungsgesetze und Strukturformen. Bei *Herder* führt dies zu organismustheoretischen Vorstellungen, gefaßt unter die Kategorie des „Volksgeistes". Wissenschaftsmethodisch optiert er für die systematische Erforschung fremder Kulturen, um über diesen Weg zu einer angemessenen Sicht der eigenen Gesellschaft und ihrer Entwicklungshöhe zu gelangen.[59]

*Herder*s Ansatz hat einerseits die interkulturell vergleichende, mit qualitativen Methoden operierende Forschungstätigkeit angeregt; andererseits aber auch organizistischen Kreislauftheorien („Aufstieg, Reife, Verfall" von Kulturen) Vorschub geleistet. Indem die spätere Rezeption das „Zykluskonzept" aus der Integration in die Idee des Fortschritts herauslöst, bleibt vom Grundgedanken *Herder*s, nämlich eine spiralförmige historische Entwicklungskonzeption, nur noch die verkürzte Gestalt eines organizistischen Kreislaufmodells übrig.[60]

3.2.5 Weichenstellung gesellschaftswissenschaftlichen Denkens in Deutschland: Zur Position und Rezeption Hegels

Hegel (1770–1831) nimmt innerhalb der deutschen Soziologiegeschichte eine Schlüsselstellung ein. Die Wirkungen der Rezeption seiner Erkenntnis- und Geschichtstheorie, seiner Staats- und Rechtsphilosophie reichen bis in die jüngste Entwicklungsetappe der bundesdeutschen Soziologie hinein.[61] Philosophiegeschichtlich kommt nicht nur die preußisch-deutsche, sondern auch die europäische Aufklärung mit *Hegel*s Werk zum Abschluß. Er unternimmt den systematischen Versuch, die zentralen Denkmodelle der Aufklärung aufzugreifen und gleichzeitig ihre insbesondere von *Kant* ermittelten inneren Widersprüche aufzulösen. *Hegel*s Leitmotiv ist der Aufbau eines umfassenden Erklärungssystems für Natur, Geschichte und Denken. Soziologiegeschichtlich bedeutsam sind seine erkenntnis- und gesellschaftstheoretischen Anstrengungen.[62] Auf der *erkenntnistheoretischen Ebene* entfaltet *Hegel* ein Konzept von aufsteigenden Erkenntnisstufen, worin er den von *Kant* herausgearbeiteten Widerspruch zwischen Theorie und Empirie aufzuheben sucht. In seiner „Phänomenologie des Geistes" (1807) polemisiert *Hegel* einerseits gegen abstrakte, inhaltsleere Konstruktionen über Geschichte und Gesellschaft; solche Konstruktionen lehnt er als „abstrakte Allgemeinheit" (ibidem, 24) ab. Auf der anderen Seite grenzt er sich gegen einen naiven Empirismus ebenso scharf ab wie gegen wissenschaftliche Klassifikationsverfahren, die mittels mehr oder weniger willkürlicher Definitionen die Wirklichkeit begrifflich zu schematisieren suchen.[63]

Ausgehend von seiner Geschichtsauffassung, daß die menschliche Geschichte einen aufsteigenden Entwicklungsprozeß darstellt, der voll von inneren Widersprüchen und Konflikten ist, entwickelt *Hegel* seine Erkenntnistheorie gleichfalls als einen spiralförmig sich bewegenden Prozeß. *Hegel*s Intention läuft darauf hinaus, Erkenntnismethoden zu entwickeln, die in der Lage sind, das Prozeßhafte, das Widerspruchsvolle in der historisch-gesellschaftlichen Entwicklung zu erfassen. Hierzu arbeitet er eine Hierarchie der Erkenntnisformen aus, deren unterste Stufe das bloße „Meinen" („sinnliche Gewißheit") bildet. Die weiteren Stufen bilden die „Wahrnehmung", die gezielte „Beobachtung", die analytische Verstandestägigkeit und schließlich der theoretische „Begriff". Diese aufsteigende Prozeßstruktur von Erkenntnis, wonach der menschliche Erkenntnisprozeß verschiedene (empirische und theoretische) Entwicklungsformen durchläuft, wird in der Kategorie Dialektik abgebildet.[64]

Gesellschaftstheoretisch entwickelt *Hegel* auf der Grundlage seiner spiralförmigen Geschichtsauffassung in seinen „Grundlinien der Philosophie des Rechts" aus dem Jahre 1821 ein dreigliedriges Modell zur Interpretation der Geschichte und Struktur des erreichten Entwicklungsstandes menschlicher Vergesellschaftung. Dabei nimmt er systematisch Bezug auf die Probleme und Verlaufsformen der gesellschaftlichen Entwicklung in England und Frankreich. Er rekonstruiert ein Gesellschaftsmodell, das folgende Elemente unterscheidet:

1. „Die Familie" als historisch gewachsene Elementareinheit auf „sittlich-natürlicher Grundlage". „Ordnungsfrohe" Familienkonzeptionen sind seit *Hegel* eine wesentliche Orientierung innerhalb der wissenschaftlichen und gesellschaftspolitischen Diskussion geblieben.

2. „Die bürgerliche Gesellschaft" als ökonomisch bestimmte, in sich widersprüchliche Verkehrsform zwischen den Individuen. Vor dem Horizont der sich herausbildenden bürgerlichen Gesellschaft werden Umrisse einer Theorie gesellschaftlicher Krisen ausgearbeitet.

Diese Konzeption ist kritisch durch den historischen Materialismus angeeignet worden.

3. „Der Staat" als historisch notwendiger Integrationsrahmen und „natürlich-sittlich" getragenes Gewölbe über Familie und Gesellschaft.[65]

Das Spezifische an *Hegels* Methodik der historisch-gesellschaftlichen Analyse liegt zum einen in der strikten Ausarbeitung des Gedankens der *widersprüchlichen Entwicklungsweise* von Gesellschaften. Zum anderen äußert es sich in der Auffassung, daß Gesellschaftsanalyse nicht einfach faktenadditiv zu betreiben sei. Vielmehr gehe es darum, auf der Grundlage einer reichen empirischen Materialbasis das „innere Band", d.h. die *inneren Strukturgesetze* einer gesellschaftlich-historischen Totalität (z.B. feudale Gesellschaft oder bürgerliche Gesellschaft), begrifflich-theoretisch zu reproduzieren.[66]

Die im Zuge der konservativen Gegenaufklärung sich formierende, spezifisch deutsche geschichts- und staatswissenschaftliche Tradition knüpft selektiv an *Hegel* an. Abgelehnt wird sein entschieden optimistisches Erkenntniskonzept und sein Begriff von Weltgeschichte als fortschreitend-aufsteigender Entwicklung. Dagegen findet *Hegels* Modell der Familie als quasi-natürlicher Keimzelle der Gesellschaft und seine autoritäre Staatsauffassung besondere Aufmerksamkeit. Vorgebildet ist diese Rezeptionslinie durch die gegenaufklärerische politische Romantik. Während in der europäischen Aufklärung und auch noch bei *Hegel* das Denken aus der Perspektive der bürgerlichen Gesellschaft erfolgt, findet mit der Gegenaufklärung eine Wende statt. In Deutschland werden hierfür insbesondere die Arbeiten des romantischen Staatstheoretikers *Adam H. Müller* (1779–1829) einflußreich, der sich ausschließlich am Staatsprimat orientiert; seine Schrift „Die Elemente der Staatskunst" (1808/1809) wird zum Schlüsselwerk des romantischen Konservativismus. Später ist es „Die Philosophie des Rechts" (1830–1837, 2 Bände) von *Friedrich J. Stahl* (1802–1861), worin eine statische, die Idee des historischen Fortschritts negierende, christlich-konservative Staatslehre entwickelt wird. Sie liefert zum einen zentrale ideologische Rechtfertigungselemente für den imperialen preußisch-deutschen Neoabsolutismus bis zum Ende des Wilhelminischen Deutschlands 1918. Andererseits wird sie folgenreich sowohl für die Einschüchterung gesellschaftswissenschaftlichen Denkens in Preußen und später in Deutschland als auch für „die beginnende Liquidation des *Hegel*schen historischen Fortschrittsbegriffs" (*Lukács* 1974, Band III, 28). *Stahls* angeführte Arbeit ist explizit gegen die „Drachensaat" *Hegels* gemünzt, der „von allem Anfang an ein entschiedener Gegner einer jeden Form der deutschen Romantik (ist)" (ibidem, 14; vgl. auch *Negt* 1974, 17).[67]

Gegenläufig zur konservativen staatstheoretischen Rezeption *Hegels* entwickelt sich die ***kritische Aneignung Hegels*** durch die Begründer des historischen Materialismus. In dieser Linie werden insbesondere *Hegels* optimistisches Erkenntniskonzept, seine Begründung einer dialektischen Methodik aufsteigender Erkenntnisstufen, seine in Elementen vorbereitete Theorie der bürgerlichen Gesellschaft und sein Grundkonzept von Weltgeschichte als durch Widersprüche hindurch fortschreitende Entwicklung aufgegriffen. Strikt abgelehnt werden *Hegels* Volksgeist-Lehre als idealistische Mystifikation und seine Staatsdoktrin als blanke Rechtfertigung des preußischen Neoabsolutismus. Eingeleitet wird die kritische Aneignung *Hegels* durch die grundlegenden Arbeiten von *Marx* „Zur Kritik der Hegelschen Rechtsphilosophie" (1974, MEW Band 1).

Zusammenfassung

- In der zweiten Hälfte des 18. Jahrhunderts bilden sich innerhalb der preußisch-deutschen Aufklärung bedeutsame Ansätze zur Entwicklung modernen gesellschaftswissenschaftlichen Denkens heraus.

  Die preußisch-deutsche Aufklärung ist durch eine eigenartige Ambivalenz charakterisiert: Sie bewegt sich zwischen den Polen reaktiver Verarbeitung des gesellschaftlichen und geistig-kulturellen Fortschritts in England und Frankreich und theoretischer Antizipation von Entwicklungsperspektiven der bürgerlichen Gesellschaft.

- In kritischer Verarbeitung von theoretischen Grundfragen der europäischen Aufklärung und realen Entwicklungsproblemen der englischen und französischen Gesellschaft bearbeitet *Kant* zwei zentrale Problemkreise: 1. Das Verhältnis von Theorie und Empirie; 2. das Verhältnis von Individuum und Gesellschaft.

  Für das Verhältnis von Theorie und Empirie entwickelt *Kant* das Erkenntnisprogramm eines diskontinuierlichen Zusammenhangs zwischen Erfahrung und Hypothesenkonstruktion. Dabei unterscheidet *Kant* ausdrücklich die Gegenstandsbereiche „Natur" und „Gesellschaft".

  Für das Verhältnis von Individuum und Gesellschaft geht *Kant* von einem philosophisch-anthropologisch begründeten Widerspruchsverhältnis aus („ungesellige Geselligkeit" des Menschen). Hieraus wird ein ethisch fundierter Entwurf sozialer Normierung des zwischenmenschlichen Lebens geknüpft.

- Ein Entwicklungsansatz „sozialer Empirie" innerhalb der preußisch-deutschen Aufklärung ist in den Arbeiten von *Nicolai* enthalten.

Nicolais pragmatische Prinzipien positiver Geschichtsforschung und tatsachenkontrollierter Erforschung der Gegenwart knüpfen an den in England ausgearbeiteten Empirismus (*Bacon*) an. Sie lauten:
1. Überprüfbarkeit der Forschungsergebnisse.
2. Werturteilsfreiheit als Erkenntnishaltung.

*Nicolai*s Idee „sozialer Empirie" ist an die Perspektive der Modernisierung des gesellschaftlichen Lebens in Preußen gebunden: Erforschung der gesellschaftlichen Zustände zum Zwecke der sozialen Reform unter der Obhut des preußischen Königtums.

● Einen phänomenologisch-typologischen Ansatz gesellschaftswissenschaftlichen Denkens innerhalb der preußisch-deutschen Aufklärung stellen die Arbeiten von *Garve* dar.

Seine Studien über Grundformen des Soziallebens antizipieren theoretische Ideen und methodische Elemente der zu Anfang des 20. Jahrhunderts sich herausbildenden formalen Soziologie.

● Für *Herder* sind insbesondere zwei Grundgedanken hervorzuheben: 1. *Herder*s Theorie welthistorischer Entwicklung; 2. seine interkulturell-vergleichende Forschungsperspektive. *Herder*s spezifischer Beitrag zu einer Theorie historisch-gesellschaftlicher Entwicklung besteht darin, daß er das Modell von Weltgeschichte als einer linear aufsteigenden Entwicklung der menschlichen Gattung in eine realistischere Konzeption spiralförmiger Entwicklung umformt. Auf diese Weise rücken auch Erscheinungen bzw. Phasen historisch-gesellschaftlicher Stagnation und Rückbildung innerhalb der insgesamt als Fortschrittsprozeß aufgefaßten Weltgeschichte deutlicher ins Licht.

*Herder*s differenzierte Geschichtsphilosophie ist mit einem wegweisenden Programm kulturhistorischer Komparatistik verknüpft, das der Ethnologie und kultursoziologischen Volkskunde neue Forschungsperspektiven eröffnet. *Herder* leistet einen wesentlichen Beitrag zur Überwindung der eurozentristischen Betrachtungsweise menschlicher Vergesellschaftungsformen.

● Zusammen mit *Kant* nimmt *Hegel* innerhalb der Entwicklung gesellschaftswissenschaftlichen Denkens (nicht nur) in Deutschland eine strategische Position ein. *Hegel* unternimmt zum Abschluß der europäischen Aufklärung den groß angelegten Versuch, für Natur, Geschichte und Denken ein umgreifendes Erklärungssystem zu schaffen.

Im Bereich der Erkenntnistheorie liegt *Hegel*s Bedeutung darin, systematisch den komplexen Prozeßcharakter menschlicher Erkenntnis zu rekonstruktuieren und in Form eines Stufenkonzepts fortschreitender Erkenntnisentwicklung dem komplizierten Verhältnis zwischen Theorie und Empirie gerecht zu werden (Dialektische Methode).

Im Bereich der Gesellschaftstheorie ist *Hegel*s Denkweise in zweifacher Hinsicht weichenstellend: 1. In dem Anspruch auf Erkenntnis historisch-gesellschaftlicher Gesetzmäßigkeiten; 2. in der Betonung der widerspruchsvollen Entwicklungsweise menschlicher Vergesellschaftung.

Unter dem Vorzeichen der restaurativen politischen Romantik wird *Hegel*s genuin gesellschaftstheoretische Optik zusammen mit seinem Fortschrittsbegriff systematisch negiert. Statt dessen wird an seine ordnungspolitische Staatskonzeption angeknüpft.

Der „staatstragende" Rezeptionszweig des *Hegel*schen Werks hat wesentlichen Anteil daran, daß es innerhalb des etablierten preußisch-deutschen Wissenschaftssystems zu einer wirksamen Zurückdrängung spezifisch gesellschaftswissenschaftlicher Denkmotive kommt.

Innerhalb des historisch-materialistischen Rezeptionszweiges, der dem gegenaufklärerisch-staatsdogmatischen nachdrücklich entgegengesetzt ist und sich außerhalb des etablierten Wissenschaftssystems bildet, kommen vor allem die erkenntniskritischen und gesellschaftstheoretischen Denkanstöße *Hegel*s zum Tragen.

3.3 Anstöße und Vorbereitungsschritte zur Grundlegung einer einzelwissenschaftlichen Soziologie in Deutschland

Das Primat der Staatswissenschaften mitsamt ihren Teildisziplinen, z.B. Verwaltungs-, Finanz- und Polizeiwissenschaften, gründet real in der nach 1819 eingeleiteten und in der Folgezeit sich verstärkenden Epoche *politischer Restauration,* die in Europa und zumal in Deutschland neoabsolutistische Herrschaftsformen zur Geltung bringt. In dieser Periode kommen die „staatsfrohe" politische Romantik und die konservative Rezeption der *Hegel*schen Staatsphilosophie zur vollen Wirksamkeit.

In den späten 30er Jahren mehren sich jedoch die Anzeichen für gegenläufige, liberale Tendenzen, die einer eher gesellschaftswissenschaftlichen Orientierung *innerhalb* der deutschen Staatswissenschaften zugute kommen. Die Periode des „Vormärz", der Inkubationszeit für die europäischen Revolutionen von 1848, zeitigt in Deutschland Tendenzen eines dezidierten Wiederaufgreifens der „Gesellschafts-Thematik" auch unter Theoretikern, die außerhalb des Herausbildungsprozesses des historischen Materialismus stehen.[68] Zu den Autoren, die der gesellschaftswissenschaftlichen Analyse wieder sich zuzuwenden beginnen, gehören vor allem *Robert von Mohl* (1799–1875) und *Lorenz von Stein* (1815–1890).[69] Allerdings gelangen deren Arbeiten nicht zur Ausbildung einer eigenständigen Disziplin Soziologie, da ihre Beschäftigung mit Gesellschaftstheorie eingeordnet bleibt in den übergeordneten Zusammenhang der Staatswissenschaften.

Nach dem Scheitern der bürgerlichen Revolution in Preußen/Deutschland 1849 erleidet der Neuanfang einer gesellschaftswissenschaftlichen Diskussion einen empfindlichen Rückschlag. Die erneut einsetzende Epoche politischer Restauration bewirkt gleichsam einen neuen Schub für die umfassende Etablierung der Staats- und Geschichtswissenschaften auf Kosten einer möglichen Selbständigkeit der Soziologie. 1859 publiziert der spätere preußisch-deutsche „Kronhistoriker“ *Heinrich von Treitschke* (1834–1896) sein berühmt gewordenes Pamphlet „Die Gesellschaftswissenschaften“, worin er einer Disziplin Soziologie jedes Recht abspricht: „Nimmermehr läßt sich eine „(solche) Wissenschaft denken.“[70] Dort vertritt er die Auffassung, daß alle gesellschaftswissenschaftlichen Probleme sich letztlich auflösen in juristische und staatswissenschaftliche Untersuchungsgegenstände. Der weitere Herausbildungsprozeß steht im Schatten dieses Verdikts gegen eine wissenschaftliche Einzeldisziplin Soziologie, der von nun ab durch fortwährende Konzessionen an die Staats- und Geschichtswissenschaften charakterisiert ist.

Wird auch eine selbständige gesellschaftswissenschaftliche Theorieentwicklung mit Ausnahme des historischen Materialismus in dieser Periode nachhaltig gehemmt, so gibt es auf der Ebene der Herausbildung einer *empirischen Sozialforschung* gleichwohl weiterführende Entwicklungen. Hieran ist vor allem der Sozialstatistiker *Ernst Engel* (1821–1896) beteiligt, der unter dem Einfluß des international führenden belgischen Statistikers *Lambert A.J. Quetelet* (1796–1874) maßgeblichen Anteil daran hat, daß der Forschungszweig Sozialstatistik Ausarbeitung und Verbreitung erfährt.[71] Daß im Unterschied zur Gesellschaftstheorie Sozialstatistik relativ ungehindert sich entwickeln kann, liegt in deren Verwertungscharakter für den preußischen Staat begründet, der zum Zwecke der Modernisierung Preußens/Deutschlands „von oben“ sich der Sozialstatistik bedient. *Engel* selbst identifiziert die von ihm zur Naturlehre der menschlichen Gemeinschaften erhobene Statistik (vgl. *Schäfer* 1971, 149) kurzerhand mit Gesellschaftswissenschaften schlechthin. Dieser Anspruch allerdings überfrachtet nicht nur die Sozialstatistik in ihrer Funktion und Reichweite, sondern birgt die Gefahr, gleichsam als Ersatz für theoretische Soziologie deren eigenständige begrifflich-konzeptuelle Entwicklung zu behindern.

Die folgenden Abschnitte befassen sich mit Anstößen und Beiträgen gesellschaftswissenschaftlichen und wissenschaftstheoretischen Denkens, die für die Grundlegung der Soziologie als Einzeldisziplin einflußreich werden.

3.3.1 Versuche „eklektischer" Gesellschaftswissenschaften

Die nach 1849 eindeutige Prädominanz der Geschichts- und Staatswissenschaften scheint für den Charakter gesellschaftswissenschaftlicher Theoriebildung, sofern sie überhaupt noch unternommen wird, zur Folge zu haben, daß diese zunehmend eklektische Züge annimmt; d.h., die damit überhaupt noch im universitären Bereich befaßten Wissenschaftler verzichten auf theoretisch-konzeptuelle Kohärenz und operieren stattdessen mit Gesellschaftskonzeptionen, deren begrifflich-kategoriale Bestandteile den verschiedensten wissenschaftlichen Disziplinen (Philosophie, Geschichte, Staatswissenschaften, Theologie) entliehen und zu einem in sich wenig stimmigen Amalgam verarbeitet werden. Dabei stehen die eklektischen Versuche eindeutig im Zeichen der Ausrichtung auf den *staatlichen Ordnungsgedanken,* sowohl was die Orientierung auf die Staatswissenschaften als Bezugsrahmen, als auch was die praktischen und ideologischen Verwertungsinteressen ihrer Gesellschaftsforschung angeht. Diese ist festgemacht am Ziel der Integration der gesellschaftlichen Institutionen und Lebensformen in den preußisch-deutschen Staat.

1851 beginnt *Wilhelm H. Riehl* (1823–1897) seine volkskundlich orientierte Publikationsreihe über die „Naturgeschichte des deutschen Volkes", die sich mit dem Zusammenhang von Familie, bürgerlicher Gesellschaft, Lebensweise des Volkes und Staatsordnung befaßt.[72] *Riehl* knüpft sowohl an ethnologische Forschungsmotive *Herders* als auch an die integrationistische Familienkonzeption *Hegels* an und entwickelt schließlich eine organizistische Lehre eines spezifisch deutschen Volksgeistes. Explizit ordnet er sein organizistisch-integrationistisches, idyllisch anmutendes Gesellschaftsmodell in eine „soziale Politik" (*Riehl* 1935, 21) „von oben" ein. Das heißt im besonderen, die preußisch-deutsche Staatsmacht soll eine ideologisch-kulturelle Integration der als politisch-sozialer Faktor sich bildenden und quantitativ stetig wachsenden Arbeiterschaft in den deutsch-preußisch Staat besorgen.[73]

Riehls Bedeutung liegt soziologiegeschichtlich weniger in seiner Rolle als Gesellschaftstheoretiker, sondern in seiner Orientierung auf eine empirische Volkskunde bzw. Ethnographie. Über diese Bedeutung im Rahmen der Traditionsbildung empirischer Sozial- und Kulturforschung hinaus wird *Riehl* vor allem einflußreich für familiensoziologische Konzeptionen, die die Familie als zentrales integratives Element gesellschaftlicher und staatlicher Ordnung bestimmen.

Ein weiterer, repräsentativer Vertreter einer gegenüber der herrschenden Staats- und Geschichtswissenschaft defensiven, konzeptuell eklektizistischen Gesellschaftslehre ist *Albert Schäffle*(1831–1903). Bei ihm werden selbst Restimpulse für eine gesellschaftskritisch sich verstehende Sozialwissenschaft aus der Konstitutionsgeschichte von Gesellschaftswissenschaft vertrieben. Gesellschaftslehre wird vollends zur theoretischen Rechtfertigung des gesellschaftlichen status quo. Sein zentrales vierbändiges Werk „Bau und Leben des sozialen Körpers“ (1875–1877) stellt eine Mischung aus heterogenen Sozialideen dar. *Schäffle* zwingt Ideen über einen romantischen Ständeorganismus, Elemente konservativer Geschichts- und Staatstheorie, spezifisch ordnungssoziologische Motive des „politischen Autors“ *Comte* und schließlich sozialethische Impuse einer schon von *Lorenz von Stein* ins Auge gefaßten sozialpolitischen Intervention des Staates zur Lösung der „Arbeiterfrage“ zusammen. Es geht *Schäffle* letztlich um die Integration der organisations-politisch selbständig sich formierenden Arbeiterschaft in den Sozial- und Staatskörper. Ziel ist, einer gesellschaftlichen Krisenentwicklung und drohenden gesellschaftlichen Umwälzung durch staatlich organisierte Sozialreform vorzubeugen. Diese Art „caritativer Soziologie“ bildet „eine schon sehr frühzeitige theoretische Gegenposition zu Marx“ (*Wössner* 1963, 231). *Schäffle* ist es auch, der unter Berufung auf *Comte* die neue, ordnungspolitische Perspektive der Gesellschaftstheorie in einer bekannt gewordenen Formel zusammenfaßt. Es dränge sich die Überzeugung auf, „daß die Zeit eine Zeit des Bindens, nicht mehr des Lösens, des Aufbauens, nicht mehr des Einreißens“, daß „die kritische in die synthetische Periode übergegangen ist“ (*Schäffle* 1885, 46).

Hier sind endgültig der gesellschaftskritische Impuls und die Idee fortschreitender Entwicklung aufgegeben. Dachte der Aufklärer *Nicolai* an staatlich mitgetragene Sozialreform in der Perspektive historisch-gesellschaftlichen Fortschritts, so steht das *Schäffle*sche Denken im Zeichen sozialreformerischer Staatsintervention zugunsten des status quo.

3.3.2 Historische Nationalökonomie als Gesellschaftswissenschaft

In den 70er Jahren kristallisiert sich in Deutschland die historische Nationalökonomie heraus.[74] Sie ist wesentlich beteiligt an der Vorbereitung einer eigenständigen Disziplin Soziologie, die den historischen Materialismus ebenso scheut, wie sie sich tendenziell abhebt von einem bloß staats- und verwaltungswissenschaftlich eingeschrumpften Typ der Sozialerhebung. Die Herausbildung der historischen Nationalkölnomie ist ein Produkt der deutschen Sonderentwicklung; ihre universitäre Ausbreitung steht in engem Zusammenhang mit Entwicklungen der deutschen Sozialpolitik nach der Reichsgründung von 1871. Die in der Ära Bismarck entwickelte Sozialpolitik schwankt zwischen offener Unterdrückung der Arbeiterbewegung (Sozialistengesetz)[75] und den Versuchen, die Arbeiterschaft über den Weg gezielter sozialer Reformen in den preußisch-deutschen Staat einzubinden. Für diese zweite Variante gewinnt die historische Nationalökonomie ihre wissenschafts- und gesellschaftspolitische Bedeutung.

Die historische Nationalökonomie versteht sich ausdrücklich als Gesellschaftswissenschaft.[76] Sie knüpft zum einen an die durch *Nicolai* repräsentierte Tradition „Sozialer Empirie“ an; zum anderen vereinigt sie in sich einige Gedankensplitter des historischen Materialismus und Elemente jener erkenntnis- und geschichtstheoretischen Positionen, wie sie von *Treitschke* und *Wilhelm Dilthey* (1833–1911) in expliziter Frontstellung gegen eine soziologische Denkweise entwickelt werden. Aus dem historischen Materialismus werden Bruchstücke der politischen Ökonomie herausgefiltert und umgedeutet.[77]

Von *Dilthey* werden Elemente einer historistischen Geschichtsauffassung aufgenommen, nach der es objektive, die gesellschaftliche Entwicklung determinierenden Gesetzmäßigkeiten in der Geschichte nicht geben könne. Geschichtsforschung beziehe sich vielmehr auf „einmalige“ Erscheinungen bzw. Fälle von exemplarischem Charakter. Die historische Nationalökonomie übernimmt das historische Erkenntnis- und Wissenschaftsprogramm jedoch nicht in seiner lebensphilosophisch zugespitzten Form. Dies versetzt sie in die Lage, sich für eine partielle Rezeption positivistischer Ansätze zu öffnen, wie sie sich im westeuropäischen Bereich in der Nachfolge *Comtes* entwickelt haben. Dies gilt vor allem für den Bereich der Anwendung sozial-statistischer Verfahren innerhalb der historisch-gesellschaftlichen Forschung.

Ihren institutionellen Kern besitzt die historische Nationalökonomie im 1872 gegründeten „Verein für Socialpolitik“, der eine große wissenschaftliche und politische Ausstrahlungskraft erreicht.[78] Zu dieser „Schule“ gehören u.a. *Gustav von Schmoller* (1838–1917), *Lujo Brentano* (1844–1931) und *Adolf Wagner* (1835–1917). Ihr kommt das Verdienst zu, spezifisch gesellschaftswissenschaftliche Problemstellungen und Methoden aus jenem für die deutsche Wissenschaftsgeschichte typischen, „weiten Bereich der Staatswissenschaften herausgelöst“ zu haben (*Schäfer* 1971, 13). Der reformorientierte Anspruch wirkt sich vor allem in einem formellen Bedeutungszuwachs der Methoden empirischer Sozialforschung aus. Dem erkenntnistheoretischen Eklektizismus ist es nicht zuletzt geschuldet, daß sich im Umkreis der historischen Nationalökonomie ein „Methodenpluralismus“ herausbildet; neben traditionellen historisch-qualitativen Verfahren, die mit der Methodik des Verstehens arbeiten, operieren die oben genannten Autoren sowohl mit der „monographischen Methode“ als auch mit dem „Enquête-Verfahren“

Besondere Bedeutung wird der Verwendung sozial-statistischer Verfahren eingeräumt, die in konkreten Forschungen mit den deutenden Verfahren kombiniert werden. So werden die Methoden der „Bevölkerungsstatistik", „Berufsstatistik" und „Arbeitsstatistik" angewendet und weiterentwickelt. Im Anschluß an *Engel* entwickeln die Statistiker *Gustav Rümelin* (1815–1888) und *Georg von Mayr* (1841–1925) die Idee der Sozialstatistik als Gesellschaftswissenschaft weiter. Danach ist der Sozialstatistik keineswegs nur die Rolle eines gesellschaftswissenschaftlichen Instrumentes zugedacht.

„Es ist die soziale Statistik, welche durch das Mittel der methodischen Massenbeobachtung, durch ein über ganze Völker und Zeitabschnitte ausgebreitetes Netz von Observatorien die charakteristischen Erscheinungen des gesellschaftlichen Lebens ermittelt und vergleichend von Jahr zu Jahr erfaßt. . . der moderne Begriff der Gesellschaft ist eigentlich erst durch die Anwendung und steigende Verbreitung und Vertiefung der statistischen Methode genauer bestimmt und wissenschaftlich verwertbar geworden" (*Rümelin*, 1907, 477).

Hier deutet sich eine Vorwegnahme nationaler Sozialstatistik und Demoskopie an, in der, manchen gegenwärtigen Demoskopietheorien nicht unähnlich, Sozialstatistik und quantitative Meinungserhebung der Intention nach als eigenständige Gesellschaftstheorie präsentiert werden.

Insgesamt kommt der historischen Nationalökonomie das Verdienst zu, die gesellschaftswissenschaftliche Forschungstätigkeit auf ein den westlichen Ländern vergleichbares Niveau gebracht zu haben. Entsprechend liegen ihre Leistungen eher im Bereich der empirischen Sozialforschung denn in dem der Theorie. Dies hat seine Ursache in dem besonderen Entwicklungsstand der Nationalökonomie in Deutschland, wie sie von *Schmoller, Brentano* u.a. repräsentiert wird. In der Periode, als eine eigenständige Disziplin Nationalökonomie gegen die übergreifende Staatswissenschaft in Deutschland sich zu entfalten beginnt, hat die von England ausgehende klassische politische Ökonomie, die durch eine innere Einheit von Ökonomie und Gesellschaftstheorie gekennzeichnet ist, ihre Blüte schon hinter sich. Läßt man die politische Ökonomie des historischen Materialismus außer Betracht, dann ist auf dem ökonomischen Wissenschaftsgebiet in Deutschland eine deutliche *Verspätung* zu konstatieren.

„Die politische Ökonomie blieb in Deutschland bis zu dieser Stunde eine ausländische Wissenschaft", notiert *Marx* 1873. „Sie ward als fertige Ware importiert aus England und Frankreich; ihre deutschen Professoren blieben Schüler. Der theoretische Ausdruck einer fremden Wirklichkeit verwandelte sich unter ihrer Hand in eine Dogmensammlung, von ihnen gedeutet im Sinn der sie umgebenden kleinbürgerlichen Welt, also mißdeutet. . . Seit 1848 hat sich die kapitalistische Produktion rasch in Deutschland entwickelt und treibt heutzutage bereits ihre Schwindelblüte. Aber unsren Fachleuten blieb das Geschick gleich abhold. Solange sie politische Ökonomie unbefangen treiben konnten, fehlten die modernen ökonomischen Verhältnisse in der deutschen Wirklichkeit. Sobald diese Verhältnisse ins Leben traten, geschah es unter Umständen (Kapitalisierung Deutschlands unter der Vormundschaft des preußischen Neoabsolutismus, d. Verf.), welche ihr unbefangenes Studium innerhalb des bürgerlichen Gesichtskreises nicht länger zulassen" (*Marx* 1970, MEW Band 23, 19).

Die deutsche Nationalökonomie konstituiert sich also in einer Periode der Auflösung der klassischen politischen Ökonomie; es gelingt ihr nicht mehr, originäre Konzeptionen zu entwickeln. Sie greift deshalb im Rahmen ihrer Gesellschaftslehre zu anderen, ökonomiefremden Grundlagen. Sie findet sie vor allem im lebensphilosophisch begründeten Historismus, der zum einen eine entwicklungstheoretische Geschichtsinterpretation ablehnt zugunsten einer organizistischen Volksgeist-Theorie und einer Kreislauflehre der Geschichte (vgl. Abschnitt 3.3.3), zum anderen zur Subjektivierung gesellschaftswissenschaftlicher Kategorien wesentlich beiträgt.[79]

3.3.3 Zur Bedeutung des erkenntnis- und wissenschaftstheoretischen Programms Wilhelm Diltheys

Für das Verständnis der Herausbildung von Soziologie als Einzeldisziplin in Deutschland ist die *Trennung* von Geistes- und Naturwissenschaften von entscheidender Bedeutung. *Georg Simmel* (1858–1918) wie *Max Weber* (1864–1920) reflektieren bei ihren Begründungen von Soziologie auf diesen Diskussionszusammenhang. Jene Trennung ist das Produkt einer antipositivistischen und antimaterialistischen Begründung von Erkenntnistheorie und Geschichtswissenschaft, die sich im letzten Drittel des 19. Jahrhunderts innerhalb der deutschen Schulphilosophie herausbildet und sich aus mehreren Reflexionsquellen speist. Einen besonderen Einfluß gewinnen die Arbeiten *Diltheys* (1833–1911), dessen Anstrengung einer Begründung der „methodologischen Sonderstellung der Geisteswissenschaften" (*Habermas* 1968, 179) gilt. Sein lebensphilosophisches Programm der Geisteswissenschaften beruht auf einem diffusen Begriff des „Lebens". Darin kommen zum einen biologistisch-vitalistische Strömungen zur Geltung; zum anderen metaphysische Tendenzen, worin „die geistigen Gebilde" und deren Geschichte als mit Eigenleben ausgestattete Wesen gedeutet werden.

An der Begründung seines Wissenschaftsprogramms fällt zunächst auf, daß *Dilthey* – keineswegs zufällig – die Soziologie erst gar nicht erwähnt.

„Neben den Naturwissenschaften hat sich eine Gruppe von Erkenntnissen entwickelt, naturwüchsig, aus den Aufgaben des Lebens selbst, welche durch die Gemeinsamkeit des Gegenstandes miteinander verbunden sind. Solche Wissenschaften sind Geschichte, Nationalökonomie, Rechts- und Staatswissenschaften, Religionswissenschaft, das Studium von Literatur und Dichtung, von Raumkunst und Musik, von philosophischen Weltanschauungen und Systemen, endlich die Psychologie. Alle diese Wissenschaften beziehen sich auf dieselbe große Tatsache: das Menschengeschlecht. Sie beschreiben und erzählen, urteilen und bilden Begriffe und Theorien in Beziehung auf diese Tatsache. . . Und so entsteht zunächst die Möglichkeit, diese Wissenschaftsgruppe durch ihre gemeinsame Beziehung auf dieselbe Tatsache: Menschheit zu bestimmen und von den Naturwissenschaften abzugrenzen" (*Dilthey* 1927, 79 f.).

Den verschiedenen Wissenschaftstypen ordnet *Dilthey* wiederum radikal unterschiedene Erkenntnis-Verfahren zu. Diese Dualisierung bestimmt seither wissenschaftstheoretische Kontroversen innerhalb der deutschen Soziologie bis in die Gegenwart hinein („Positivismus-Streit").

„Nun unterscheiden sich. . . von den Naturwissenschaften die Geisteswissenschaften dadurch, daß jene zu ihrem Gegenstande Tatsachen haben, welche im Bewußtsein als von außen, als Phänomene und einzeln gegeben auftreten, wogegen sie in diesen von innen, als Realität und als ein lebendiger Zusammenhang originaliter auftreten. Hieraus ergibt sich für die Naturwissenschaften, daß in ihnen nur durch ergänzende Schlüsse vermittels einer Verbindung von Hypothesen, ein Zusammenhang der Natur gegeben ist. Für die Geisteswissenschaften folgt dagegen, daß in ihnen der Zusammenhang des Seelenlebens als ein ursprünglich gegebener überall zugrunde liegt. ***Die Natur erklären wir, das Seelenleben verstehen wir.*** Denn in der inneren Erfahrung sind auch die Vorgänge des Erwirkens, die Verbindungen der Funktionen als einzelner Glieder des Seelenlebens zu einem Ganzen gegeben. Der erlebte Zusammenhang ist hier das erste, das Distinguieren der einzelnen Glieder desselben ist das Nachkommende. Dies bedingt eine sehr große Verschiedenheit der Methoden, vermittels derer wir Seelenleben, Historie und Gesellschaft studieren, von denen, durch welche die Naturerkenntnis herbeigeführt worden ist" (*Dilthey* 1924, 143 f.; Herv. d. Verf.).

Die Trennung zwischen den methodischen Verfahren „Erklären" und „Verstehen" bestimmt das weitere Wissenschaftsbild in Deutschland. An die lebensphilosophische Methodik des Verstehens knüpfen in durchaus differenzierter Weise sowohl *Georg Simmel* als auch *Max Weber* an.[80]

Zusammenfassung

- Trotz der Vormachtstellung der Staats- und Geschichtswissenschaften kommt es in der Periode des Vormärz wieder zu einer Belebung gesellschaftswissenschaftlicher Denkmotive. Wenngleich die

Wiederbelebung gesellschaftswissenschaftlich interessierten Denkens nicht bis zum Versuch der Grundlegung von Soziologie als einzelwissenschaftlicher Disziplin vorstößt, weil der staatswissenschaftliche Rahmen bestimmend bleibt, so werden doch Umrisse einer liberalen Theorie der bürgerlichen Gesellschaft sichtbar.

Einen erneuten Rückschlag erleidet das gesellschaftswissenschaftliche Denken durch das Scheitern der bürgerlichen Revolution in Preußen/Deutschland von 1848/49. Die geistig-kulturelle Restauration und die Platz greifende Nationalstaatsbildung „von oben" zementierten nicht nur für lange Zeit die Vorherrschaft der Staats- und Geschichtswissenschaften, sondern untergraben zugleich die Legitimitätsgrundlagen einer möglichen Disziplin Soziologie. Soziologie gerät vollends unter den Verdacht, eine zersetzende, staatsoppositionelle Denkweise zu sein.

- Trotz des Widerstands gegen die Herausbildung von Soziologie innerhalb des etablierten Wissenschaftssystems werden für den Bereich der empirischen Sozialforschung in Deutschland bedeutsame Vorarbeiten geleistet. Die Sozialstatistik wird zu einem praktisch verwertbaren Forschungszweig, auf dem soziologisches Denken sich fortbildet. In den Theorien über das soziale Leben dominieren organizistische Gesellschaftsbilder und Forschungsperspektiven („Lehren vom Volkskörper", die der Suche nach Wegen zur „sozialen Befriedung" der bürgerlichen Gesellschaft durch den nationalen Staat gewidmet sind. Dieser integrationistische Akzent geht einher mit der Preisgabe der Ideen der Kritik und des Fortschritts, die ehedem im gesellschaftstheoretischen Denken der preußisch-deutschen Aufklärung leitend waren.

- In den siebziger Jahren formt sich in Deutschland die historische Nationalökonomie. Sie leistet einen wesentlichen Beitrag zur Vorbereitung einer eigenständigen Disziplin Soziologie. Ihren wissenschaftspolitischen Kristallisationskern hat die historische Nationalökonomie in dem 1872 gegründeten Verein für Socialpolitik. Er entwickelt sich zu einem wissenschaftlichen Organ der Politik sozialer Reformen.

  Die Verdienste der historischen Nationalökonomie liegen zum einen darin, den Gesellschaftswissenschaften einen von den Staatswissenschaften unabhängigen Geltungsbereich eingeräumt und zum anderen auf einer Reihe von Gebieten empirische Feldforschung gefördert und betrieben zu haben.

- In der Phase der Herausbildung der Soziologie als Einzeldisziplin gewinnt *Diltheys* Versuch der erkenntnistheoretischen Grundlegung einer Wissenschaftssystematik zentrale Bedeutung.

Den dualistisch konstruierten Wissenschaftstypen ordnet *Dilthey* jeweils „wesenseigene" Erkenntnisverfahren zu: 1. den Naturwissenschaften das „Erklären"; 2. den Geisteswissenschaften das „Verstehen". Der Erkenntnismodus des Verstehens geht sowohl in *Simmel*s als auch in *Max Weber*s Begründung von Soziologie ein.

4 Begründung und Ausarbeitung der Soziologie als Einzelwissenschaft in Deutschland

Im Vor- und Umfeld der Begründung der Einzeldisziplin Soziologie hat *Ferdinand Tönnies* (1855–1936), erster Präsident der 1909 gegründeten Deutschen Gesellschaft für Soziologie, eine wirkungsvolle Stellung inne. Mit seinem vielfach aufgelegten Werk „Gemeinschaft und Gesellschaft" (zuerst 1887) übt er – allerdings erst so recht ab der zweiten Auflage von 1912, die den Untertitel „Grundbegriffe der reinen Soziologie" trägt – einen wesentlichen Einfluß auf die „Soziologisierung" des gesellschaftswissenschaftlichen Denkens aus. Im Anschluß an Forschungsergebnisse über die Urgesellschaft sowie an Leitgedanken der von *Marx* ausgearbeiteten politischen Ökonomie, deren Grundkategorien er allerdings formal-typologisch „aufweicht", bemüht er sich bereits um eine spezifisch soziologische Kategorienbildung. Seine Absicht ist es, „Gemeinschaft" und „Gesellschaft" als Geschichtsepochen übergreifende Grundtypen der Vergesellschaftung darzustellen und zu analysieren. In Vorwegnahme einiger Elemente des *Simmel*schen Programms zielt *Tönnies* auf die Herausarbeitung von Begriffen einer „reinen Soziologie" ab.

Die Begründung der Soziologie, die zu Anfang des 20. Jahrhunderts erfolgt, ist gekennzeichnet von der mühsamen Anstrengung, ihr als selbständige Disziplin Legitimitätsgrundlagen zu verschaffen: erstens gegenüber den herrschenden Geschichts- und Staatswissenschaften, zweitens gegenüber dem „westlichen" soziologischen Positivismus und drittens gegenüber dem historischen Materialismus.

Der erste Abschnitt der folgenden Darstellung befaßt sich mit Programm und Einfluß der formalen Soziologie, der zweite Abschnitt behandelt die Soziologie *Max Weber*s.

4.1 Das Programm der formalen Soziologie

Die Einführung in die Formale Soziologie thematisiert im ersten Teil Fragen nach den erkenntnistheoretischen Grundlagen des von *Simmel* (1858–1918) begründeten Programms einer Fachdisziplin Soziologie. In einem zweiten Teil soll die Eigenart der Begründung von Soziologie im Wege methodologischer Bestimmungen sowie die hieraus resultierende, spezifisch soziologische Methodik beleuchtet werden. Der dritte Schritt befaßt sich mit der Fortschreibung des *Simmel*schen Begründungsversuches durch *v. Wiese.* Abschließend wird auf Aspekte der Wirkungsgeschichte der formalen Soziologie eingegangen.

4.1.1 Zur philosophisch-erkenntnistheoretischen Verortung der Soziologie Georg Simmels

Die soziologiegeschichtliche Bedeutung der im Jahre 1908 erfolgten Publikation *Simmels* „Soziologie, Untersuchung über die Formen der Vergesellschaftung" liegt vorab darin, daß mit ihr erstmals im deutschen universitären Raum pointiert, d.h. in einem konsequenten Programmentwurf, das Recht der Soziologie auf Anerkennung als wissenschaftliche Disziplin angemeldet und systematisch zu begründen versucht wird. Der *Simmel*sche Begründungsversuch trägt deutlich den Stempel der spezifisch deutschen Wissenschaftsentwicklung. Dies betrifft einmal die erkenntnistheoretische Fundierung, zum anderen die eigenartige Vorgehensweise *Simmels*, der Soziologie trotz der Vormacht der Geschichts- und Staatswissenschaften eine Daseinsberechtigung als eigenständige Disziplin zu erwirken.

Simmel greift zunächst die geschichtsphilosophische Diskussion der Aufklärung wieder auf. Dabei durchläuft er selbst in seiner wissenschaftlichen Biographie einen Wandlungsprozeß. Steht er in seiner frühen Schrift „Über sociale Differenzierung" (1890) noch unter dem Einfluß der Evolutionstheorie *Spencers*, so beginnt er sich in der Folge von diesem „westlichen" entwicklungstheoretischen Einfluß zu lösen. In seiner Studie über „Die Probleme der Geschichtsphilosophie" wendet sich *Simmel* entschieden von fortschrittstheoretischem Denken, wie es für die Geschichtsphilosophie der Aufklärung kennzeichnend gewesen ist und wie es selbst bei *Spencer* noch – naturalistisch verbogen zwar – sichtbar wird, ab. Er lehnt die Vorstellung, daß Geschichtsphilosophie die Gesetze der Geschichte aufzusuchen in der Lage sei, ab und spricht – ironisch fast – von „sogenannten historischen Gesetzen" (*Simmel* 1922, 122, zuerst 1892). Statt den Entwicklungsgedanken weiterzuknüpfen, orientiert er sich zunehmend an der lebensphilosophisch begründeten Geschichtsauffassung *Diltheys,* nach der die Geschichtswissenschaft aus den „immer zusammenwirkenden Strömungen" des Lebens (ibidem, 190) bzw. dem unaufhörlichen Lebensstrom „historische Individualitäten" (ibidem, 189) herauszufiltern habe.

Diese historischen Individualitäten sollen verstehend, nicht kausal-erklärend dechiffriert werden. Die Totalität der Geschichte, „jene gegenseitige Einwirkung *aller* historischen Faktoren . . . ist uns zu durchschauen versagt" (ibidem, 215), mit dieser erkenntnispessimistischen These wendet sich *Simmel* gegen eine Interpretation von Geschichte als kausal bestimmtem, gesetzmäßigen Prozeß. Vor diesem Hintergrund werden auch seine Notiz von der „an und für sich kraftlosen – Kausalität" (ibidem, 223) und sein Verdikt gegen eine Geschichtsphilosophie, die mehr zu sein beansprucht als Verstehen historischer

Individualitäten (vgl. ibidem, 205), verständlich. Damit wird deutlich, daß *Simmel Diltheys* Kritik der erkenntnisoptimistischen Auffassung von der „Begreiflichkeit des Weltzusammenhangs", die unter expliziter Distanznahme zu *Hegels* dialektischer Methode vorgetragen wird, teilt.[81]

Wenn *Simmel* mit *Dilthey* darin übereinstimmt, daß es in der Geschichte keine Entwicklungsgesetze gebe, sondern nur einen unaufhörlich flutenden Lebensstrom, der unzählige Erscheinungen an seiner Oberfläche ausbilde, so gibt es für ihn doch Formen, worin sich die „gelebte Wirklichkeit" (ibidem, 229) äußert. Hebt Geschichtswissenschaft in jenem *Dilthey*schen Verständnis auf historische Individualitäten ab, auf einmalige Erscheinungen und Konstellationen, so Soziologie auf die Grundformen menschlichen Zusammenlebens. Dieser Grundgedanke ist insofern in Anlehnung an die *Dilthey*sche Denkweise formuliert, als *Dilthey* auf der einen Seite Geschichte als unablässigen, ge- und erlebten Lebensstrom auffaßt, auf der anderen Seite zugleich unterstellt, daß die Formen, worin der Geschichtsstrom sich manifestiert, durch das Merkmal der „Wiederkehr des Immergleichen" charakterisiert sind.

Diese Formen erscheinen als gleichsam seinsmäßig dem konkreten Geschichtsprozeß vorausgesetzt. Ihre „reine" Gestalt herauszuarbeiten, wird zum Kerngedanken der *Simmel*schen Soziologie. Haben *Naturwissenschaften Gesetze* der Natur zum Untersuchungsziel, *Geschichtswissenschaften Individualitäten* der Geschichte, so schließlich die *Soziologie Formen* der Vergesellschaftung: beispielsweise „Über- und Unterordnung", „Konkurrenz", „Kooperation", „Parteibildung" oder „Nachahmung".

Neben den eher erkenntnistheoretischen Vorarbeiten, Soziologie als Wissenschaft von den Formen der Vergesellschaftung zu entwerfen, stellt *Simmels* „Philosophie des Geldes" aus dem Jahre 1900 eine weitere wichtige Etappe dar. Mit dieser sozialphilosophischen Studie über historische und zeitgenössische Gesellungsformen wird die „Soziologie" von 1908 vorbereitet.

4.1.2 Zur Konstitution der Soziologie durch Methodologie

In einem Exkurs zu Beginn der „Soziologie" über das Problem: „Wie ist Gesellschaft möglich? " skizziert *Simmel* Grundlagen soziologischer Erkenntnis, die auf jene Formen der Vergesellschaftung abzielen. Er knüpft den Gedanken *Kants*, daß der Mensch eine apriorisch gegebene, eingeborene Erkenntnisfähigkeit besitze, geistige Strukturen der Wirklichkeit theoretisch zu erfassen, fort und modifiziert ihn durch Übernahme von Vorstellungen aus dem lebensphilosophischen Historismus. Hiernach ist der Einzelne erlebendes

Glied des „Lebensstromes". Diese Zugehörigkeit zur Totalität des Lebenszusammenhanges wird zur Grundlage dessen bestimmt, daß der Mensch die „gelebte Wirklichkeit" *erleben,* und – weil in diesem Lebensstrom *geistige* Objektivationen und Formen erzeugt werden – *verstehen* kann.

„Unser *Erkenntnisleben* (herv. d. Verf.) ruht auf der Voraussetzung einer prästabilierten Harmonie zwischen unsern geistigen, wenn auch noch so individuellen Energien und dem äußern, objektiven Dasein" (*Simmel* 1968, 29/30).

Das Bewußtsein des Individuums wird gleichsam zum Medium zwischen den geistigen Formen, die dem historischen Lebensstrom innewohnen, und dem individuellen Leben, das an jenem Strom erlebnisförmig teilhat. Dieser erkenntnistheoretische Standpunkt *Simmels* bildet den Ausgangspunkt für die Geburt seiner Soziologie aus der Methodik.

Abgesehen von den bestimmenden philosophisch-erkenntnistheoretischen Impulsen ist das Verfahren, Soziologie durch eine spezifische Methodik zu begründen, mit motiviert durch pragmatische wissenschafts-institutionelle Gesichtspunkte (vgl. hierzu *Lukács* 1974, Band III, 54 f.). *Simmel* gelingt es, seine Soziologie in das bestehende arbeitsteilige System der Wissenschaften legitimatorisch einzurangieren, ohne Zuständigkeitsbereiche anderer Wissenschaften, zumal der prädominanten Geschichtswissenschaften, anzutasten. Die Soziologie reklamiert für sich keinen neuen Objektbereich; die schon abgesteckten Terrains von Staats-, Kulturwissenschaft, Ethnologie usf. sollen nicht neu verteilt bzw. „umverteilt" werden zugunsten der neu hinzutretenen Soziologie. Stattdessen, so *Simmel,* ist „die Soziologie also, in ihrer Beziehung zu den bestehenden Wissenschaften, eine neue *Methode*. . ." (*Simmel* 1968, 3). Die Konstituierung der Soziologie über die Neuartigkeit der Methode befreit sie vom Verdacht, in Konkurrenz zu etablierten Wissenschaften treten zu wollen. Dennoch bleibt für *Simmel* die Frage:

„Welches aber kann das eigne und neue Objekt sein, dessen Erforschung die Soziologie zu einer selbständigen und grenzbestimmten Wissenschaft macht? " (ibidem, 3).

Er löst dieses Konstitutionsproblem auf, indem er erklärt, daß „zu dieser Legitimation (der Soziologie, d. Verf.) . . . als einer neuen Wissenschaft nicht die Entdeckung eines seiner Existenz nach bisher unbekannten Gegenstandes gehört" (ibidem, 3). D.h., vor dem Horizont material schon bekannter und von anderen Wissenschaften bearbeiteter Gegenstände begründet sich die Soziologie in erster Linie durch ihre Methodik bzw. „neue Betrachtungsweise". In direkter Anlehnung an *Simmel* spitzt *v. Wiese* diese methodologische Bestimmungsweise von Soziologie später noch einmal zu. Die neue „Optik, zu der die Soziologie schulen will", wird von ihm zum konstitutiven Merkmal „aller wahren Soziologie" bestimmt (*v. Wiese,* 1933, 6).

Die Begründungsfigur für die *neue, soziologiespezifische Optik* zeichnet *Simmel* auf folgende Weise: Jede Wissenschaft beruhe auf „Abstraktion, indem sie die Ganzheit irgendwelchen Dinges, die wir als einheitliche durch keine Wissenschaft erfassen können nach je einer ihrer Seiten, von dem Gesichtspunkt je eines Begriffes aus, betrachtet" (*Simmel* 1968, 3). Im Rahmen der arbeitsteiligen Zerlegung der Ganzheit der Objekte sei es „die besondere, von ihr vollzogene Abstraktion", die die Soziologie „von den übrigen historisch-sozialen Wissenschaften" unterscheide (ibidem, 8). Das Spezifische dieser Abstraktion bestehe in der notwendigen Isolierung des Zwischenmenschlichen als dem genuinen und legitimen Gegenstand der Soziologie. Aufgrund dieser Abstraktion gelinge es, aus dem, was wir soziales Leben nennen, methodisch eine Seite herauszuarbeiten, die das Soziologiespezifische zum Vorschein bringt. Dieses durch die „neue Optik" gewonnene Soziologiekonstitutive ist nach *Simmel* das, „was wirklich *nur* (Herv. durch Verf.) Gesellschaft, d.h. Vergesellschaftung ist" (ibidem, 31). Dazu sei allerdings notwendig, daß aus der „Reinheit dieses Begriffs alles das entfernt (wird), was zwar nur innerhalb der Gesellschaft historisch realisiert wird, was aber die Gesellschaft *als solche,* als einzigartige und autonome Existenzform, nicht konstituiert". . . (ibidem, 31). Durch die Entfernung historisch-konkreter Inhalte aus dem Gesellschaftsbegriff, durch die Fokussierung des Form-Aspektes der Vergesellschaftung werde ein „unzweideutiger Kern von Aufgaben geschaffen" (ibidem, 31), für die einzig die Soziologie zuständig sei.

In seiner Analyse des Gesellschaftsbegriffs isoliert *Simmel* die Kategorie der Wechselwirkung und setzt sie zur Basiskategorie der Soziologie (ibidem, 4). „Wechselwirkung" bezeichnet das Konstitutive von Gesellschaft bzw. von Vergesellschaftung als solcher. Über diesen Weg eröffnet sich das Programm der Soziologie als Analyse der „reinen Formen der Vergesellschaftung" (ibidem, 7), d.h. der Formen der Wechselwirkung, worin der menschliche Lebensprozeß sich vollzieht, ohne Ansehung der konkret-historischen Inhalte:

„An gesellschaftlichen Gruppen, welche ihren Zwecken und ihrer ganzen Bedeutung nach die denkbar verschiedensten sind, finden wir dennoch die gleichen formalen Verhaltensweisen der Individuen zueinander. Über- und Unterordnung, Konkurrenz, Nachahmung, Arbeitsteilung, Parteibildung, Vertretung, Gleichzeitigkeit des Zusammenschlusses nach innen und des Abschlusses nach außen und unzähliges Ähnliches findet sich an einer staatlichen Gesellschaft wie an einer Religionsgemeinde, an einer Verschwörerbande wie an einer Wirtschaftsgenossenschaft, an einer Kunstschule wie an einer Familie". (ibidem).

Diese *Isolierung der Formseite* des sozialen Lebensprozesses ist freilich künstlicher Natur, wie *Simmel* selbst einbekennt. Sie erlaube die spezifisch soziologische Optik, unter der die immergleichen „formalen Verhaltungsweisen der Individuen zueinander" unabhängig von der Variationsbreite inhaltlicher Ausfüllungen herausgeschält werden. Gesellschaft unabhängig von der „Materie der Vergesellschaftung" zu analysieren, dies ist die zentrale Intention der formalen Soziologie.[82] Die „reine" Formanalyse wird schließlich als „Geometrie des Sozialen" begriffen.[83]

Dementsprechend faßt *Simmel* „Gesellschaft" im engeren soziologischen Sinne als die Summe der *Formen der Wechselwirkung* auf; im Unterschied zu einem weiten, gesellschaftswissenschaftlichen Begriff von „Gesellschaft", worunter „der Komplex vergesellschafteter Individuen" (ibidem, 8) verstanden wird.[84]

Die inhaltlich-stofflichen Momente des Gesellschaftlichen werden anderen Wissenschaftszweigen überlassen:

„Soziologie als Lehre von dem Gesellschaft-Sein der Menschheit, die auch in unzähligen andern Hinsichten noch Wissenschaftsobjekt sein kann, verhält sich also zu den übrigen Spezialwissenschaften, wie sich zu den physikalisch-chemischen Wissenschaften von der Materie die Geometrie verhält: sie betrachtet die Form, durch die Materie überhaupt zu empirischen Körpern wird – die Form, welche freilich für sich allein nur in der Abstraktion existiert, grade wie die Formen der Vergesellschaftung. Sowohl Geometrie wie Soziologie überlassen die Erforschung der Inhalte, die sich in ihren Formen darstellen, oder der Totalerscheinungen, deren bloße Form sie betrachten, andern Wissenschaften. (ibidem, 9/10).

Auf diese Weise wird die „materiale Kausalanalyse" aus der theoretischen Soziologie entfernt, indem sie an andere Wissenschaften, vorzugsweise an die Psychologie, delegiert wird.[85]

Trotz dieser Grundschwäche bringt *Simmel* eine bedeutsame Entdeckung in die Grundlegung von Soziologie als Wissenschaft ein, die nicht zufällig in der „Philosophie des Geldes", seiner kritischen Rezeption von Denkmotiven des historischen Materialismus, vorbereitet worden ist. Wie für *Marx,* so ist auch für *Simmel* das Geld eine sinnfällig-exemplarische Erscheinungsform, materialisierter Ausdruck eines Verhältnisses. Hieran knüpft *Simmel* später den Gedanken, daß das *Verhältnis* „das am reinsten soziologische Wort (ist), das es gibt", weil es „eine bloße Beziehungsform bezeichnet" (*Simmel* 1968, 475). D.h., im Verhältnis materialisiert sich am klarsten das spezifisch Soziale menschlicher Vergesellschaftung. In diesem Lichte erscheint das Gesamt der Wechselwirkungs*formen* als die Strukturen, in welchen die Individuen ihr Leben äußern; eine Kennzeichnung, die bei *Marx* in der Differenzierung von Verhältnissen „im Unterschied zu den Subjekten, die sich verhalten" (*Marx* 1974, 61) vorgebildet worden ist. Auch darin, daß Verhältnisse bzw. Formen der Wechselwirkung nur durch theoretische Abstraktion „im Kopf" gewonnen werden können, diese Formen bzw. Verhältnisse aber gleichwohl prägend und strukturierend auf das Verhalten der Individuen einwirken („real wirksame Abstraktionen"), bewegt sich *Simmels* soziologische Denkweise hier auf der erkenntnis- und gesellschaftstheoretischen Linie von *Marx.* Ihre Denkweisen aber unterscheiden sich dort, wo *Simmel* erstens die Formanalyse radikalisiert, indem er die Kausalanalyse der Genese und des Wandels von Grundformen der Vergesellschaftung aus der Soziologie im engeren Sinne ausblendet. Die von den Individuen unabhängigen sozialen Formen werden nicht als historisch-gesellschaftliches Produkt des wechselseitigen Handelns der Menschen rekonstruiert, sondern dies wird als Aufgabe an die „Psychologie der Triebe und Motive" delegiert. Just deshalb tendiert *Simmels* Soziologie zu jener unhistorisch-statischen „Geometrie des Sozialen", die in seiner Nachfolge, allen voran bei *v. Wiese,* einem soziologischen Formen-Klassifikationismus Vorschub leistet.[86] Zweitens unterscheidet sich der Weg dort, wo *Simmel,* in der Tradition des zeitgenössischen Neukantianismus, dazu tendiert, die theoretische Analyse der Wechselwirkungsformen hochgradig zu subjektivieren.

Die erstgenannte Tendenz äußert sich in der Neigung *Simmels*, das reiche historisch-empirische Material zur bloßen Illustration heranzuziehen; d.h., es besitzt keinen methodologisch verbürgten Status als systematische, empirisch-kontrollierte Untermauerung der Formanalyse.[87] *Simmel* benötigt diese Illustrationen, da eine „reine" Formanalyse des Sozialen ohne irgendwelchen Bezug auf eine materiale Stoffbasis sich gleichsam gegenstandslos artikulieren müßte. *Simmel* konzediert, daß im Unterschied zur Mathematik in der Soziologie „die Herauslösung dessen, was wirklich die reine Vergesellschaftung ist, . . . nicht logisch zu erzwingen (ist)" (ibidem, 12). Genau an diesem Punkt macht sich die zweite Tendenz, Subjektivierung der Erkenntnis, geltend. In Anknüpfung an den lebensphilosophisch inspirierten Erkenntnismodus „psychogener Intuition" (vgl. *Jonas* 1973, Band IV, 21) rekurriert *Simmel* auf das Verfahren *phänomenologischer Analyse;* sie wird zum Schlüssel seiner Soziologie. Dieses Analyseverfahren impliziert eine hochgradige Subjektivierung der soziologischen Methodik, insofern die phänomenologische Analyse der „Formen der Vergesellschaftung" zu einer Funktion der je individuellen Fähigkeit des Soziologen wird; zudem wohnt ihr ein hohes Maß an

Willkür inne (vgl. *Simmel* 1968, 12). *Simmel* ist selbstkritisch genug, dies einzuräumen: „man muß hier das Odium auf sich nehmen, von intuitivem Verfahren zu sprechen" (ibidem); mehr noch, er räumt ein, daß es sich dabei um „ein gewisses Maß instinktiven Vorgehens" (ibidem, 13) handele.

Die Handhabung der phänomenologischen Formanalyse bei *Simmel* hat zu bemerkenswerten Resultaten geführt und die weitere soziologische Forschung nachhaltig und auf den verschiedensten Feldern angeregt.[88] Schulfall der Wirkung *Simmel*scher Reflexionen stellt sein berühmter „Exkurs über den Fremden" – enthalten in der „Soziologie" von 1908 – dar.[89] Hieran, wie generell an seinen Exkursen – Zeugnisse einer virtuosen soziologischen Essayistik, die material besonders dicht ist – läßt sich verdeutlichen, daß dort, wo *Simmel* seinen eigenen, rigiden methodologischen Formalismus unterläuft, seine phänomenologische Methodik durchaus Früchte trägt. Dies nicht zuletzt deshalb, weil er über reiche historische Kenntnisse verfügt, deren subtile phänomenologische Verarbeitung verwertbare Einsichten in gesellschaftliche Erscheinungen vermittelt. Wo es Soziologen an historischen Kenntnissen und Erfahrung im Umgang mit der phänomenologischen Analyse allerdings mangelt, produziert diese hochgradig subjektivierte Methodik äußerst flache Ergebnisse, indem sie in pedantische Klassifikation sozialer Erscheinungen nach Maßgabe des „gesunden Menschenverstandes" verfällt.[90]

Die der subjektivierten phänomenologischen Methodik innewohnenden dezisionistischen und irrationen Momente werden durch zwei weitere Faktoren verstärkt. Zum einen baut *Simmels* phänomenologische Analyse, wie oben gezeigt, auf einer Vorwegpreisgabe der kausalen Analyse auf. Stattdessen treten „in immer stärkerem Maße die Analogien methodologisch" an ihre Stelle, nach *Lukács* (1974, Band III, 59) ein Kennzeichen dieser Periode.[91] Zum anderen erscheint die phänomenologische Analyse der „reinen Formen der Vergesellschaftung" als strikt getrennt von der Ebene empirischer Sozialforschung. Erkenntnistheoretisch-methodologisch entwickelt *Simmel* hier keine stringente Vermittlung; es besteht sogar die Tendenz, Theorie und Empirie gegeneinander zu verselbständigen.[92] Darüber hinaus birgt *Simmels* Programm die Gefahr, empirische Sozialforschung zur Seite qualitativer Forschungsmethoden hin zu verkürzen und den Aspekt quantifizierender erfahrungswissenschaftlicher Erkenntnisformen zu vernachlässigen und deren Bedeutung zu unterschätzen.

Der *Simmel*-„Schüler" *v. Wiese* macht aus der Not der Vermittlung von Theorie und Empirie gleichsam eine Tugend. Er gliedert die Soziologie programmatisch in zwei Teile: „Allgemeine Soziologie" und „Spezielle Soziologien".[93] In der ersten „Abteilung" wird phänomenologische Formanalyse und Typenbildung betrieben; in der zweiten empirische Forschung unter Einschluß quantitativer Methoden. Diese liefert zwar Daten über die soziale Wirklichkeit, in methodologischer Hinsicht aber bleiben phänomenologische Kategorienbildung und Empirie auch bei *v. Wiese* unvermittelt. Sofern versucht wird, einen Zusammenhang herzustellen, verbleibt das empirische Material im Status des Illustrativen.

In erkenntnistheoretisch-methodologischer Hinsicht erreicht *v. Wiese* nicht das Problematisierungsniveau der „Soziologie" *Simmels*. Seine soziologiegeschichtliche Bedeutung liegt vor allem darin, daß sich sein Vorschlag zur internen Gliederung von Soziologie durchgesetzt hat. Zudem hat er mit seiner wissenschaftspolitischen Tätigkeit einen wirksamen Beitrag zur institutionellen Eingliederung der Soziologie in das universitäre Gefüge der Humanwissenschaften geleistet.

Zusammenfassung

- Mit seiner „Soziologie" von 1908 legt *Simmel* erstmals in Deutschland einen konzisen Entwurf für eine eigenständige Disziplin vor. Dieser Entwurf hat zwei grundlegende Positionsbestimmungen zur Voraussetzung: 1. die Ablehnung einer Auffassung von Geschichte als gesetzmäßig fortschreitendem Prozeß; 2. die Zurückweisung der Idee kausalanalytischer Erkennbarkeit des Geschichtsprozesses.

- Dieser Rahmenbestimmung entsprechend hat die Soziologie weder „Gesetze" noch „Individualitäten" (historisch einmalige Gebilde und Ereignisse) zum Gegenstand. Erstere sind Sache der Naturwissenschaften, letztere den Geschichtswissenschaften zugeordnet. Demgegenüber findet Soziologie ihren spezifischen Gegenstandsbereich in den Formen der menschlichen Vergesellschaftung.

- In der phänomenologischen Methodik sieht *Simmel* das geeignete Verfahren, die Spezifik des Sozialen, die Formen der Wechselwirkung, herauszulesen.

4.2 Das Werk Max Webers

Max Weber (1864–1920) und *Georg Simmel* (1858–1918) sind Zeitgenossen. *Weber* legt nicht nur – wie *Simmel* – einen bis heute einflußreichen Konstituierungsentwurf von Soziologie vor; sein außerordentlich umfangreiches und vielseitiges Gesamtwerk machen ihn zu einem der bedeutendsten Soziologen.

4.2.1 Soziologiebegriff und Wissenschaftslehre

Wir stellen in diesem Abschnitt zunächst *Weber*s Entwurf der Soziologie dar und diskutieren danach Grundlagen seiner Wissenschafts- und Methodenlehre.

„Soziologie. . . soll heißen: eine Wissenschaft, welche soziales Handeln deutend verstehen und dadurch in seinem Ablauf und seinen Wirkungen ursächlich erklären will. ‚Handeln' soll dabei ein menschliches Verhalten (einerlei ob äußeres oder innerliches Tun, Unterlassen oder Dulden) heißen, wenn und insofern als der oder die Handelnden mit ihm einen subjektiven *Sinn* verbinden. ‚Soziales' Handeln aber soll ein solches Handeln heißen, welches seinem von dem oder den Handelnden gemeinten Sinn nach auf das Verhalten *anderer* bezogen wird und daran in seinem Ablauf orientiert ist." (*Weber* 1972, 1).

Im Unterschied zu *Simmel* geht es *Weber* nicht nur um die Darstellung und Analyse von Formen zwischenmenschlicher „Wechselwirkung", sondern um die Erklärung von Handeln. *Weber* wählt als Ausgangspunkt die Perspektive des Subjekts: „Handeln" hebt sich von bloßem „Verhalten" durch das Hinzukommen von „subjektivem Sinn" ab. Es wird nach *Weber* zu „sozialem Handeln" durch die Orientierung des subjektiven Sinns am Verhalten oder Handeln anderer. Dieses „soziale Handeln" ist Gegenstand der Soziologie. Die Perspektive des einzelnen wird in einem nächsten Schritt erweitert, der zur „Zwischenmenschlichkeit" bzw. zu *Simmel*s Ausgangskategorie der „Wechselwirkung" führt: das nach seinem subjektiven Sinn wechselseitig aufeinander eingestellte Sichverhalten mehrerer konstituiert diese „Zwischenmenschlichkeit"; *Weber* bezeichnet sie als soziale Beziehung.[94]

*Weber*s Begründung und kategorialer Entwurf für die Soziologie sind, wie bereits sichtbar, durch das Bemühen gekennzeichnet, von Grundelementen des „bloßen Verhaltens" über das Handeln, das soziale Handeln und die soziale Beziehung zur Dimension der Vergesellschaftung bzw. Gesellschaftlichkeit „aufzusteigen"; von der grundlegenden Kategorie der sozialen Beziehung ausgehend, versucht *Weber* sodann durch kategoriale Erweiterungen zu komplexeren Formen von Vergesellschaftung, bis hin zum Begriff des Staates, vorzustoßen: „Verband" versteht er hierbei als eine geschlossene soziale Beziehung, für deren Ordnung ein „Leiter" oder „Verwaltungsstab" verantwortlich ist; „Betrieb", „Verein" und „Anstalt" seien Subkategorien von „Verband". Hierauf aufbauend: „Staat soll ein politischer Anstaltsbetrieb heißen, wenn und insoweit sein Verwaltungsstab erfolgreich das Monopol legitimen physischen Zwanges für die Durchführung der Anordnungen in Anspruch nimmt" (ibidem, 29).

Aufgabe und Ziel der Soziologie sei es, soziales Handeln deutend zu verstehen und dadurch in seinem Ablauf und seinen Ursachen zu erklären. In bezug auf das „logisch-erkenntnistheoretische Zentralproblem der Zeit" (*Marianne Weber* 1926, 322), die Auseinandersetzung um Natur- versus Geisteswissenschaften, um „Erklären" versus „Verstehen"[95], scheint *Weber* die Soziologie eindeutig auf der Seite der Geistes- bzw. Kulturwissenschaften im *Dilthey*schen Sinne zu verorten. Doch *Weber*s Ansatz ist durchaus eigenständig und läßt sich nicht einfach als Übernahme des Verstehensbegriffs von *Dilthey* bezeichnen. Er unterzieht den *Dilthey*schen lebensphilosophisch begründeten Erkenntnismodus des unmittelbaren Erlebens als Grundlage des Verstehens einer prinzipiellen Kritik („Wer ‚Schau' wünscht, gehe ins Lichtspiel"[96]), hält aber daran fest, daß Bedeutungen und Sinnzusammenhänge menschlichen Handelns Gegenstand der Soziologie seien und über deutendes „Verstehen" zugänglich und erklärbar würden. Die „Evidenz" dieses Verstehens sei jedoch eine Hypothese, die der weiteren Prüfung bedürfe. Methoden dieser Prüfung könnten die Statistik, vergleichende Verfahren, „Gedankenexperimente" sowie in bestimmten Fällen psychologische Experimente sein. Das so erfahrungswissenschaftlich geprüfte „Verstehen" des Sinns sei zugleich die kausale „Erklärung" des Handelns, d.h. *Weber* versucht, den Gegensatz von „Verstehen" und „Erklären" aufzulösen.

Ein weiterer Hauptkomplex der methodologischen Arbeiten *Weber*s bezieht sich auf das Problem der Begriffsbildung in den Kultur- bzw. Sozialwissenschaften. Ziel ist es hierbei, die Prozesse der Begriffsbildung und -verwendung in den Sozialwissenschaften, hier vor allem auch der Geschichtsschreibung, einsichtiger und bewußter zu machen. Für die Beschreibung und Analyse konkreter Verhältnisse, Situationen und Einzelfälle bedarf es theoretischer Begriffe, die einen Maßstab für die Beurteilung der Bedeutung konkreter einzelner Erscheinungen in der Wirklichkeit abgeben. Darum arbeiten Sozialwissenschaftler und Historiker immer und notwendigerweise mit bestimmten Gesichtspunkten und theoretischen Begriffen, die nicht „aus dem Stoff" als geltend gewonnen werden können, sondern an diesen herangetragen werden müssen. Bei der häufig verwendeten Methode des Vergleichs fehlt es nicht selten an Klarheit über die Maßstäbe, Dimensionen und die methodische Berechtigung dieses Verfahrens. *Weber*s Diskussion des „Idealtyps" bezieht sich auf diese Probleme und formuliert hierzu Lösungsvorschläge.

Begriffe wie z.B. „Feudalismus", „Individualismus", „kapitalistische Kultur" oder „zweckrationales Handeln" seien Beispiele für Begriffe, die den Charakter von Idealtypen hätten; die Wirtschaftstheorie arbeite analog z.B. mit einem „Idealbild der Vorgänge auf dem Gütermarkt bei tauschwirtschaftlicher Gesellschaftsorganisation, freier Konkurrenz und streng rationalem Handeln" (*Weber* 1956 b,

234). Diese Begriffe seien eine Konstruktion des Forschers, „ein Gedankenbild, welches nicht die historische Wirklichkeit oder gar die ‚eigentliche' Wirklichkeit ist. . ." (ibidem, 238), sondern ein „Kosmos gedachter Zusammenhänge"[97] als Erkenntnismittel zur Erforschung der Wirklichkeit. Die Konstruktion des Idealbildes erlaube es, die Besonderheit oder Eigenart einer bestimmten Wirklichkeit vergleichend zu veranschaulichen; z.B.: die Beschaffenheit eines bestimmten Gütermarktes durch Kontrastierung mit dem Idealtyp der freien Konkurrenz; oder „inwieweit . . . der ökonomische Charakter der Verhältnisse einer bestimmten Stadt als ‚stadtwirtschaftlich' im begrifflichen Sinn anzusprechen ist" (ibidem, 235); schließlich, die Irrationalität eines Handelns durch den Vergleich mit idealtypischen Formen „zweckrationalen" oder „wertrationalen" Handelns zu veranschaulichen. Durch den Vergleich mit einem Idealtyp (gewissermaßen als Maßstab) wird es nach *Weber* weiterhin möglich, verschiedene empirische Wirklichkeiten in ihren wechselseitigen Gemeinsamkeiten oder jeweiligen Besonderheiten zu erkennen, Merkmale zu finden, die für die Erklärung eines interessierenden Zusammenhangs relevant sind. Der Idealtyp sei zwar eine Konstruktion, sei aber nach dem Grundsatz der „objektiven Möglichkeit" und der Anwendung des jeweiligen Wissensstandes zu konzeptualisieren, d.h. seine Struktur dürfe weder spekulativ-willkürlich noch deduktiv gewonnen werden. Allerdings gebe es für einen Gegenstandsbereich durchaus mehrere Idealtypen, abhängig von den aus den Wertideen stammenden und damit zusammenhängenden Erkenntnisinteressen, die zur Akzentuierung unterschiedlicher bedeutsamer Gesichtspunkte bei der Konstruktion von Idealtypen führten.

Zur weiteren Verdeutlichung ist zu sagen, daß der Idealtyp nach *Weber* keineswegs ein statistisches Konstrukt, wie z.B. ein Durchschnittstyp ist, oder ein Gattungsbegriff, in dem das Gemeinsame verschiedener Einzelelemente zusammengeschlossen ist. Er ist auch kein normativer Begriff im Sinne eines Ideals: „Es gibt Idealtypen von Bordellen so gut wie von Religionen . . ." (ibidem, 249). Mit der Kulturbedeutung unterschiedlicher Gesichtspunkte, die in die Konstruktion der Typen eingeht, hänge es schließlich zusammen, daß die Idealtypen als historische und damit wandelbare Kategorien zu begreifen seien, d.h. nicht als Grundbegriffe einer universalistischen Sozialwissenschaft aufgefaßt werden könnten. Sie seien Mittel der Erkenntnis, nicht Erkenntnisziel für sich.[98]

*Weber*s Diskussion idealtypischer Begriffsbildung ist ein Hauptpunkt seiner Bemühungen um die „Objektivität" sozialwissenschaftlicher Erkenntnis; der andere ist ein Plädoyer für die Werturteilsfreiheit wissenschaftlicher Argumentation. Hauptinhalt der Werturteilstheorie ist die methodologisch begründete Forderung nach einer

„prinzipiellen Scheidung von Erkenntnis des ‚Seienden' und des ‚Seinsollenden' " (1956 b, 186). Die stete Vermischung wissenschaftlicher Erörterungen der Tatsachen und wertender Raisonments sei eine der zugleich schädlichsten und verbreitesten „Eigenarten" sozial- und wirtschaftswissenschaftlicher Arbeiten. Werturteilsfreiheit solle keineswegs heißen, Ideale, Glaubensinhalte und Werte als Themen aus den Sozialwissenschaften zu verbannen. Sie könnten in verschiedener Hinsicht untersucht werden: im Sinne einer wissenschaftlichen Bewußtmachung („technische Kritik") der Bedeutung und Implikationen von Werten für das Handeln; weiterhin kann nach *Weber* eine „Prüfung der Ideale an dem Postulat der inneren Widerspruchslosigkeit" (ibidem, 189) erfolgen, ohne daß der Boden empirischer Wissenschaft verlassen wird. Aber: „Eine empirische Wissenschaft vermag niemanden zu lehren, was er *soll,* sondern nur, was er *kann* und – unter Umständen – was er will" (ibidem, 190). Wissenschaft als „denkende Ordnung der empirischen Wirklichkeit" und Politik als Raum des „Wollens" und Handelns in der Wirklichkeit seien prinzipiell verschieden; für die einzelne Person, die zugleich Politiker und Wissenschaftler sein will – *Weber* war es selbst –, sei allein, wie wir heute sagen würden, eine strikte Rollentrennung zwischen beiden Bereichen zulässig.

Werturteilsfreiheit sei notwendig, da persönliche Weltanschauungen den Forscherblick „trüben" würden. Dies gelte in besonderem Maße für die Sozialwissenschaften. *Marianne Weber,* die eine außerordentlich interessante Biographie ihres Mannes verfaßt hat und dort auch sein Werk referiert und interpretiert, schreibt hierzu:

„Denn der Staat als Herrschaftsorganisation bestimmter Menschengruppen erwartet von ihnen Richtlinien für sein wirtschaftliches und politisches Verhalten und Unterstützung seiner Maßnahmen. Und da die Forscher selbst zur herrschenden Schicht gehören, ja zum größten Teil Staatspfründer sind, haftet naturgemäß ihr Interesse an einer sie privilegierenden Ordnung. *Weber* beobachtet, wie oft im Bereiche seines Faches der Gelehrte, ohne es selbst zu bemerken, nicht nur als Diener der Wahrheit, sondern als Diener des Bestehenden spricht . . ., so daß *Karl Marx'* Schlagwort von der ‚bürgerlichen Wissenschaft' in dieser Hinsicht nicht zu Unrecht geprägt worden ist." (*Marianne Weber* 1926, 330).

Gegenüber späterer Kritik an *Weber*s „Lösung" des Werturteilsproblems wird hier der zunächst einmal kritische Impuls der *Weber*schen Werturteilstheorie deutlich. Auch bezogen auf seine Hochschullehrerkollegen lehnt er die Hereinnahme der Weltanschauungen und Parteimeinungen in die Hörsäle strikt ab. Schließlich auf der gleichen Linie: „Von allen Arten der Prophetie ist die in diesem Sinn persönlich gefärbte *Professorenprophetie* die einzige ganz und gar unerträgliche" (zit. nach *Marianne Weber* 1926, 335).[99]

Die Trennung von Seiendem und Seinsollendem ist nach *Weber*s Auffassung nötig, weil jede Weltanschauung und der Glaube an bestimmte Werte etwas Irrationales darstellen; die Vorstellung von der Möglichkeit einer „wissenschaftlichen Weltanschauung" liegt ihm außerordentlich fern. Seinen Vortrag „Vom inneren Beruf zur Wissenschaft" im Jahre 1918 schließt er wie folgt:

„. . wollen wir die Lehre ziehen:. . . an unsere Arbeit gehen und der ‚Forderung des Tages' gerecht werden – menschlich sowohl wie beruflich. Die aber ist schlicht und einfach, wenn jeder den Dämon findet und ihm gehorcht, der *seines* Lebens Fäden hält." (1956 c, 339).

*Weber*s „Lösung" des Werturteilsproblems wurde im sogenannten Positivismusstreit der 60er Jahre sowohl wieder aufgenommen als auch dort einer radikalen Kritik unterzogen. Die geistvolle und richtige Polemik gegen den damaligen vulgären Irrationalismus hebe den irrationalen Kern der Methode *Weber*s nicht auf, hatte schon zuvor *Lukács* behauptet. Ja, er führe den Irrationalismus mit einer in Deutschland bisher nicht dagewesenen Entschiedenheit als weltanschauliche Grundlage ein (vgl. *Lukács* 1974, Band III, 67 u. 70). Nach *Marcuse* ist *Weber*s Werturteilstheorie als Versuch anzusehen, die Wissenschaft frei zu machen für Wertsetzungen, die der Wissenschaft „von außen" aufgetragen würden (vgl. *Marcuse* 1965).

4.2.2 Religionssoziologie und Auseinandersetzung mit Marx

Religionssoziologie hat es nach *Weber*s Verständnis mit der „Inbeziehungsetzung gewisser religiöser Motivationsreihen . . . zu ihren Konsequenzen für das bürgerliche Leben" zu tun (*Weber* 1982, 345). Nicht nur für das „bürgerliche Leben", da ganz allgemein der Zusammenhang religiöser Sinnsysteme mit Formen des Alltagshandelns und der Lebensführung in der Religionssoziologie für unterschiedliche Religionen, Gesellschaften und Epochen untersucht wird. Das Interesse an der Erklärung der Entstehung rationalen Handelns, vor allem wirtschaftlicher Rationalität, zieht sich wie ein roter Faden durch alle religionssoziologischen Arbeiten *Weber*s. Ein zweites, zentrales Motiv findet sich in den religionssoziologischen Untersuchungen: die kontinuierliche und grundlegende Auseinandersetzung mit der „Basis-Überbau" Lehre der *Marx*schen Theorie, der Versuch, an immer wieder neuem historischen Material das Verhältnis wirtschaftlicher und religiöser Faktoren bei der gesellschaftlichen Entwicklung zu explizieren. Religionssoziologie und *Weber*s Auseinandersetzung mit *Marx* gehören thematisch zusammen; seine im Frühjahr 1918 an der Wiener Universität gehaltene Vorlesung über Religionssoziologie nannte *Weber* nicht zufällig „Positive Kritik der materialistischen Geschichtsauffassung“ (vgl. *Marianne Weber* 1926, 617). „Die ‚Überwindung‘ des Marxismus war von ihm als dialektische ‚Aufhebung‘ gedacht, die nur als Ergebnis sorgfältiger Forschung möglich sei“ (*Kon* 1973, 132).

Dieser erkenntnistheoretisch-methodologische und ideologisch-weltanschauliche Bezugspunkt der religionssoziologischen Arbeiten ist wesentlich mitverantwortlich für die große Aufmerksamkeit, die die Untersuchungen bis heute finden. „Die protestantische Ethik und der Geist des Kapitalismus“ als bekannteste der religionssoziologischen Studien hat inzwischen zu einer Diskussion geführt, deren gesamte Literatur kaum noch zu überschauen ist.[100] *Weber*s Theorie setzt bei Beobachtungen des überwiegend protestantischen Charakters des Kapitalbesitzes und Unternehmertums, der qualifizierten Arbeiterschaft und „des höheren technisch oder kaufmännisch vorgebildeten Personals der modernen Unternehmungen“ an (1981, 29). Er zeigt an unterschiedlichen Aspekten auf, „daß die Protestanten . . . eine spezifische Neigung zum ökonomischen Rationalismus gezeigt haben . . .“ (ibidem, 33). Der kapitalistische Geist als Ausformung des ökonomischen Rationalismus habe sich in besonders wirksamer Weise bei bestimmten Formen des Protestantismus herausgebildet, vor allem im Calvinismus und bei dem sich aus dem Calvinismus entwickelnden Puritanismus, nicht jedoch so sehr im lutherisch beeinflußten Protestantismus. Diese spezifische Ethik mit ihrer Form „innerweltlicher Askese“ schaffe ein neues Berufsethos, fördere Kapitalbildung durch Konsumtionseinschränkungen, stelle dem Unternehmer arbeitswillige und disziplinierte Arbeiter zur Verfügung und legitimiere zugleich die ungleiche Verteilung der Güter. Der Prädestinationsglaube führe psychologisch zu rastlosem Handeln und Arbeiten, da der Christ im Aufblühen seines Geschäfts ein Anzeichen für seine Auserwähltheit erblicke.

„Die Frage nach den Triebkräften der Expansion des modernen Kapitalismus ist nicht in erster Linie eine Frage nach der Herkunft der kapitalistisch verwertbaren Geldvorräte, sondern vor allem nach der Entwicklung des kapitalistischen Geistes. Wo er auflebt und sich auszuwirken vermag, *verschafft* er sich die Geldvorräte als Mittel seines Wirkens, nicht aber umgekehrt.“ (*Weber* 1981, 58).

„Was letzten Endes den Kapitalismus geschaffen hat, ist die rationale Dauerunternehmung, rationale Buchführung, rationale Technik, das rationale Recht, aber auch sie nicht allein; es mußte ergänzend hinzutreten: die *rationale Gesinnung,* die *Rationalisierung der Lebensführung,* das *rationale Wirtschaftsethos*“ (ibidem, 360).

Ist schon die These über die Herkunft der kapitalistisch verwertbaren Geldvorräte eine (verdeckte) Auseinandersetzung mit *Marx*, so stellt die Betonung der zentralen Rolle der religiös fundierten „rationalen Gesinnung“ für die Ausbreitung des Kapitalismus eine explizite Gegenposition zur *Marx*schen Analyse dar, wenn *Weber* auch betont, daß es nicht seine Absicht sei, „an Stelle einer einseitig ‚materialistischen‘ eine ebenso einseitig spiritualistische kausale Kultur- und Geschichtsdeutung zu setzen. *Beide* sind *gleich möglich*, aber mit beiden ist, wenn sie nicht Vorarbeit, sondern Abschluß der Untersuchung zu sein beanspruchen, der historischen Wahrheit gleich wenig gedient.“ (ibidem, 190)[101] *Weber* geht grundsätzlich von einem Wechselverhältnis ökonomischer und geistig-religiöser Faktoren aus, war jedoch in der „Protestantischen Ethik“ „nur der *einen* Seite der Kausalbeziehung nachgegangen“ (*Weber* 1956 a, 352). In den weiteren Arbeiten zur Wirtschaftsethik der Weltreligionen, die das ‚Basis-Überbau’ Problem weiterverfolgen, wird beiden Seiten der Kausalbeziehung nachgegangen. „Kapitalismus“ bzw. Ansätze dazu habe es wie in der okzidentalen Antike bzw. im abendländischen Mittelalter auf dem Boden aller Weltreligionen gegeben. Aber eben keine Entwicklung zum „modernen Kapitalismus“, wie ihn der asketische Protestantismus gefördert habe. „Weder die buddhistische noch die taoistische noch die hinduistische Frömmigkeit enthalten Antriebe zur rationalen Lebensmethodik“ (*Weber* 1981, 339).

Trotz der Betonung der „Wechselwirkung“ materieller und geistiger Faktoren – *Weber* beschäftigt sich z.B. auch mit den ökonomischen Bedingungen der Reformation[102] – liegt doch der Hauptakzent der *Weber*schen Argumentation auf der Bedeutung der religiösen Motive. Er läßt dabei auch unausgesprochen, wie *Lukácz* kritisch feststellt, „daß auch der historische Materialismus in der konkreten gesellschaftlichen Wirklichkeit komplizierte Wechselwirkungen feststellt; die wirtschaftlichen Gründe wirken sich, nach *Engels* Worten, nur als in letzter Instanz bestimmend aus“ (*Lucács* 1974, Band III, 56). *Weber* anerkennt die hohe wissenschaftliche Leistung des *Marx*schen Werkes, steht jedoch in permanenter wissenschaftlicher und politischer Gegnerschaft dazu. Er instruiert angesichts des Zusammenbruchs der Donaumonarchie österreichische Offiziere über den Sozialismus (*Weber* 1924 a) und bezeichnet dabei z.B. das Kommunistische Manifest als „wissenschaftliche Leistung ersten Ranges“ (ibidem, 504/505). Seine Haltung gegenüber dem „Sozialismus“ formuliert er dann weiter unten wie folgt:

> „Ein Mittel, die sozialistische Überzeugung und die sozialistischen Hoffnungen aus der Welt zu schaffen, gibt es nicht. Jede Arbeiterschaft wird immer in irgendeinem Sinne sozialistisch sein. Die Frage ist nur, ob dieser Sozialismus ein solcher sein wird, daß er vom Standpunkt der Staatsinteressen aus und zur Zeit insbesondere vom Standpunkt der militärischen Interessen aus erträglich ist“ (S. 517).

Diese Frontstellung *Weber*s hat ihn jedoch nicht daran gehindert, in unterschiedlichsten Arbeiten – bei der Untersuchung der Lage der ostelbischen Landarbeiter beispielsweise[103] oder der Analyse der Gründe des Untergangs der antiken Kultur[104] – immer wieder die kausale Bedeutung wirtschaftlicher Faktoren für gesellschaftliche Entwicklungen zu betonen. Die schließliche Verdrängung des religiösen Motivs aus der kapitalistischen Gesellschaft und die Verweltlichung der religiösen Rationalität erklärt *Weber* ebenfalls nach diesem Muster.[105]

4.2.3 Politische Theorie und Praxis, empirische Sozialforschung

Im Jahre 1892 veröffentlicht *Weber* im Auftrag des „Vereins für Socialpolitik" eine Enquête über „Die Verhältnisse der Landarbeiter im ostelbischen Deutschland", seine erste – im engeren Sinn – soziologische Untersuchung.

Der Verein für Socialpolitik war ein Zusammenschluß von Wissenschaftlern, Verwaltungsfachleuten und, in kleinerer Zahl, Politikern, deren Ziel es war, über Sozialpolitik die Integration der „staatsfeindlich" gewordenen Arbeiterschaft in die bürgerliche Gesellschaft zu erreichen.[106] Eines ihrer öffentlichkeitswirksamen Instrumente waren Enquêten zur sozialökonomischen Lage bestimmter Bevölkerungsgruppen, deren Ergebnisse politisch-normativ in bestimmte Forderungen bzw. Gesetzesentwürfe umgesetzt und propagiert wurden. Über viele Jahre arbeitet *Weber* im Verein für Socialpolitik sowie, mit gleicher Zielrichtung, im Evangelisch-Sozialen Kongreß und im Kreis der Christlich-Sozialen *Friedrich Naumann*s mit. Dieses Engagement ist einmal bestimmt durch „soziales Verantwortungs- und Gerechtigkeitsgefühl", zum anderen durch „nationalpolitische Ideale" (*Marianne Weber* 1926, 132). Das „sozialstaatliche" Denken ist aber doch in letzter Instanz der „Leidenschaft für den nationalen Machtstaat" (ibidem, 133) untergeordnet: „Wir treiben Sozialpolitik nicht, um Menschenglück zu schaffen", zitiert *Marianne Weber* ihren Mann (S. 144). Es ist auch dieses nationale und machtstaatliche Denken, was ihn in der Landarbeiterenquête über den Aufweis der Existenzvernichtung vieler (deutscher) Landarbeiterfamilien durch das Eindringen des Kapitalismus in die Landwirtschaft „Ostelbiens" zum Kritiker kapitalistischer Entwicklung macht, zum gleichen Zeitpunkt ihn jedoch zum emphatischen Verteidiger einer Institution werden läßt, die geradezu das Symbol kapitalistischer Umgestaltung Deutschlands war, die Börse; diese war in den 90erJahren ideologische Zielscheibe feudal-konservativer wie auch kleinbürgerlicher und antisemitischer Polemik. Die Börse ist für *Weber* eine unverzichtbare kapitalistische Institution der raschen wirtschaftlichen Entwicklung Deutschlands. Anders die Situation in der Großlandwirtschaft Ostelbiens, die zunehmend polnische Saisonarbeiter beschäftigt:

„Der patriarchalische Großbetrieb hat den Nahrungsstand der Landarbeiterschaft und ihre militärische Tüchtigkeit konserviert, der kapitalistisch organisierte Großbetrieb aber besteht heute auf Kosten des Nahrungsstandes, der Nationalität und der Wehrkraft des deutschen Ostens" (*Weber* 1892, 795).

Weitere Arbeiten *Weber*s auf dem Gebiet der empirischen Sozialforschung schließen Beiträge zu einer Studie des Vereins für Sozialpolitik über die Lage der Industriearbeiterschaft (1908/1909) ein, die er gegen die Vereinstradition als streng werturteilsfreie konzipierte, den Entwurf eines Gerüsts einer großen empirischen Untersuchung des Zeitungswesens (1910), schließlich einen Beitrag zur „Methodik sozialpsychologischer Enquêten und ihrer Bearbeitung" aus dem Jahre 1909. Über die empirischen Arbeiten läßt sich zusammenfassend folgendes festhalten und bilanzieren:[107]

Weber reflektierte auf den Zusammenhang von Fragebogenantwort und Interessenstruktur der Befragten und entwarf erste Verfahren zur Kontrolle von hieraus entstehenden Verzerrungen; gegen die herrschende Enquêtenpraxis der Befragung von Auskunftspersonen stellte er die direkte Befragung der zu erforschenden Population selbst; Grundidee einer quantifizierenden Inhaltsanalyse wurden entwickelt; die Notwendigkeit quantifizierender Analyse bis zum Lob des „banausenhaften" Messens und Zählens ist schließlich ein Leitmotiv aller seiner Schriften, die mit empirischer Sozialforschung im Zusammenhang stehen. Zugleich zeigen die empirischen Arbeiten *Weber*s Defizite, die im damaligen Entwicklungsstand empirischer Verfahren begründet sind: Probleme bei der Zusammenfassung von Datenmengen, das Fehlen bzw. die Nichtanwendung von Korrelationsmaßen und Signifikanztests, schließlich die Überfrachtung einzelner Untersuchungen mit einer Überzahl von Problem- und Fragestellungen. Es ist zu vermuten, daß diese Faktoren – neben politischen und individualbiographischen Momenten – das relative Fehlschlagen bzw. die Nicht-Vollendung eines Großteils der empirischen Arbeit *Weber*s beeinflußten.[108]

*Weber*s politische Engagements,[109] von seiner Mitarbeit beim Evangelisch-Sozialen Kongreß, dem Eintritt in den Alldeutschen Verband und seinem Wiederaustritt, der umfangreichen publizistischen Tätigkeit während des Krieges, vor allem gegen Annexionspolitik und den uneingeschränkten U-Boot-Krieg, der Mitgliedschaft in dem Sachverständigengremium der deutschen Friedensdelegation für die Versailler Verhandlungen, der Mitarbeit an der Weimarer Verfassung, schließlich eine fehlgeschlagene Kandidatur für ein

Reichstagsmandat innerhalb der Demokratischen Partei, all diese Aktivitäten bleiben doch seiner wissenschaftlichen Tätigkeit untergeordnet.[110] Als verarbeitete Erfahrung sind sie aber in die politische Theorie bzw. politische Soziologie miteingegangen.

Zu den einflußreichsten Kapiteln der politischen Theorie *Weber*s gehört seine Soziologie der Herrschaft. Herrschaft ist zunächst „die Chance . . . für spezifische(oder: für alle) Befehle bei einer angebbaren Gruppe von Menschen Gehorsam zu finden" (*Weber* 1972, 122). Es ist eine Fortsetzung der Polemik gegen *Marx*, wenn *Weber* betont, daß sich nicht jede Herrschaft wirtschaftlicher Mittel bediene und, vor allem, wirtschaftliche Zwecke verfolge. Das besondere Interesse *Weber*s galt indes den Faktoren, die den Bestand von Herrschaft sichern. Er führt zunächst „Sitte" und Interesse, affektuelle und wertrationale Motive an, die Herrschaft sichern. Besonders wichtig sei hingegen der Legitimitätsglaube:

„Keine Herrschaft begnügt sich, nach aller Erfahrung, freiwillig mit den nur materiellen oder nur affektuellen oder nur wertrationalen Motiven als Chancen ihres Fortbestandes. Jede sucht vielmehr den Glauben an ihre ‚Legitimität' zu erwecken und zu pflegen. Je nach *Art* der beanspruchten Legitimität aber ist auch . . . der Charakter der Ausübung der Herrschaft grundverschieden. . . Mithin ist es zweckmäßig, die Arten der Herrschaft je nach dem ihnen typischen Legitimitätsanspruch zu unterscheiden" (ibidem).

Weber kommt so zu drei Idealtypen legitimer Herrschaft: rationale, traditionale und charismatische Herrschaft. Die für die moderne Entwicklung bei weitestem wichtigste Form sei der Typus der rationalen Herrschaft, die auf dem Glauben an die Legalität gesetzter Ordnungen beruhe.[111] Sie habe sich nicht nur im Bereich staatlicher Herrschaft durchgesetzt, sondern auch in allen anderen Verbänden oder verbandsähnlichen Gebilden, wie Kirchen, Vereinen, Parteien oder Gewerkschaften. Sie setze einen bürokratischen Verwaltungsstab mit kontinuierlichem Betrieb von Amtsgeschäften ein. Die bürokratische Form der Herrschaftsausübung sei entstanden aus den Bedürfnissen der Massenverwaltung und stelle die formal rationalste Art der Herrschaftsausübung dar. Man habe heute nur die Wahl zwischen „Bureaukratisierung" und „Dilettantisierung" der Verwaltung (vgl. ibidem, 128). Im Staat wie auch den Parteien liege die wirkliche Herrschaft in der „Handhabung der Verwaltung im Alltagsleben". (vgl. ibidem, 823). Ein gewisses Gegengewicht könne von den Parlamenten kommen, in denen *Weber* Vertretungen der durch die Mittel der Bürokratie Beherrschten sieht: „Ein arbeitendes Parlament aber ist ein solches, welches die Verwaltung fortlaufend mitarbeitend kontrolliert. . ." (ibidem, 854).

*Weber*s Anteil an der Weimarer Verfassung bestand vor allem darin, dem Reichspräsidenten eine starke Stellung zu geben und ihn durch allgemeine Wahlen wählen zu lassen. Dem lag seine Einschätzung zugrunde, daß infolge der „Massendemokratisierung“ der politische Führer nicht mehr durch Honoratioren- und Parlamentsanerkennung seine Position gewinne, „sondern daß er das Vertrauen und den Glauben der Massen an sich und also seine Macht mit massendemagogischen Mitteln gewinnt.“ (ibidem, 862). Versuche das Parlament, dem politischen Führer Grenzen zu setzen, müsse dies mit einem „Mangel an Autorität der höchsten Gewalten bei der Masse“ (ibidem) bezahlt werden.

Die Gesamtheit der auf den politischen Bereich bezogenen Arbeiten *Weber*s, neben den erwähnten, u.a. über Staatstheorie, Parteien, Parlamentarismus, Repräsentation, lassen es gerechtfertigt erscheinen, von der Begründung einer speziellen Soziologie, der politischen Soziologie, zu sprechen.

4.2.4 Der Umfang des Werkes

Wissenschaftslehre der Sozialwissenschaften, ein Entwurf zur Grundlegung der Soziologie und ihre systematische Entwicklung in „Wirtschaft und Gesellschaft“, Religionssoziologie und Auseinandersetzung mit dem historischen Materialismus, empirische Sozialforschung, Arbeiten zur Soziologie der Politik, dies sind wesentliche Schwerpunkte aus dem Gesamtwerk *Weber*s, auf die wir im vorhergehenden eingehen konnten. Zur Kennzeichnung der außerordentlichen Weite des Blicks und der Universalität *Weber*s müssen weitere Arbeitsgebiete genannt werden: die *universalgeschichtlichen* Arbeiten, über die Handelsgesellschaften im Mittelalter, über die Soziologie und Ökonomie der Antike, über die altgermanische Sozialverfassung;[112] größere Passagen von „Wirtschaft und Gesellschaft“ sind *wirtschaftstheoretische* und *wirtschaftshistorische* Analysen; innerhalb dieses Arbeitsgebietes sind weitere Schriften, wie beispielsweise über die Börse und den Terminhandel zu nennen; *zeitgeschichtliche* Schriften *Weber*s haben die Entwicklung Deutschlands, aber auch etwa Rußlands zum Thema; mehrere Veröffentlichungen sind *hochschulpolitischen* Fragen gewidmet.

Weber ist auch als Begründer *spezieller Soziologien* anzusehen: der politischen Soziologie, der Rechtssoziologie; im Rahmen seiner Untersuchungen zur Entwicklung der Rationalität begann sich bei *Weber* ein starkes Interesse für die Soziologie der Kunst herausbilden[113]; seine Untersuchung „Die rationalen und soziologischen Grundlagen der Musik“ kann zu den Anfängen einer Musiksoziologie gerechnet werden.

Die Verbindung eines außerordentlichen historisch-empirischen Wissens mit theoretisch-analytischen Fähigkeiten kennzeichnet das Besondere des Werks von *Max Weber.*

Zusammenfassung

- *Max Weber*s Werk stellt neben *Simmel* eine bis heute einflußreiche Begründung und Ausarbeitung der Soziologie als Einzelwissenschaft dar. Nach *Weber* ist soziales Handeln Gegenstand der Soziologie; durch die Methode des „deutenden Verstehens" des subjektiven Sinns soll es ursächlich in seinem Ablauf und seinen Wirkungen erklärt werden. Die Resultate des Verstehensprozesses sind als Hypothesen anzusehen, die der weiteren Prüfung bedürfen.

- Als Wissenschaftstheoretiker und Methodologe entwickelt *Weber* Grundlagen der Begriffsbildung in den Sozial- und Kulturwissenschaften, die er in seiner Bestimmung des Idealtyps zusammenfaßt. Werturteilsfreiheit wird als Prinzip des Verhältnisses von Wissenschaft und Politik formuliert.

- Soziales Handeln erforscht *Weber* empirisch vor allem auf dem Gebiet religiöser Sinnsysteme und ihrer Konsequenzen, vor allem für das wirtschaftliche Handeln. Die Untersuchung der „Protestantischen Ethik" und der Wirtschaftsethiken der Weltreligionen stellen eine Auseinandersetzung mit dem *Marx*schen „Basis-Überbau" Theorem dar.

- *Weber* begründet eine Reihe von speziellen Soziologien: neben Religionssoziologie die politische Soziologie und die Rechtssoziologie. Seine allgemeine Soziologie basiert auf der Verbindung eines außerordentlichen historisch-empirischen Wissens mit interdisziplinären Kenntnissen und Fähigkeiten auf theoretisch-analytischem Gebiet.

Schlußbemerkung

Die vorliegende Arbeit hat das Ziel verfolgt, über die Rekonstruktion wesentlicher Stationen und Programmentwürfe einen historisch-systematischen Zugang zum Begriff der Soziologie zu gewinnen. Insofern ist sie nicht nur als eine Einführung in die Geschichte der Soziologie zu verstehen.

Der Prozeß der Konstitution einer wissenschaftlichen Disziplin zur Eigenständigkeit ist selten frei von Friktionen gewesen. Die Widerstände gegen eine neu sich bildende Disziplin wurzeln zum einen in gesellschaftlichen Konstellationen außerhalb des Wissenschaftsbetriebs; zum anderen gehen sie – keineswegs unabhängig davon – aus Quellen hervor, die ihren Ort innerhalb der je etablierten wissenschaftskulturellen Ordnung haben. Das gilt für die Durchsetzung der Physik ebenso wie für die der Soziologie. In Deutschland hatte die Soziologie nicht nur die Schwierigkeit zu bewältigen, die Hegemonie der philosophischen Metaphysik abzuschütteln. Das Besondere ihres schwierigen Werdeprozesses liegt vielmehr darin, daß sie bei dem Bemühen, sich in das bestehende Gefüge wissenschaftlicher Disziplinen hineinzuplazieren, mit den Staats- und Geschichtswissenschaften sich Nachbardisziplinen gegenübersieht, die ihr, zuweilen in höchst aggressiver Weise, vorweg schon die Legitimität als Wissenschaft abstreiten. Dieser Widerstand wird verschärft durch das ebenso antiliberal wie antimarxistisch motivierte Mißtrauen, die neue Wissenschaftsdisziplin sei ein „Herd der Unruhe", eine „Stätte intellektueller Opposition". So sehr sich auch eine Reihe von Autoren bemüht hat, die Soziologie als Ordnungswissenschaft zu präsentieren, das Stigma des Oppositionellen ist sie seit ihren Anfängen nie ganz losgeworden. Als Seismograph sozialer Konflikte und kultureller Krisen hat sie sich früh schon in der prekären Lage befunden, für gesellschaftliche Verhältnisse und politische Zustände, die sie mehr oder weniger kritisch thematisiert hat, zum Sündenbock gemacht zu werden.

Anmerkungen

1 Vgl. *Adorno* (1970, 78).
2 Für einen verständlich geschriebenen Überblick vgl. *Chambliss* (1954). Der Untertitel „From Hammurabi to Comte“ verweist auf die „Vorgeschichte“ der Soziologie.
3 „. . . überall, wo eine gesellschaftliche Wirklichkeit einmal in Menschen einer Zeit zum ‚Selbstbewußtsein‘ kommt, liegt schon Soziologisches vor, wenn auch nicht immer eine Soziologie als eine ausgebildete Wissenschaft“ (*Blaschke* 1933, X).
4 Die Lehre vom Gesellschaftsvertrag, der bei *Lucretius* als „Vertrag der Freundschaft“ bezeichnet wird (vgl. die Darstellung weiter unten im Text) ist hier zu nennen.
5 Zitate nach der Textsammlung über die Griechischen Atomisten von *Jürss* u.a. (1977).
6 Unsere Hervorhebung.
7 *Chambliss* (1954, 227) schreibt: „Lucretius introduced the idea of progress to our own society. . .“
8 Mit seiner Vorstellung von Entwicklung als Fortschritt ist *Lucretius* allerdings für die Ansätze geschichtsphilosophischen Denkens in der Antike nicht repräsentativ, da diese von zyklischem Denken, d.h. von Entwicklung als Kreislauf, bestimmt waren: „Zwar haben *Platon* wie *Aristoteles* eine Art Typik der Veränderung der Staatsformen entwickelt, aber bei diesem Wandel handelte es sich doch nach ihrer Überzeugung allemal nur um einen Abfall von der einen, einzig wahren und richtigen Staatsform, die es jeweils nur wiederherzustellen galt. . . . Das Bild, unter dem das natürliche wie das menschliche Geschehen gefaßt wurde, war das des Kreises: als ein Kreislauf erschien den Griechen auch das Schicksal der Staaten, in dessen Verlauf immer die gleichen Gestalten wiederkehren“ (*Fetscher* 1960, 108).
9 *Martindale* (1960, 12) bezeichnet *Herodot* als „the world's first ethnologist“ und weist empirisch-methodisches Bewußtsein bei *Thykidides* nach (vgl. S. 13).
10 „Die Naturwissenschaft gilt ihm als die wahre Wissenschaft und die sinnliche *Physik* als der vornehmste Teil der Naturwissenschaft. . . . Nach seiner Lehre sind die Sinne untrüglich und die Quelle aller Kenntnisse. Die Wissenschaft ist *Erfahrungswissenschaft* und besteht darin, eine *rationelle Methode* auf das sinnlich Gegebene anzuwenden. Induktion, Analyse, Vergleichung, Beobachtung, Experimentieren sind die Hauptbedingungen einer rationellen Methode“ (*Engels* und *Marx* 1976, 135).
11 Noch *Comte* als Nachfahre der Aufklärungsphilosophie steht unter dem Einfluß von *Bacon*. „Hatte *Francis Bacon* alles spekulative Denken den auf Empirie basierenden Verfahrensweisen untergeordnet, so möchte *Comte* in ähnlicher Weise die ‚Einbildungskraft‘ aus den Sozialwissenschaften verbannen“ (*Lenk* 1971 a, 46).
12 „The importance of the so-called ‚philosophy of history‘ is found in the fact that it lifts out the conceptual element in historical thought . . .“

(*Martindale* 1960, 14); „an die Stelle bloßer Chronik tritt die Beschreibung von Strukturzusammenhängen, in denen sich allgemeine Prinzipien (Fortschritt, Volksgeist) durchhalten und ‚Gesetzmäßigkeiten' nachweisen lassen" (*Maus* 1969, 351).

13 Unsere Hervorhebung.

14 *Comte* spricht jedoch auch von „sozialer Physik"; „positive Philosophie" bezeichnet die philosophisch-erkenntnistheoretischen Grundlagen der neuen Wissenschaft der Soziologie wie die Gesamtheit des *Comte*schen Wissenschaftsentwurfs, dessen Hauptwerk „Cours de philosophie positive" überschrieben ist. Vgl. zu *Comte*s Methodologie die Auszüge im Textteil B.

15 „Die Soziologie – es gibt sie längst vor *Comte,* wenn sie auch noch nicht so genannt wurde,. . .", umschreibt *Freyer* (1930, 120) pointiert diesen Gesichtspunkt. Exemplarisch kann hier der schottische Philosoph *Ferguson* (1723–1816) genannt werden, den *Sombart* (1923, 9) sogar zusammen mit weiteren englischen und schottischen Autoren des 18. Jahrhunderts als Begründer der Soziologie bezeichnet. Diese Position wird jedoch relativ selten in der Literatur vertreten. Über *Ferguson,* der in seiner Kritik an den spekulativen Konstruktionen der Geschichtsphilosophie viele methodische Gesichtspunkte *Comte*s vorwegnahm und bestimmte Fehler *Comte*s, auf die noch einzugehen sein wird, vermied, vgl. die Studie von *Jogland* (1959).

16 *Comte* spricht von einer „bestehenden Sozialwissenschaft", der er aber den Charakter der Wissenschaftlichkeit, wie wir im folgenden sehen, aberkennt; insofern ist es auch irreführend, wenn er immer wieder mit Bezug auf Bisheriges, das er überwinden will, von „Sozialwissenschaft" spricht. Bei der Rekonstruktion der *Comte*schen Position übernehmen wir diesen Begriff aus Verständnisgründen.

17 Die Mehrzahl der *Comte*-Zitate, die wir im folgenden Text verwenden, ist dem hier zitierten Band entnommen. Wir beschränken uns bei Zitaten aus diesem ersten Band der „Soziologie" im fortlaufenden Text darum auf den Nachweis der Seitenzahl.

18 Die Orientierung an und Vorbildfunktion physikalisch-naturwissenschaftlicher Methode erscheint auch im Begriff der „sozialen Physik".

19 Schon *Saint-Simon* hatte erklärt: „Toutes les sciences ont commencé par être conjecturales; le grand ordre des choses les a appelées toutes à devenir positives" (zitiert nach *Jonas* 1973, Band II, 95).

20 In der Denkfigur der Familie als „Keimzelle der Gesellschaft und des Staates" lebt diese Vorstellung bis heute politisch wirksam fort. Vgl. zu „Statik" und „Dynamik" im übrigen den Texteil B dieser Arbeit.

21 „So kommt es, daß das nämliche Prinzip, das allein die Entwicklung und Ausdehnung der Gesellschaft im allgemeinen gestattet hat, sie unter einem anderen Gesichtspunkte in eine Menge von unzusammenhängenden Körperschaften aufzulösen droht" (S. 440).

22 Zur Analyse der *Comte*schen Polemik gegen den Freiheitsbegriff vgl. auch *Jonas* (1973, Band II, 102).

23 Unsere Hervorhebungen.

24 „. . . so wäre es meiner Meinung nach leicht, sich über die ganze soziale Physik zu verbreiten, ohne ein einziges Mal das Wort Vervollkommnung zu gebrauchen, indem man es immer durch den streng wissenschaftlichen Ausdruck

Entwicklung ersetzt, der ohne jedes moralische Urteil eine unbestreitbare allgemeine Tatsache bezeichnet" (S. 267).

25 1852 (deutsch 1891) veröffentlichte *Comte* den „Katechismus" dieser neuen Religion: „Positivistischer Katechismus oder gedrängte Darstellung der Weltreligion in dreizehn systematischen Unterredungen zwischen einem Weibe und einem Priester der Menschheit". *Comte* begründete mit einer kleinen Zahl von Anhängern eine Art Sekte, in der diese Religion praktiziert wurde; seine Anhänger bestatteten den Gründer ihrer Religion nach eigenem „positivistischen" Ritual.

26 Die Kontinuitätsthese erweist sich nicht nur für die Arbeiten nach dem „Cours de philosophie positive" (1842) als richtig; Grundgedanken des Spätwerks sind bereits für die ersten Schriften nachweisbar, vor allem für den „Entwurf der wissenschaftlichen Arbeiten, welche für eine Reorganisation der Gesellschaft erforderlich sind" (1822, deutsch 1914, hrsg. v. *Ostwald*).

27 *Jonas* (1973, Band II, 103) versteht dies nicht als Widerspruch: „Die innere Verwandtschaft des Positivismus mit der Metaphysik tritt hier offen zutage".

28 *Durkheim* (1858–1917) teilt die methodologischen Positionen *Comte*s weitgehend und will sie in seiner eigenen Arbeit realisieren, kritisiert aber das Dreistadiengesetz als metaphysische Konstruktion (vgl. *Lenk* 1971 a, 48).
Für Probleme im Verhältnis von Theorie und Empirie, die *Comte* nicht sieht, vgl. in dieser Arbeit die Kapitel über *Kant* und *Hegel* (3.2.1 und 3.2.5).

29 Gut die Hälfte dieser Schrift beschäftigt sich mit den spezifischen Erkenntnisproblemen der Soziologie aufgrund des Wirkens von Vorurteilen der Erziehung, des Patriotismus, der Klassenzugehörigkeit, politischer und religiöser Vorurteile.

30 Vgl. Abschnitt 2.3.

31 Hierzu gehören folgende Veröffentlichungen:
„First Principles" (1862); „The Principles of Biology", 2 Vols. (1864–1867), deutsch Stuttgart (1876–1877; „The Principles of Psychology", 2 Vols. (1870–1872); eine erste Auflage erschien 1855; deutsch Stuttgart (1882–1886); „The Principles of Sociology", 2 Vols. (1876–1896), deutsch Stuttgart (1877–1897); „The Principles of Ethics" (1879–1893), deutsch Stuttgart (1892–1902).

32 Vgl. hierzu Abschnitt 2.3

33 Vgl. näher hierzu die methodische Kritik an *Spencer* am Ende dieses Abschnitts.

34 *Spencer* unterscheidet den Typus der militärischen und der industriellen Gesellschaft.

35 Vgl. zum Gesellschaftsbegriff *Spencer*s ausführlicher die abgedruckte Textstelle in Teil B.

36 Diese Begriffe werden nicht systematisch eingeführt und auch z.T. in anderen Worten gebraucht; ihr Sinngehalt ist aber eindeutig und durch die genannten „modernen" Begriffe am genauesten wiedergegeben.

37 Daß solche Formulierungen – zumindest in ihrer inhaltlichen Tendenz – keineswegs einen lapsus linguae darstellen, kann an vielen Stellen des Werks von *Spencer* aufgezeigt werden. In der Form abgeschwächter, aber ähnlich in der Tendenz ist beispielsweise folgende Passage:
„People who think that the relations between expenditure and production are so simple, naturally assume simplicitiy in other relations among social phenomena. Is there distress somewhere? They suppose nothing more is required than to subscribe money for relieving it. On the one hand, they never trace the reactive effects which charitable donations work on bank accounts, on the surplus-capital bankers have to lend, on the productive activity which the capital now abstracted would have set up, on the number of labourers who would have received wages and who now go without wages – they do not perceive that certain necessaries of life have been withheld from one man who would have exchanged useful work for them, and given to another who perhaps persistently evades working." (1889, 2).

38 *Kon* verweist beispielhaft auf den großen Einfluß *Spencer*s auf *Jack London* und *Theodor Dreiser* (vgl. ibidem).
Als repräsentativ für diesen Aspekt des Werks und seiner Wirkung kann *Spencer*s Analyse und Kritik der „Theorie der großen Männer" angesehen werden, die auszugsweise im Teil B dieser Arbeit wiedergegeben ist.

39 Die folgenden Ausführungen können in ihrem wesentlichen Gehalt auch auf *Comte* übertragen werden.

40 Der gegenwärtige Positivismus scheint diese Tradition seiner Gründungsväter außer acht zu lassen.

41 Auf die besondere Entwicklung in Deutschland geht Kapitel 3 ein.

42 Der „utopische Sozialist" *Saint-Simon* gehörte zu den frühen Lehrern *Comte*s.

43 Ihr methodologisches Erbe, die Einheit von Ökonomie und Gesellschaftslehre, wird vom historischen Materialismus aufgenommen.

44 Vgl. hierzu näher Abschnitt 3.3.3.

45 Zitiert bei *Jonas* (1973, Band IV, 11); *Jonas* dokumentiert im übrigen ausführlich den Widerstand in Deutschland gegen die Einführung des soziologischen Denkens (vgl. ibidem, 10 ff.).

46 Auf Differenzen, die *Spencer* selbst in einer kleinen Schrift zusammenfaßte („Reasons for Dissenting from the Philosophy of M. Comte"), können wir hier nicht eingehen.

47 Zitiert bei *Kellermann* (1976, Fußnote 206).

48 Zu diesem Begriff vgl. die Einleitung.

49 Zur neueren Diskussion des Verhältnisses von historischem Materialismus und Soziologie vgl. z.B. *Hahn* (1968, 5–12) und *Kiss* (1971)

50 Zum Problem der „deutschen Sonderentwicklung" eignen sich als erster Einstieg die Rezensionen von *J. Habermas* der Arbeiten von *H. Plessner* „Die verspätete Nation" (1959), von *R. Dahrendorf* „Gesellschaft und Demokratie in Deutschland" (1965) und von *F.K. Ringer* „The Decline of the German Mandarins. The German Academic Community 1890–1933" (1969). Die Rezensionen sind unter dem Titel „Drei Traktate über die Wurzeln deutschen Ungeistes" wiederveröffentlicht in *Habermas* (1971)

51 Vgl. Abschnitt 3.2

52 Typische Ausdrucksformen für diese Haltung sind die Entstehung von „Ideologie-Kritik“ und „Vernunft-Kritik“.

53 Von *Kant*s Arbeiten, die für die weitere europäische Denkentwicklung, so auch für die Soziologie bis hin zum „kritischen Rationalismus“ *Poppers* und *Alberts,* bestimmend geworden sind, sind insbesondere zu nennen: „Kritik der reinen Vernunft“ (1781), wo der überschwengliche Vernunftsbegriff und die Erkenntnisfähigkeit des Menschen relativiert werden, „Kritik der praktischen Vernunft“ (1785), in der das Problem des Eingreifens von Denken, Philosophie und Wissenschaft in den gesellschaftlichen Lebensprozeß thematisiert wird; „Idee zu einer allgemeinen Geschichte in weltbürgerliche Absicht“ (1784), worin u.a. eine Kritik des Fortschrittsbegriffs als Vervollkommnungsautomatismus entwickelt und eine bestimmte philosophische Anthropologie sich ausdrückt, die bis heute das soziologische Denken bestimmt. *Kant* übernimmt zwar in seine philosophische Anthropologie Motive des Fortschrittsoptimismus der französischen Aufklärung – was die Möglichkeit der Verbesserung des menschlichen Zusammenlebens angeht –, rügt aber, daß die französischen Aufklärer den seiner Auffassung nach unaufhörlichen Widerspruch in der „menschlichen Natur“, die konstitutiv ungesellig und gesellig zugleich sei, übersehen hätten.

54 Einen instruktiven Einstieg in diesen Problemkomplex ermöglicht *Kant*s „Vorrede zur zweiten Auflage“ der „Kritik der reinen Vernunft“ (1787). In: *Kant* (1976, 20–41); auch abgedruckt in *Gadamer* 1967.

55 Hierzu *Kant,* „Idee zu einer allgemeinen Geschichte in weltbürgerlicher Absicht“ (1784) und „Zum ewigen Frieden. Ein philosophischer Entwurf“ (1795), in *Kant* (1978).

56 Die soziologisch interessanten Ansätze des preußischen Aufklärers *Nicolai* entdeckt und herausgearbeitet zu haben, ist das Verdienst der informativen Studie *Möller*s (1974), dort insbes. Kap. 5 u. 6.

57 Zwischen 1783 und 1796 publiziert *Nicolai* eine zwölfbändige „Beschreibung einer Reise durch Deutschland und die Schweiz im Jahre 1781. Nebst Bemerkungen über Gelehrsamkeit, Industrie, Religion und Sitten“, die detaillierte, analysedurchsetzte Beschreibungen sozialer Lebensverhältnisse und Institutionen enthalten.

58 So unterscheidet *Garve* beispielsweise Gesellungsformen danach, ob sie „zum Vergnügen“ oder „in Geschäften“ gebildet werden. Diese Grundformen werden wiederum ausdifferenziert. So gliedert er etwa die „geschäftlichen“ Gesellungsformen in: (1) regierungsgeschäftliche Sozialformen, (2) militärgeschäftliche Umgangsformen, (3) gewerblichen Geschäftsumgang, (4) Geschäftsumgang des Lehrstandes (incl. Universitäten), (5), Geschäftsumgang der Ärzte. Vgl. hierzu die soziologiehistorischen Bemerkungen von *Geldsetzer* (1963). Es verdient erwähnt zu werden, daß *Garve*s Arbeiten in einer jüngst publizierten Studie zur Geschichte der Psychologie als Stationen der Entwicklung der Sozialpsychologie und der Analyse von „Sozialcharakteren“ wiederentdeckt worden sind (vgl. *Jaeger* und *Staeuble* 1978).

59 Zu *Herder*s Methodik der Ethnologie und Kulturanthropologie vgl. *Greverus* (1978, 16).

60 Ein typisches Beispiel für die Kappung des Fortschrittsgedankens und die Verselbständigung des zyklischen Konzepts *Herders* zur einfachen Kreislauftheorie, der „Wiederkehr des Immergleichen“ in der Geschichte, stellt die vielfach aufgelegte und ideologisch höchst einflußreiche populärwissenschaftliche Schrift *Oswald Spenglers*, „Der Untergang des Abendlandes“ (zuerst 1918–1922, 2 Bde.) dar.

61 So ist z.B. in der zweiten Hälfte der 60er Jahre innerhalb der bundesdeutschen Soziologie eine verstärkte *Hegel*-Rezeption zu beobachten, die insbesondere durch die Vertreter der Kritischen Theorie („Frankfurter Schule“) im Rahmen des „Positivismusstreites in der deutschen Soziologie“ ausgelöst wird. Vgl. *Adorno* u.a. (1969).

62 Die erheblichen Schwierigkeiten der Rezeption *Hegels* liegen nicht nur in seiner ausgeprägt eigenwilligen Sprache begründet, sondern auch in der entwicklungsförmigen Darstellungsweise seiner Reflexionen, die einer revueartigen oder punktuellen Rezeption sich entzieht. Dieser Sachverhalt hat nicht selten dazu geführt, über diesen Autor, statt ihn zu lesen, vorweg ein Pauschalverdikt zu verhängen. Theoretische Soziologie, die diesen Namen verdient, wird sich jedoch kaum auf diese simple Weise aus der Affäre ziehen dürfen und die Anstrengung auf sich nehmen müssen, in die Denkentwicklung *Hegels* sich einzuarbeiten, dessen Hinweis aufgreifend: „Diese Genügsamkeit des Empfangens oder Sparsamkeit des Gebens ziemt der Wissenschaft nicht.“ (*Hegel* 1970, Band 3, 17).

63 Vgl. die höhnischen Bemerkungen *Hegels* über die Reduzierung von Wissenschaft auf die pedantische Sammlung von Fakten und deren willkürlich definitorische Ordnung durch den Forscher (1970, Band 3, 50–52).

64 Vgl. die Kurzbestimmung von Dialektik in *Hegel*, „Grundlinien der Philosophie des Rechts“ (1970, Band 7, 84). Die ausführliche Bestimmung der Erkenntnisstufen findet sich in *Hegel* (1970, Band 7, Kapitel A–C).

65 Zur Illustration seien die Bestimmungen von Familie und bürgerlicher Gesellschaft zitiert:

„Die Familie vollendet sich in den drei Seiten:
a) in der Gestalt ihres unmittelbaren Begriffes als Ehe,
b) in dem äußerlichen Dasein, dem *Eigentum* und *Gut* der Familie und der Sorge dafür,
c) in der *Erziehung* der Kinder und der Auflösung der Familie“. (1970, Band 7, 309).

„Die bürgerliche Gesellschaft ist die Differenz, welche zwischen die Familie und den Staat tritt, wenn auch die Ausbildung derselben später als die des Staates erfolgt; denn als die Differenz setzt sie den Staat voraus, den sie als Selbständiges vor sich haben muß, um zu bestehen. Die Schöpfung der bürgerlichen Gesellschaft gehört übrigens der modernen Welt an, . . . In der bürgerlichen Gesellschaft ist jeder sich Zweck, alles andere ist ihm nichts. Aber ohne Beziehung auf andere kann er den Umfang seiner Zwekke nicht erreichen; diese anderen sind daher Mittel zum Zweck des Besonderen“ (ibidem, 339/340).

Elemente zur theoretischen Bestimmung der Lohnarbeit finden sich im zitierten Werk auf den Seiten 144 f., 167 und vor allem im Kapitel über „Das System der Bedürfnisse‘ (s. 346–360); Elemente einer Krisentheorie finden sich auf den Seiten 389–393.

66 Vgl. Vorrede und Einleitung zu „Phänomenologie des Geistes".

67 Zum Einfluß der konservativen Denkströmungen auf den Herausbildungsprozeß gesellschaftswissenschaftlichen Denkens in Deutschland vgl. besonders *Mannheim* (1964).

68 Besondere wissenschaftshistorische Bedeutung kommt in diesem Zusammenhang dem von *Karl von Rotteck* und *K.T. Welcker* herausgegebenen „Staatslexikon" zu, dessen 15 Bände, ähnlich der berühmten „Enzyklopädie" der französischen Aufklärung, den gesamten gesellschaftswissenschaftlichen Entwicklungsstand aus liberal-deutscher Sicht zu bilanzieren suchen. (vgl. *Rotteck* und *Welcker:* 1835–1848).

69 Vgl. *Lorenz von Stein,* „Die Geschichte der sozialen Bewegung in Frankreich von 1789 bis auf unsere Tage" (1850, 3 Bände). Von soziologiegeschichtlicher Relevanz insbesondere Bd. 1: „Der Begriff der Gesellschaft und die soziale Geschichte der französischen Revolution bis zum Jahre 1830." *Steins* Analysen münden schließlich in die Idee eines „sozialen Königtums" ein, ein Konzept, das an *Nicolais* Position der preußischen Aufklärung erinnert. Selbst in *Steins* „soziologischen Tastversuchen" tritt die Gesellschaftslehre", die „die Notwendigkeit einer Sozialreform zu begründen sucht, . . . schließlich vor der Verwaltungswissenschaft des modernen Staats ganz (zurück)" (*Maus* 1956, 17), d.h. die Hegemonie der Staatswissenschaften bleibt gewahrt.

70 Zitiert nach *Maus* (1956, 19); vgl. hierzu auch *Lukács* (1974, Band III, 42).

71 Über den „Bahnbrecher der modernen Statistik in Deutschland" *Ernst Engel,* der mit der Einrichtung des „Preußischen Statistischen Jahrbuchs" (erstmals 1860) die Geschichte der statistischen Jahrbücher in Deutschland eröffnet, siehe *Schäfer* (1971, 145 f.).

72 Zum Programm der „Volkslehre als Grundlegung der Staatswissenschaft" siehe *Riehl,* „Die Naturgeschichte des deutschen Volkes" (1935, 19–21).

73 In Anlehnung an *Hegel* erscheint auch bei *Riehl* der Staat als die qualitativ allen übrigen Institutionen übergeordnete Instanz: „Der Staat ist eine bewußtere, folglich höher geartete Form des Volks-Gemeinlebens als die bürgerliche Gesellschaft und hat es eben darum auch zu den bestimmtesten, persönlichsten Organen seiner Tätigkeit gebracht." (1935, 391).

74 Eine instruktive Darstellung hierzu unter soziologiegeschichtlichen Gesichtspunkten liefert die Untersuchung von *Schäfer,* „Historische Nationalökonomie und Sozialstatistik als Gesellschaftswissenschaften" (1971).

75 Das „Sozialistengesetz" wurde von *Bismarck* 1878 als Ausnahmegesetz gegen die „gemeingefährlichen Bestrebungen" der Sozialdemokratie durchgesetzt. Es ermächtigte die Polizei zur Auflösung ihrer Vereine, zur Beschlagnahme ihrer Zeitungen und Zeitschriften usf. Es wurde 1890 außer Kraft gesetzt.

76 *v. Schmoller,* einem der führenden Vertreter der historischen Nationalökonomie, gilt diese nur dann als Wissenschaft, „sofern sie sich zur Gesellschaftslehre erweitert, und in dem Maße, als sie dies tut. Ihr ganzer Ausgangspunkt darf nicht mehr das Individuum und seine technische Produktion sein, sondern die Gesellschaft und ihre historische Entwickelung" (*v. Schmoller* 1882, 1382).

77 Zu dem recht eigentümlichen, von scharfer Dauerpolemik durchzogenen Rezeptionsverhältnis zwischen *Marx* und *Engels* auf der einen und Vertretern der historischen Nationalökonomie, insbesondere *Lujo Brentano,* auf der anderen Seite, vgl. die instruktive Dokumentation von *Engels* „In Sachen Brentano contra Marx wegen angeblicher Zitatsfälschung. Geschichtserzählung und Dokumente“ (vgl. *Engels* 1972, MEW Band 22).

78 Der „Verein für Socialpolitik“ wird 1872 gegründet. *Schmoller* hat wesentlichen Anteil an seiner Gründung und programmatischen Ausrichtung. Die zu diesem Verein verbundenen Wissenschaftler differieren zwar in einzelnen Wissenschaftsaspekten, doch herrscht darüber Konsens, daß es um Sozialreform und um eine sozialethische Verpflichtung der Sozialwissenschaften gehe. Diese Orientierung trägt ihnen das Schimpfwort „Kathedersozialisten“ ein (vgl. im einzelnen *Schäfer* 1971, 20 ff.). Die sozial-ethische Fundierung der Erkenntnishaltung führt später zum ersten „Werturteilsstreit“ zwischen *Schmoller* und *Max Weber,* in dem *Weber* gegen *Schmoller* das Prinzip der „Werturteilsfreiheit“ postuliert; ein Streit, der zu Mitte der 60er Jahre in der Bundesrepublik unter veränderten Vorzeichen erneut geführt worden ist.

79 Zur spezifischen Form der Grundlegung der historischen Nationalökonomie in Deutschland vgl. *Lukács* (1974, Band III, 39 f.) und *Small* (1967, Kapitel XI).

80 Über den *Dilthey*schen Lebensbegriff und die hieran geknüpfte Methodologie vgl. *Habermas* (1968, 178 ff.). *Dilthey,* der tief in der deutschen Tradition der Skepsis gegenüber Soziologie verwurzelt ist, steht später jedoch wohlwollend dem *Simmelschen* Begriff von Soziologie gegenüber, weil er darin wesentliche Partien seiner Lebensphilosophie aufgehoben sieht (vgl. *Christian* 1978, 24–29).

81 Dies wirft Licht darauf, warum *Simmel*'seine „soziologische Werkperiode“, 1890 begonnen, im Jahre 1908 abschließt; in seinem Spätwerk, so vor allem in der Arbeit „Lebensanschauung“ aus dem Jahre 1918, wendet er sich „metaphysischen Problemen zu, die Grenzen der Wissenschaft absichtsvoll transzendierend (vgl. *Christian* 1978, besonders Kapitel IV und *Tenbruck* 1958). Die 1917 erschienene Publikation „Grundfragen der Soziologie“ ist laut *Simmel*s Selbstkommentar im wesentlichen als rückblickende Zusammenfassung seiner soziologischen Werkperiode zu qualifizieren.

82 Zur Form-Inhalt-Beziehung vgl. *Simmel*s illustrierende Bemerkungen über „gesellschaftliche Gruppen“ (1968, 7). Siehe auch den im Teil B abgedruckten Textauszug „Das Problem der Soziologie“.

83 Diese „soziologische Geometrie“ geht elementarisch vor: sie beginnt mit der Mikroskopie der Dyade und steigt auf zu komplexeren Form-Gebilden. Vgl. „Die quantitative Bestimmtheit der Gruppe“ in *Simmel* (1968, 32–100).

84 Eine Darstellung des soziologischen Form-Begriffs darf nicht übersehen, daß es für *Simmel* eine Form vergesellschaftender Wechselwirkung gibt, die in der Form zugleich ihren Inhalt hat. Es handelt sich um die ‚ideale soziologische Welt‘ des Gesellschaftsspiels; eine Mikro- und Spielform der Vergesellschaftung, worin Zweckmäßigkeit ohne Zweck herrscht. In dem Modell selbstzweckhafter Geselligkeit reflektieren sich soziobiographische

Erfahrungen, die *Simmel* in den intellektuell-literarischen Salons der Metropole Berlin gewonnen haben dürfte. Zum engen Zusammenhang zwischen Soziologie und Kultur im *Simmel*schen Werk vgl. *Christian* (1978, Kap. VI).

85 „Das kausale Verständnis jeglichen sozialen Geschehens wäre also in der Tat gewonnen, wenn psychologische Feststellungen und ihre Entwicklung gemäß ‚psychologischen Gesetzen' – so problematisch uns ihr Begriff ist – diese Ereignisse vollkommen zu deduzieren gestatteten." (*Simmel* 1968, 17).

86 *Tenbruck* (1958, 596–601) hat darauf hingewiesen, daß in der *Simmel*schen Konzeption der Wechselwirkungsformen als sozialen Verhältnissen zwischen Individuen die Idee der sozialen Rolle vorweggedacht sei.
Es ist nicht zu übersehen, daß *Simmels* soziologischer Form-Begriff mit dem Rollenparadigma die Tendenz eines eher ahistorischen, die soziale Dynamik vernachlässigenden Modus der Beschreibung und Analyse der gesellschaftlichen Welt gemeinsam hat.

87 Zu Beginn seiner phänomenologischen Analyse der Gruppenformen stellt *Simmel* noch einmal klar, daß es dabei nicht um „die Mitteilung irgendwelchen sozialen Tatsachenstoffes" geht. Dieser habe nur die Funktion, „die neue wissenschaftliche Abstraktion", wie sie die Soziologie kennzeichnet, „an irgendwelchen Beispielen zu vollziehen und sinnvoll zu erweisen". (1968, 33).

88 Hierzu gehören u.a. die sozialpsychologische Kleingruppenforschung, die Theorie sozialer Konflikte, die Sozialtheorie des Raumes, eine Reihe kultursoziologischer Problemgebiete und die Soziologie des Intellektuellen.

89 Wiedergegeben in Texteil B

90 Der „Erzvater" eines solchen nachgerade pedantischen Klassifikationismus ist fraglos *v. Wiese,* dessen „Beziehungslehre" eine Sammlung soziologischer Durchbuchstabierung der sozialen Wirklichkeit darstellt. So rubriziert er z.B. „Unterprozesse der Annäherung" wie folgt: 1. Anbeten, 2. Anlocken, Ködern, 3. Annehmen, 4. Aufheitern, Belustigen, Kredenzen, ein Ständchen bringen, 5. Anvertrauen, . . . 10. Intim werden, . . . 13. Zujauchzen" usw. Vgl. *v. Wiese* (1933, 268 f.).

91 *Simmel* ist sich dieser Tendenz durchaus bewußt und versucht sie mit dem Hinweis auf die Neuartigkeit, das Werden der Disziplin Soziologie zu begründen: „Die Einführung einer neuen Betrachtungsweise der Tatsachen muß die verschiedenen Seiten ihrer Methode durch Analogien anerkannter Gebiete stützen;" (*Simmel* 1968, 19). Später, mit der Durchbildung und Entwicklung der Soziologie auf ihren eigenen Grundlagen würde der Behelf der Analogiebildung gleichsam Forschungsschritt für Forschungsschritt überflüssig. Dieses wohlbegründete wissenschaftsgenetische Argument darf freilich nicht darüber hinwegtäuschen, daß *Simmels* neukantianische erkenntnistheoretische Position ebenso wie seine essayistische Denkweise der Struktur nach antikausal akzentuiert ist und – fraglos mit heuristischem Gewinn – dazu tendiert, das Spiel mit den Analogien zu favorisieren.

92 Zur Herausbildung dieser Trennung vgl. die instruktiven Anmerkungen von *Jonas* (1973, Band I, 160/161).

93 Vgl. *v. Wiese* (1933). Im Bereich spezieller Soziologien hat *v. Wiese* in Köln vor allem das Gebiet der Siedlungssoziologie entwickelt.
94 Für die Wiedergabe der Grundkategorien der Soziologie vgl. Textteil B.
95 Vgl. hierzu auch Abschnitt 3.3.3.
96 *Weber* (1956 a, 354)
97 *Weber* (1956 a, 234); *Weber* verwendet zur Kennzeichnung dieses Merkmals von Idealtypen auch den Begriff der Utopie.
98 Es gibt nicht wenig Konfusion in der nach *Weber* einsetzenden Diskussion über idelatypische Begriffsbildung. Bestimmte Passagen *Weber*s sind trotz seines generellen Verdienstes um den methodologischen Fortschritt der Begriffsanalyse dazu angetan, diese Unklarheiten zu verstärken. Beispielsweise seine Kennzeichnung der Idealtypen einmal als Begriffe, die keine Hypothesen seien, aber „der Hypothesenbildung die Richtung weisen" (S. 234); dagegen steht die Formulierung ‚daß die Überprüfung idealtypisch formulierter Entwicklungsgesetze „die Erprobung einer Hypothese" (S. 249) sei. Für eine ausgezeichnete Diskussion zum Idealtyp vgl. *Kon* (1973, 140–148).
99 *Weber* verstößt des öfteren selbst gegen diese Grundsätze, beispielsweise in seiner Freiburger Antrittsvorlesung „Der Nationalstaat und die Volkswirtschaftspolitik" im Jahre 1895.
100 Einen Überblick wichtiger Beiträge hat *Johannes Winckelmann* unter dem Titel „Max Weber, Die Protestantisch Ethik II. Kritiken und Antikritiken" zusammengetragen, siehe *Weber* (1982). Für einen zusammenfassenden Ausschnitt aus der „Protestantischen Ethik" vgl. den Textteil B.
101 Dieses zeitgeisttypische, relativistische Denkmotiv bildet bereits in *Simmel*s „Philosophie des Geldes" von 1900 den bestimmenden Ausgangspunkt. Es ist Bestandteil der Tendenz, an *Kant*s Erkenntnistheorie anzuknüpfen. Hier heißt es in der „Vorrede" zur Intention der Studie:
„In methodischer Hinsicht kann man diese Grundabsicht so ausdrücken: dem historischen Materialismus ein Stockwerk unterzubauen, derart, daß der Einbeziehung des wirtschaftlichen Lebens in die Ursachen der geistigen Kultur ihr Erklärungswert gewahrt wird, aber eben jene wirtschaftlichen Formen selbst als das Ergebnis tieferer Wertungen und Strömungen, psychologischer, ja, metaphysischer Voraussetzungen erkannt werden. Für die Praxis des Erkennens muß sich dies in endloser Gegenseitigkeit entwickeln: an jede Deutung eines ideellen Gebildes durch ein ökonomisches muß sich die Forderung schließen, dieses seinerseits aus ideelleren Tiefen zu begreifen, während für diese wiederum der allgemeine ökonomische Unterbau zu finden ist, und so fort bis ins unbegrenzte. In solcher Alternierung und Verschlingung der begrifflich entgegengesetzten Erkenntnisprinzipien wird die Einheit der Dinge, unserem Erkennen ungreifbar scheinend und doch dessen Zusammenhang begründend, für uns praktisch und lebendig". (*Simmel* 1958, VIII).
102 Vgl. *Weber* (1981, 341 ff.).
103 Die Auflösung der traditionellen Arbeitsverfassung erklärt *Weber* wie folgt: „In materieller Beziehung führen zwei große Desorganisatoren diese Zersetzung in der augenfälligsten Weise herbei, der eine – unwichtigere – ist die Dreschmaschine, der andere die Zuckerrübe, die ich hier a potiori

nenne, als Repräsentantin der intensiven Bodenkultur überhaupt. Das vom Stand der Wirtschaftsführung des Arbeitgebers entscheidende Moment ist dabei in letzter Linie: die Differenz des Arbeiterbedarfs im Winter und des Arbeiterbedarfs im Sommer, sie wächst derart, daß das Halten der im Sommer erforderlichen ländlichen Arbeitskräfte das ganze Jahr hindurch unzweckmäßig wird. Das hat das Zurücktreten der ständigen, seßhaften, mit den Gütern dauernd verbundenen Arbeiter zugunsten der Saisonarbeit und ganz im allgemeinen die kapitalistische Umgestaltung des alten Arbeitsverhältnisses in einen reinen Lohnarbeitsvertrag zur Folge" (1924 b, 449).

104 Siehe *Weber* (1956 d).

105 „Indem die Askese die Welt umzubauen und in der Welt sich auszuwirken unternahm, gewannen die äußeren Güter dieser Welt zunehmende und schließlich unentrinnbare Macht über den Menschen . . . Der siegreiche Kapitalismus jedenfalls bedarf . . . dieser Stütze nicht mehr" (1981, 188).

106 Vgl. auch Anmerkung 78.

107 Für einen Überblick zu *Weber*s empirischen Arbeiten vgl. *Heckmann* (1979).

108 Nach seiner Freiburger Berufung erkrankte *Weber* 1897 im Alter von 33 Jahren so stark, daß er seine akademischen Pflichten aufgeben mußte; Zeit seines weiteren Lebens war sein psychischer und physischer Zustand durch außerordentliche Labilität gekennzeichnet, so daß seine Arbeits- und Belastungsfähigkeit stark schwankte. Durch eine manchmal fast hektisch zu nennende Reisetätigkeit versuchte *Weber* sich Entlastung, Ausgleich und Erholung zu verschaffen, wie die Biographie seiner Frau ausführlich dokumentiert. *Gerth* und *Mills* schreiben über die Zeit nach der Erkrankung 1897: „For the rest of his life he suffered intermittently from severe depressions, punctuated by manic spurts of extraordinarily intense intellectual work and travel. Indeed his way of life from this time on seems to oscillate between neurotic collapse, travel and work" (*Gerth* and *Mills* 1946, 11/12).

109 Für eine Darstellung siehe *Mommsen* (1974).

110 Trotz der Weite seines Blickfeldes und der Fundiertheit seiner Analysen zeigen *Weber*s politische Auffassungen viele Ambivalenzen zwischen einer „Wilhelminischen Zeitverhaftetheit" einerseits und zeitkritischen Haltungen und Urteilen andererseits, die hier nur beispielhaft angeführt werden können: als junger Mann ist er gegen das allgemeine Wahlrecht (vgl. *Marianne Weber* 1926, 125); die Auswertung der Landarbeiterenquête enthält eine Reihe rassistischer, antipolnischer Äußerungen (z.B.: „. . . es wird unser Kulturniveau, der Nahrungsstand der Landbevölkerung und ihre Bedürfnisse herabgedrückt auf das Niveau einer tieferen, östlicheren Kulturstufe". (*Weber* 1924 b, 452); er ist Duellanhänger und fordert jemanden zum Duell heraus (vgl. *Marianne Weber* 1926, 436, 449); im Jahre 1914 teilt er die Kriegsbegeisterung (vgl. ibidem, 525, 527, 536). Dem stehen gegenüber z.B. seine Ablehnung des Antisemitismus (vgl. ibidem, 131, *Baumgarten* 1956, XXVI), sein Einsatz gegen das politisch motivierte Habilitations- und Berufsverbot für *Robert Michels* (vgl. *Marianne Weber* 1926, 361); die Biographie *Marianne Weber*s verdeutlicht

schließlich an vielen Stellen *Weber*s Sympathie für die Emanzipation der Frau.

111 Traditionale Herrschaft beruhe auf der „Heiligkeit" überkommener Ordnungen, charismatische Herrschaft „auf der außeralltäglichen Hingabe an die Heiligkeit oder die Heldenkraft oder die Vorbildlichkeit einer Person und der durch sie offenbarten oder geschaffenen Ordnungen" (*Weber* 1972, 124).

112 Natürlich sind auch die gesamten religionssoziologischen Arbeiten ihrer Struktur nach universalgeschichtlich angelegt.

113 *Weber* fand, „daß es die Wissenschaft ist, welche auch die Eigenart abendländischer Kunst, jedenfalls der Bau-, Bildkunst und Musik mitgestaltet hat. Die Zeit schmäht den Rationalismus und namentlich viele Künstler beurteilen ihn als Hemmung ihrer Schöpferkraft, deshalb erregt Weber jene Entdeckung ganz besonders". (*Marianne Weber* 1926, 349).

Literatur *

Adorno, Th.W., u.a.: Der Positivismusstreit in der deutschen Soziologie. Neuwied-Berlin 1969

Adorno, Th.W.: Gesellschaftstheorie und empirische Forschung. In: *Hochkeppel, W.* (Hrsg.), Soziologie zwischen Theorie und Empirie. München 1970

Augustinus: Der Gottesstaat. Die staatswissenschaftlichen Arbeiten. Übersetzt, mit teilweisem lateinischen Begleittext versehen und behandelt von *K. Völker.* Jena 1923

Baumgarten, E.: Einleitung. In: *Weber* (1956, XI–XXXVI)

Blaschke, F.: Vorwort und Einleitung zu Comte (1933)

Chambliss, R.: Social Thought from Hammurabi to Comte. New York – Chicago – San Francisco 1954

Christian, P.: Einheit und Zwiespalt. Zum hegelianisierenden Denken in der Philosophie und Soziologie Georg Simmels. Berlin 1978

Comte, A.: Positivistischer Katechismus oder gedrängte Darstellung der Weltreligion, in dreizehn systematischen Unterredungen zwischen einem Weibe und einem Priester der Menschheit. Leipzig 1891 (zuerst 1852)

Comte, A.: Entwurf der wissenschaftlichen Arbeiten, welche für eine Reorganisation der Gesellschaft erforderlich sind. Deutsch, herausgegeben, eingeleitet und mit Anmerkungen versehen von *W. Ostwald.* Leipzig 1914

Comte, A.: Soziologie, 3 Bände. Jena 1923 (zuerst 1830–1842)

Comte, A.: Die Soziologie. Die Positive Philosophie im Auszug, hrsg. und eingeleitet von *F. Blaschke.* Leipzig 1933

Condorcet, J.M.A.de: Über den Fortschritt des menschlichen Geistes überhaupt (zuerst 1794). In: *Funke* (1963, 173–182)

Dilthey, W.: Die geistige Welt. Einleitung in die Philosophie des Lebens. In: *Dilthey, W.:* Gesammelte Schriften, Band V. Leipzig-Berlin 1924 (zuerst 1885)

Dilthey, W.: Der Aufbau der geschichtlichen Welt in den Geisteswissenschaften. In: *Dilthey, W.:* Gesammelte Schriften, Band VII, Leipzig-Berlin 1927 (zuerst 1910)

Dreitzel, H.P.: Wege in die sozioloigsche Literatur. In: *Bahrdt, H.P.:* Wege zur Soziologie. München 1966

Eichhorn, W.P.: Stichwort Geschichtsphilosophie. „Philosophisches Wörterbuch", hrsg. von *Klaus, G., Buhr, M.* Berlin (DDR) 1971[8]

Engels, F., K. Marx: Die heilige Familie oder Kritik der kritischen Kritik. In: Marx-Engels-Werke, Band 2, Berlin (DDR) 1976, 3–233 (zuerst 1845)

---

* Liegen bei Veröffentlichungen mehrere Auflagen vor, so haben wir das Erscheinungsjahr derjenigen Auflage benannt, mit der zu arbeiten aus inhaltlichen Gründen sinnvoll erschien und die uns zugänglich war. Die hochgestellten Zahlen bezeichnen die Auflage. Speziell bei älteren Schriften haben wir das Ersterscheinungsjahr hinzugefügt (zuerst . . .).

Engels, F.: In Sachen Brentano contra Marx wegen angeblicher Zitatsfälschung. Geschichtserzählung und Dokumente. In: Marx-Engels-Werke, Band 22. Berlin (DDR) 1972 (zuerst 1891)

Fetscher, I.: Geschichtsphilosophie, Stichwort in: „Das Fischer Lexikon: Philosophie", hrsg. von *Diemer, A., Frenzel, J.* Frankfurt 1960[3]

Freyer, H.: Soziologie als Wirklichkeitswissenschaft. Leipzig–Berlin 1930

Funke, G.: Die Aufklärung. In ausgewählten Texten dargestellt und eingeleitet. Stuttgart 1963

Gadamer, H.G. (Hrsg.): Philosophisches Lesebuch 2. Frankfurt-Hamburg 1967

Geldsetzer, L.: Zur Frage des Beginns der deutschen Soziologie. Kölner Zeitschrift für Soziologie und Sozialpsychologie 1963, 529–541

Gerth, H., C.W. Mills: From Max Weber: Essays in Sociology. Translated, edited and with an Introduction. New York 1946

Gouldner, A.W.: The Coming Crisis of Western Sociology. London 1971

Greverus, J.M.: Kultur und Alltagswelt. Eine Einführung in Fragen der Kulturanthropologie. München 1978

Habermas, J.: Erkenntnis und Interesse. Frankfurt 1968

Habermas, J.: Drei Traktate über die Wurzeln deutschen Ungeistes. In: *Habermas, J.:* Philosophisch-politische Profile. Frankfurt 1971

Hahn, E.: Historischer Materialismus und marxistische Soziologie. Berlin (DDR) 1968

Heckmann, F.: Max Weber als empirischer Sozialforscher. Zeitschrift für Soziologie 1979, 50–62

Hegel, G.W.F.: Phänomenologie des Geistes. In: Hegel-Werke, Band 3. Frankfurt 1970 (zuerst 1807)

Hegel, G.W.F.: Grundlinien der Philosophie des Rechts oder Naturrecht und Staatswissenschaft in Grundrissen. In: Hegel-Werke, Band 7. Frankfurt 1970 (zuerst 1821)

Herder, J.G.v.: Journal meiner Reise. In: *Herder, J.G.v.:* Sämtliche Werke, Band 4. Berlin 1878 (zuerst 1769)

Herder, J.G.v.: Ideen zur Philosophie der Geschichte der Menschheit (4 Teile). In: *Herder, J.G.v.:* Sämtliche Werke, Band 13 u. 14. Berlin 1887 und 1909 (zuerst 1784–1791)

Institut für Sozialforschung: Soziologische Exkurse. Frankfurt 1968[4]

Jaeger, S., I. Staeuble: Die gesellschaftliche Genese der Psychologie. Frankfurt-New York 1978

Jogland, H.H.: Ursprünge und Grundlagen der Soziologie bei Adam Ferguson. Berlin 1959

Jonas, F.: Geschichte der Soziologie. 4 Bände. Reinbek 1973[3]

Jürss, F., R. Müller, G. Schmidt (Hrsg. und Übersetzer): Griechische Atomisten. Texte und Kommentare zum materialistischen Denken der Antike. Leipzig 1977

Käsler, D. (Hrsg.): Klassiker des soziologischen Denkens. 2 Bände. München 1976

Kant, I.: Kritik der reinen Vernunft 1. Frankfurt 1976 (zuerst 1781)

Kant, I.: Idee zu einer allgemeinen Geschichte in weltbürgerlicher Absicht (zuerst 1784). In: *Kant, I.:* Schriften zur Anthropologie, Politik und Pädagogik 1. Frankfurt 1978

Kant, I.: Kritik der praktischen Vernunft. Grundlegung zur Metaphysik der Sitten. Frankfurt 1978 (zuerst 1785)

Kant, I.: Vorrede zur zweiten Auflage der „Kritik der reinen Vernunft" (zuerst 1787). In: *Gadamer, H.G.:* Philosophisches Lesebuch 2. Frankfurt-Hamburg 1967

Kant, I.: Zum ewigen Frieden. Ein philosophischer Entwurf (zuerst 1795). In: *Kant, I.:* Schriften zur Anthropologie, Geschichtsphilosophie, Politik und Pädagogik 1. Frankfurt 1978

Kellermann, P.: Herbert Spencer. In: *Käsler* (1976), Band I, 159–200)

Kiss, G.: Marxismus als Soziologie. Theorie und Empirie in den Sozialwissenschaften der DDR, UdSSR, Polens, der CSSR, Ungarns, Bulgariens und Rumäniens. Reinbek 1971

Kon, I.S.: Der Positivismus in der Soziologie. Geschichtlicher Abriß. Berlin (DDR) 1973

Lenk, K.: Ideologie, Ideologienkritik und Wissenssoziologie. Neuwied-Berlin 1971[5]

Lenk, K.: Problemgeschichtliche Einleitung zu ders. (1971, 17–59), zitiert als 1971 a

Lukács, G.: Die Zerstörung der Vernunft. 3 Bände. Darmstadt-Neuwied 1974

Mannheim, K.: Das konservative Denken. In: *Mannheim, K.:* Wissenssoziologie. Berlin-Neuwied 1964 (zuerst 1927)

Marcuse, H.: Industrialisierung und Kapitalismus im Werk Max Webers. In: *Marcuse, H.:* Kultur und Gesellschaft 2. Frankfurt (1965, 107–129)

Martindale, D.: The Nature and Types of Sociological Theory. Boston 1960

Marx, K.: Zur Kritik der Hegelschen Rechtsphilosophie. In: Marx-Engels-Werke, Band 1, 378–391. Berlin (DDR) 1974 (zuerst 1844)

Marx, K.: Zur Judenfrage. In: Marx-Engels-Werke, Band 1, 347–377. Berlin (DDR) 1974 (zuerst 1844)

Marx, K.: Brief an Engels v. 7.7.1866. In: Marx-Engels-Werke, Band 31. Berlin (DDR) 1974 (zuerst 1866)

Marx, K.: Das Kapital. Nachwort zur zweiten Auflage 1873. In: Marx-Engels-Werke, Band 23. Berlin (DDR) 1970

Marx, K.: Grundrisse der Kritik der Politischen Ökonomie. Rohentwurf 1857–1858. Berlin (DDR) 1974 (zuerst 1939 und 1940)

Maus, H.: Geschichte der Soziologie. In: *Ziegenfuß, W.* (Hrsg.): Handbuch der Soziologie. Stuttgart 1956

Maus, H.: Vorwort zu *Steinhauer* (1966)

Maus, H.: Geschichtsphilosophie. Stichwort in „Wörterbuch der Soziologie", hrsg. von *Berndsdorf, W.* Stuttgart 1969

Möller, H.: Aufklärung in Preußen. Der Verleger, Publizist und Geschichtsschreiber Friedrich Nicolai. Berlin 1974

Mommsen, W.J.: Max Weber und die deutsche Politik 1890–1920. Tübingen 1974

Müller, A.H.: Die Elemente der Staatskunst. 2 Bände. Wien-Leipzig 1922 (zuerst 1808/1809)

Negt, O.: Die Konstituierung der Soziologie zur Ordnungswissenschaft. Strukturbeziehungen zwischen den Gesellschaftslehren Comtes und Hegels. Frankfurt-Köln 1974[2]

Nicolai, F.: Versuch über die Beschuldigungen welche dem Tempelherrenorden gemacht worden, und über dessen Geheimniß; Nebst einem Anhange über das Entstehen der Freymaurergesellschaften. Berlin-Stettin 1782

Nicolai, F.: Beschreibung einer Reise durch Deutschland und die Schweiz im Jahre 1781. Nebst Bemerkungen über Gelehrsamkeit, Industrie, Religion und Sitten. 12 Bände. Berlin-Stettin 1783–1796

Nicolai, F.: Freymüthige Anmerkungen über des Herrn Ritters von Zimmermann Fragmente über Friedrich den Großen von einigen brandenburgischen Patrioten. Berlin-Stettin 1791

Piechotta, H.J.: Erkenntnistheoretische Voraussetzungen der Beschreibung: Friedrich Nicolais Reise durch Deutschland und die Schweiz im Jahre 1781. In: *Laermann, K.*, u.a.: Reise und Utopie. Zur Literatur der Spätaufklärung. Frankfurt 1976

Riehl, H.W.: Die Naturgeschichte des deutschen Volkes. Zusammengefaßt und herausgegeben von *G. Ipsen.* Leipzig 1935 (zuerst 1851)

Ritsert, J.: Organismusanalogie und politische Ökonomie. Zum Gesellschaftsbegriff bei H. Spencer. Soziale Welt 1966, 55–65

Rotteck, C.v., C. Welcker (Hrsg.): Staats-Lexikon oder Enzyclopädie der Staatswissenschaften mit vielen der angesehensten Publizisten Deutschlands. 15 Bände und 4 Bände Supplemente, Altona 1835–1848

Rümelin, G.: Über den Begriff der Gesellschaft und einer Gesellschaftslehre (zuerst 1888). In: *Rümelin, G.:* Kanzlerreden, Tübingen (1907, 469–491)

Schäfer, U.G.: Historische Nationalökonomie und Sozialstatistik als Gesellschaftswissenschaften. Forschungen zur Vorgeschichte der theoretischen Soziologie und der empirischen Sozialforschung in Deutschland in der zweiten Hälfte des 19. Jahrhunderts. Köln-Wien 1971

Schäffle, A.: Vergangenheit und Zukunft der deutschen Gemeinde. In: *Schäffle, A.:* Gesammelte Aufsätze, 1. Teil. Tübingen (1885, 46–56)

Schäffle, A.: Bau und Leben des socialen Körpers. Erster Band: Allgemeine Soziologie. Zweiter Band: Specielle Sociologie. Tübingen 1896[2] (zuerst 1875–1877)

Schiller, F.: Was heißt und zu welchem Ende studiert man Universalgeschichte? Eine akademische Antrittsrede (1789). In: *Schiller, F.:* Werke, Band 4. Frankfurt 1966

Schmoller, G.: Literaturbesprechung zu G. Schönberg. Handbuch der politischen Ökonomie. In: Jahrbuch für Gesetzgebung, 6. Jg., 1882, 1379–1386

Simmel, G.: Über sociale Differenzierung. Amsterdam 1966 (zuerst 1890)

Simmel, G.: Die Probleme der Geschichtsphilosophie. Eine erkenntniskritische Studie. München-Leipzig 1922[4] (zuerst 1892)

Simmel, G.: Soziologie. Untersuchungen über die Formen der Vergesellschaftung. Berlin 1968[5] (zuerst 1908)

Simmel, G.: Philosophie des Geldes. Berlin 1958[6] (zuerst 1900)

Small, A.W.: Origins of Sociology. New York 1967

Sombart, W.: Die Anfänge der Soziologie. In: *Palyi, M.* (Hrsg.): Hauptprobleme der Soziologie. Erinnerungsgabe für Max Weber. 2 Bände. München-Leipzig 1923, Band I, 3–19

Spencer, H.: The Study of Sociology. London 1889[15] (zuerst 1873); deutsch: Einleitung in das Studium der Soziologie. Leipzig 1875

Spencer, H.: The Principles of Sociology. 2 Vols., London 1893[3] (zuerst 1876); deutsch: Die Prinzipien der Soziologie. Stuttgart 1885

Spencer, H.: Social Statics: The Conditions Essential to Human Happiness Specified, and the First of them Developed. New York 1954 (zuerst 1850)

Stahl, F.J.: Die Philosophie des Rechts, 2 Bände. Heidelberg 1870[4] (zuerst 1830–1837)

Steinhauer, M.: Die politische Soziologie Auguste Comtes. Meisenheim 1966

Tenbruck, F.: Georg Simmel. Kölner Zeitschrift für Soziologie und Sozialpsychologie 1958, 587–614

Treitschke, H.v.: Die Gesellschaftswissenschaft. Ein kritischer Versuch. Neudruck. Halle 1927 (zuerst 1859)

Waentig, H.: Comte, Einleitung zu Comte (1923, Band I–III)

Weber, Marianne: Max Weber. Ein Lebensbild. Tübingen 1926

Weber, Max: Die Verhältnisse der Landarbeiter im ostelbischen Deutschland. Schriften des Vereins für Sozialpolitik, Band 55. Leipzig 1892

Weber, Max: Der Sozialismus. In: Gesammelte Aufsätze zur Soziologie und Sozialpolitik. Tübingen 1924 a, 492–518

Weber, Max: Die ländliche Arbeitsverfassung. In: Gesammelte Aufsätze zur Sozial- und Wirtschaftsgeschichte. Tübingen 1924 b, 444–469

Weber, Max: Soziologie – Weltgeschichtliche Analysen – Politik. Mit einer Einleitung von *E. Baumgarten,* herausgegeben und erläutert von *J. Winckelmann.* Stuttgart 1956

Weber, Max: Vorbemerkung zu den gesammelten Aufsätzen zur Religionssoziologie. In: *Weber, Max* (1956, 340–356), zit. als (1956 a)

Weber, Max: Die „Objektivität" sozialwissenschaftlicher Erkenntnis. In: *Weber, Max* (1956, 186–262), zit. als (1956 b)

Weber, Max: Vom inneren Beruf zur Wissenschaft. In: *Weber, Max* (1956, 311–339), zit. als (1956 c)

Weber, Max: Die sozialen Gründe des Unterganges der antiken Kultur. In: *Weber, Max* (1956, 1–26), zit. als (1956 d)

Weber, Max: Asketischer Protestantismus und kapitalistischer Geist. In: *Weber, Max* (1956, 357–381), zit. als (1956 e)

Weber, Max: Wirtschaft und Gesellschaft. Grundriß der verstehenden Soziologie. Studienausgabe. Tübingen 1972 (zuerst 1921)

Weber, Max: Die protestantische Ethik I. Eine Aufsatzsammlung, hrsg. v. *Winckelmann, J.* Gütersloh 1981[6]

Weber, Max: Die protestantische Ethik II. Kritiken und Antikritiken, hrsg. v. *Winckelmann, J.* Gütersloh 1982[4]

Wiese, L.v.: Zur Grundlegung der Gesellschaftslehre. Eine kritische Untersuchung von Herbert Spencers System der synthetischen Philosophie. Jena 1906

Wiese, L.v.: System der allgemeinen Soziologie als Lehre von den sozialen Prozessen und Gebilden der Menschen (Beziehungslehre). München-Leipzig 1933

Wössner, J.: Mensch und Gesellschaft – „Kollektivierung" und „Sozialisierung". Ein Beitrag zum Phänomen der Vergesellschaftung im Aufstieg und in der sozialen Problematik des gegenwärtigen Zeitalters. Berlin 1963

Personenverzeichnis

Sachwortverzeichnis

Teil B: Quellentexte zur Entstehung der Soziologie

Vorbemerkung:

Die folgenden Quellentexte zur Entstehung der Soziologie beziehen sich auf die Darstellung des Herausbildungsprozesses der Soziologie in Teil A. Sie können als „Lesehilfe“ für und zur Dokumentation der in Teil A getroffenen Aussagen verstanden werden. Der Bezug ist aber wechselseitig: die rekonstruktive Darstellung von A muß sich an den Quellentexten von Teil B „messen“ lassen.

Die Wiedergabe der Quellentexte und der Bezug der Teile A und B bedeutet nicht, daß Teil A auf jeden einzelnen der Texte für sich mit detaillierten Interpretationen eingeht, wenngleich zu jeder Quelle ein Bezug hergestellt wird. Die Texte zur Herausbildungsphase der Soziologie von *Comte, Spencer, Simmel* und *Weber* sind nach dem Prinzip ausgewählt und zusammengestellt, daß sowohl ein eher „grundlagentheoretischer“ Text, beispielsweise *Simmel*s Ausführungen über „Das Problem der Soziologie“, als auch ein eher „anwendungsbezogener“ Text, der die grundlagentheoretische Position veranschaulichen kann, beispielsweise *Simmel*s „Exkurs über den Fremden“, wiedergegeben werden.

Die Reihenfolge der Quellentexte folgt der Darstellung von Teil A. Die Überschriften der Quellentexte von *Comte* und für einen Text *Spencer*s („Kritik der Theorie der großen Männer“) wurde in enger Anlehnung an die Originaltexte von den Verfassern bzw. Herausgebern formuliert; bei der Auswahl aus den Werken *Simmel*s und *Weber*s wurden deren Überschriften beibehalten.

Die Quellenangaben von Teil B erfolgen in einer Kurzform und beziehen sich auf das Literaturverzeichnis von Teil A.

1 Comte

1.1 Zur positiven Methode und zum Zustand der bisherigen Sozialwissenschaft

Wenn man, frei von jedem Vorurteil, mit diesem unumwunden positiven Geiste, den heute die gesunden wissenschaftlichen Studien entfalten müssen, den wahren gegenwärtigen Zustand der Sozialwissenschaft prüft, kann man sich ohne Übertreibung nicht enthalten, in der Gesamtheit der Methode sowohl wie in derjenigen der Lehre die Verbindung der verschiedenen wesentlichen Merkmale zu erkennen, die ehemals stets das theologisch-metaphysische Anfangsstadium der übrigen Teile der Naturphilosophie ausgezeichnet haben. Kurz, dieser allgemeine Zustand der heutigen politischen Wissenschaft reproduziert vor unsern Augen genau die grundlegende Analogie dessen, was früher die Astrologie für die Astronomie, die Alchemie für die Chemie und die Suche nach dem Universalheilmittel für das System der medizinischen Studien war. . .

In der Tat wird die positive Philosophie bei jedem beliebigen Gegenstande zunächst durch jene notwendige und dauernde Unterordnung der Einbildungskraft unter die Beobachtung deutlich gekennzeichnet, die insonderheit den wissenschaftlichen Geist im eigentlichen Sinne im Gegensatz zum theologischen oder metaphysischen Geist ausmacht. Obgleich eine solche Philosophie der menschlichen Einbildungskraft ohne Zweifel das weiteste und fruchtbarste Feld darbietet, wie es uns die rationelle Würdigung der verschiedenen grundlegenden Wissenschaften so offenkundig bewiesen hat, so beschränkt sie dieselbe hierbei doch ohne Unterlaß darauf, die genaue Verknüpfung aller beobachteten Tatsachen oder die Mittel, um mit Erfolg neue Forschungen zu unternehmen, zu enthüllen oder zu verbessern. Eine solche gewohnheitsmäßige Tendenz, die wissenschaftlichen Anschauungen stets den Tatsachen unterzuordnen, deren realen Zusammenhang sie bloß feststellen sollen, sie ist es, die vor allem endlich in das System der sozialen Studien eingeführt werden soll, wo die vagen und schlecht umgrenzten Beobachtungen den wirklich wissenschaftlichen Schlußfolgerungen noch keine genügende Grundlage bieten, und meist selbst willkürlich durch eine Einbildungskraft modifiziert werden, die höchst veränderliche Leidenschaften verschiedentlich anregen. Wegen ihrer größeren Kompliziertheit und nebenbei wegen ihrer innigeren Verknüpfung mit der Gesamtheit der menschlichen Leidenschaften mußten die politischen Spekulationen tiefer und länger als alle übrigen in diesem beklagenswerten philosophischen Zustande stecken bleiben, wo sie der Hauptsache nach noch dahinsiechen, während die einfacheren und weniger anregenden Studien während der letzten drei Jahrhunderte eines nach dem andern daraus befreit worden sind. Aber man darf nie vergessen, daß bis zu mehr oder weniger naheliegenden Zeiten alle die verschiedenen Arten wissenschaftlicher Anschauungen ohne irgendeine Ausnahme stets einen ähnlichen Kindheitszustand gezeigt, aus dem sie sich um so später befreit haben, je verwickelter und spezieller ihre Natur war, und aus dem die kompliziertesten erst in unsern Tagen wirklich heraustreten konnten, wie wir namentlich zum Schlusse des vorigen Kapitels bezüglich der intellektuellen und moralischen Erscheinungen des individuellen Lebens erkannt haben, die, wenn man ganz wenige vorgeschrittene Geister ausnimmt, meist noch auf eine fast ebenso unwissenschaftliche Weise studiert werden, wie die politischen Erscheinungen selbst. Also sieht man heute gewöhnlich nur infolge eines außerordentlich oberflächlichen Urteils diese radikale Neigung für das Schwankende und Unzuverlässige der Beobachtungen, die der trügerischen Phantasie der Sophisten und Rhetoren gestattet, die Auslegung der vollendeten Tatsachen sozusagen nach ihrem Willen zu drehen, als unwiderrufliche und ausschließliche Eigentümlichkeit der politischen Fragen an. Dieselbe Unvollkommenheit hat dem Wesen nach ehemals bei allen andern Gegenständen der menschlichen Forschungen geherrscht. Wirklich eigentümlich ist hier also nur eine ausgesprochenere Intensität und vor allem eine unvermeidliche Verlängerung des Zustandes, die gemäß meiner grundlegenden Theorie von der universellen Entwicklung des menschlichen Geistes in einer größeren Kompliziertheit ihren natürlichen Grund finden. Und demzufolge führt die nämliche Theorie dazu, die notwendige Ausdehnung einer philosophischen Regeneration auf die Gesamtheit der sozialen Spekulationen nicht bloß als möglich, sondern als sicher und nahe bevorstehend anzusehen, die, abgesehen von einer viel größeren intellektuellen Schwierigkeit und von den Hindernissen, die hier der direktere Kontakt mit den Hauptleidenschaften hervorbringen kann, was zweifellos für die Anstrengungen der wahren Denker nur ein stärkerer Antrieb sein dürfte, derjenigen gleicht, welche alle unsere übrigen wissenschaftlichen Studien bereits mehr oder weniger erfahren haben.

Wenn man sich den allgemeinen Geist der positiven Philosophie, anstatt ihn so im Verhältnis zur grundlegenden Art des Verfahrens zu betrachten, jetzt in bezug auf den wesentlichen Charakter der wissenschaftlichen Anschauungen besieht, so ist leicht zu erkennen, daß sich diese Philosophie, in Übereinstimmung mit unserm ersten vergleichenden Hinweis, von der theologisch-metaphysischen Philosophie dann hauptsächlich durch die beharrliche und unwiderstchliche Tendenz unterscheidet, alle Begriffe notwendig zu relativen zu machen, die im Gegenteil zuerst notwendig absolute waren. In der Tat bildet dieser unvermeidliche Übergang vom Absoluten zum Relativen eines der wichtigsten Ergebnisse jeder der intellektuellen Revolutionen, die nacheinander unsere verschiedenen Forschungsgebiete aus dem rein theologischen oder metaphysischen Zustande zu dem wirklich wissenschaftlichen geführt haben, wie es der Leser im Verlauf der drei vorhergehenden Bände bei so vielen wichtigen Gelegenheiten hat wahrnehmen müssen. Ja, mir scheint, daß man vom rein wissenschaftlichen Standpunkte aus, und wenn man jede Idee der Anwendung ausscheidet, einen solchen allgemeinen Gegensatz zwischen dem Bedingten und Unbedingten als die entscheidendste Offenbarung des grundlegenden Kontrastes ansehen kann, der die moderne Philosophie so völlig von der alten trennt. Jedes Studium der innersten Natur der Dinge, ihrer ersten und letzten Ursachen usw., muß offenbar immer absolut sein, während jede Erforschung der bloßen Gesetze der Erscheinungen außerordentlich relativ ist, da sie einen ununterbrochenen Fortschritt der Forschung förmlich voraussetzt, der von der allmählichen Vervollkommnung der Beobachtung abhängt, ohne daß die strenge Wirklichkeit auf irgend einem Gebiete jemals vollkommen enthüllt werden könnte; so ist der relative Charakter der wissenschaftlichen Anschauungen notwendig untrennbar von dem wahren Begriff der Naturgesetze, ebenso wie die chimärische Neigung zu absoluten Erkenntnissen jede beliebige Anwendung der theologischen Fiktionen oder metaphysischen Wesenheiten spontan begleitet.

Quelle: Comte (1923, Band I, 213–217, zuerst 1830–1842)

1.2 Soziale Statik und Dynamik

1.2.1 Das allgemeine Verhältnis von Statik und Dynamik

Man muß nun in aller Form zu einer ersten kurzen Darlegung des allgemeinen Geistes der sozialen Physik übergehen, deren wesentliche Bedingungen nunmehr hinlänglich gekennzeichnet sind. Außerdem wird dieser Geist besonders später aus seiner fortgesetzten spontanen Anwendung im Verlauf aller folgenden Kapitel erkannt und beurteilt werden müssen.

Da sich das ganze philosophische Prinzip eines solchen Geistes den früheren Ausführungen gemäß notwendig darauf beschränkt, die sozialen Erscheinungen immer als wirklichen Naturgesetzen unterliegend aufzufassen, welche wiederum regelmäßig eine vernünftige Voraussicht zulassen, so handelt es sich hier also darum, im allgemeinen den genauen Inhalt und den eigentlichen Charakter dieser Gesetze zu bestimmen, die im Verlaufe dieses Bandes so weit dargelegt werden sollen, als es das Anfangsstadium der Wissenschaft gestattet, die ins Leben zu rufen ich mich bemühe. Zu diesem Ende muß ich nun vor allem auf das Ganze der sozialen Erscheinungen eine wahrhaft grundlegende wissenschaftliche Unterscheidung ausdehnen, die ich schon in allen Teilen dieser Abhandlung, und hauptsächlich bei der biologischen Philosophie, als ihrer Natur nach auf jederlei Erscheinungen, und namentlich auf diejenigen, welche die lebenden Körper zeigen können, durchaus anwendbar festgestellt und benutzt habe, indem ich den *statischen* und den *dynamischen* Zustand eines jeden Gegenstandes positiver Studien getrennt, aber immer mit Rücksicht auf eine strenge systematische Verknüpfung betrachtete. Bei der einfachen Biologie, d.h. beim allgemeinen Studium allein des persönlichen Lebens, gibt diese notwendige Trennung nach den im vorigen Bande enthaltenen Ausführungen Gelegenheit zur rationellen Unterscheidung zwischen dem rein anatomischen Gesichtspunkte, der sich auf die Ideen der Organisation bezieht, und dem physiologischen Gesichtspunkt im eigentlichen Sinn, der den Ideen vom Leben unmittelbar eigentümlich ist. Diese beiden, fast jederzeit spontan getrennten Gesichtspunkte werden nunmehr durch eine unwiderrufliche philosophische Analyse genau gewürdigt, die ihren notwendigen Vergleich reinigt und vervollkommnet. Bei der Soziologie muß sich die Trennung in vollkommen analoger und nicht minder prägnanter Weise vollziehen, indem hinsichtlich eines jeden politischen Gegenstandes zwischen dem grundlegenden Studium der Existenzbedingungen der Gesellschaft und demjenigen der Gesetze ihrer beständigen Bewegung durchaus unterschieden wird. Dieser Unterschied scheint mir von jetzt an genügend gekennzeichnet, um mich voraussehen zu lassen, daß seine spontane Entwicklung in der Folge dazu führen kann, die soziale Physik gewohnheitsmäßig in zwei Hauptwissenschaften zu zerlegen, die man z.B. soziale Statik und soziale Dynamik nennen kann, und die sich dem Wesen nach ebenso unterscheiden wie heutzutage die individuelle Anatomie von der individuellen Physiologie. Es wäre aber gewiß verfrüht, wollte man jetzt, wo die Wissenschaft erst begründet wird, jener methodischen Verteilung irgend eine ernste Bedeutung beilegen. Außerdem ist in dieser Hinsicht zu befürchten, daß eine solche entschiedene Teilung der Sozialwissenschaft jenem Hauptübel, das darin besteht, die unerläßliche dauernde Verbindung dieser beiden Hauptgesichtspunkte zu vernachlässigen, und mit der Tendenz der modernen Geister, alles zu zerlegen, nur zu sehr übereinstimmt, Zugang verschafft, wie ich das im vorigen Bande hinsichtlich der Biologie auseinandergesetzt habe, wo wir gesehen, daß die übliche Teilung zwischen Anatomie und Physiologie von nun an die Tendenz zeigt, völlig zu verschwinden. Auf jeden Fall wäre jedwede Spaltung der soziologischen Arbeit offenbar unzweckmäßig und sogar unvernünftig, solange sie in ihrer Gesamtheit noch nicht richtig aufgefaßt ist. Aber diese wichtige Erwägung kann in keiner Weise weder die innere Folgerichtigkeit noch die förmliche Notwendigkeit unserer grundlegenden Unterscheidung zwischen dem statischen und dynamischen Studium der sozialen Erscheinungen berühren, vorausgesetzt, daß man sie, anstatt darin die Quelle einer fehlerhaften oder pedantischen Teilung in zwei getrennte Wissenschaften zu sehen, heute einzig und allein auf die fortwährende Analyse einer jeden sozialen Theorie anwendet, die dieser doppelten positiven Betrachtung immer mit Nutzen unterzogen werden kann.

Um diese unerläßliche elementare Zerlegung genauer zu kennzeichnen und um deren praktische Tragweite von diesem Augenblick an anzudeuten, erscheint es mir wesentlich, ehe ich weitergehe, zu bemerken, daß ein derartiger wissenschaftlicher Dualismus im eigentlich politischen Sinne vollkommen genau dem Doppelbegriff der Ordnung und des Fortschrittes entspricht, den man nunmehr als spontan in den allgemeinen Bereich der öffentlichen Vernunft aufgenommen, betrachten kann. Denn es ist klar, daß das statische Studium des sozialen Organismus im Grunde mit der positiven Theorie der Ordnung zusammenfallen muß, die dem Wesen nach faktisch nur in einer richtigen dauernden Harmonie zwischen den verschiedenen Existenzbedingungen der menschlichen Gesellschaften bestehen kann; ebenso erkennt man noch deutlicher, daß das dynamische Studium des Gemeinschaftslebens der Menschheit notwendig die positive Theorie vom sozialen Fortschritt bildet, die, jeden nutzlosen Gedanken an eine absolute und unbegrenzte Vervollkommnungsfähigkeit beiseite schiebend, naturgemäß auf die bloße Vorstellung dieser fundamentalen Entwicklung hinauslaufen muß. Indem diese doppelte Zusammenstellung, deren glückliche Spontaneität nicht bestritten werden kann, der theoretischen Auffassung mehr Interesse und Klarheit, und zugleich der praktischen Betrachtung mehr Adel und Festigkeit verleiht, scheint sie mir außerordentlich geeignet, in einwandfreier Weise vom Beginn der neuen politischen Philosophie die allgemeine und stete Übereinstimmung zwischen der Wissenschaft und der Praxis kund zu tun. Auf diese Art können die wahren Staatsmänner billig beurteilen, ob es sich hier um ein leeres Gedankenspiel handelt, oder um philosophische Prinzipien, die tatsächlich geeignet sind, das heutige politische Leben schließlich mit Erfolg zu durchdringen. Sie werden hoffentlich beginnen, in ihren Anfängen nun die treuliche Erfüllung meines eingangs dieses Bandes gemachten Versprechens zu erkennen, eine Sozialwissenschaft zu begründen, die direkt dazu bestimmt ist, das zwiefache intellektuelle Bedürfnis der modernen Gesellschaften angemessen zu befriedigen, indem sie den elementaren Doppelbegriff der Ordnung und des Fortschrittes spontan auf unerschütterlichen rationellen Grundlagen aufbaut, der dadurch in Zukunft fest verbunden ist mit dem fortlaufenden Ganzen der soziologischen Ideen, und in notwendiger Folge sogar mit dem Gesamtsystem der positiven Theorien.

Quelle: Comte (1923, Band I, 231–234, zuerst 1830–1842)

1.2.2 Soziale Statik: Die Familie als Grundlage des sozialen Lebens

Da jedes System notwendig aus ihm wesentlich homogenen Elementen gebildet sein muß, so gestattet der wissenschaftliche Geist nicht, die menschliche Gesellschaft als tatsächlich aus Individuen zusammengesetzt zu betrachten. Die wahre soziale Einheit besteht sicherlich allein in der mindestens auf das elementare Paar, reduzierten Familie, deren Hauptgrundlage jenes bildet. Diese grundlegende Betrachtung darf nicht bloß in dem physiologischen Sinne angewendet werden, daß die Familien Stämme werden, wie diese Nationen, so daß unsere ganze Gattung als die allmähliche Entwicklung einer ursprünglich einzigen Familie aufgefaßt werden könnte, wenn nicht die lokalen Unterschiede einer solchen Annahme zu viel Hindernisse entgegenstellten. Wir haben hier namentlich jenen Grundbegriff unter dem politischen Gesichtspunkte ins Auge zu fassen, insofern die Familie von Natur den wahren notwendigen Keim der mannigfachen wesentlichen Anlagen zeigt, die den sozialen Organismus kennzeichnen. Eine solche Auffassung bildet also ihrer Natur nach ein unerläßliches Mittelglied zwischen dem Begriff des Individuums und dem der Gattung oder der Gesellschaft. Es im Bereiche der Theorie überspringen zu wollen, würde wissenschaftlich ebenso nachteilig sein, als es im Bereiche der Praxis tatsächlich gefährlich ist, an das soziale Leben ohne die unvermeidliche Vorbereitung durch das häusliche Leben direkt herantreten zu wollen. Unter welchem Gesichtspunkte man ihn auch betrachte, dieser notwendige Übergang wiederholt sich immer, sei es bezüglich der Elementarbegriffe der grundlegenden Harmonie, sei es für die spontane Entfaltung der sozialen Gefühle. Dadurch allein beginnt der Mensch aus dem Kreise seiner eigensten Persönlichkeit herauszutreten und lernt er zuerst in anderen zu leben, auch wenn er seinen energischen Instinkten gehorcht. Keine andere Gesellschaft kann so innig sein als jene wunderbare ursprüngliche Verbindung, bei der sich eine Art vollkommener Verschmelzung zweier Naturen zu einer einzigen vollzieht. Infolge der gründlichen Unvollkommenheit des menschlichen Charakters sind die individuellen Verschiedenheiten meist zu ausgeprägt, um in irgend einem anderen Falle eine so tiefe Vereinigung zu gestatten. Die gewöhnliche Lebenserfahrung bestätigt in der Tat nur zu sehr, daß die Menschen nicht zu vertraut miteinander leben dürfen, um wechselseitig die mannigfachen wesentlichen Schwächen unserer moralischen Natur, der verstandesmäßigen wie namentlich der gefühlsmäßigen, ertragen zu können. Man weiß, daß die religiösen Gemeinschaften selbst, trotz der großen Macht des besonderen Bandes, das sie vereinigte, im Innern gewöhnlich durch tiefe Zwistigkeiten gepeinigt wurden, die man im wesentlichen unmöglich verhindern kann, wenn man die chimärische Ausgleichung zweier unvereinbarer Qualitäten wie die Innigkeit und Ausdehnung der menschlichen Beziehungen verwirklichen will. Diese vollkommene Innigkeit hat sich selbst in der bloßen Familie nur erst infolge der kraftvollen Spontaneität des gemeinsamen Zieles in Verbindung mit der nicht weniger natürlichen Einführung einer unerläßlichen Unterordnung einstellen können. Welche klare Vorstellungen man sich heute von der sozialen Gleichheit machen möge, jede Gesellschaft, selbst die beschränkteste, setzt mit augenscheinlicher Notwendigkeit nicht allein Verschiedenheit, sondern auch gewisse Ungleichheiten voraus; denn es kann keine wahre Gesellschaft geben ohne die dauernde Mitwirkung an einem allgemeinen Unternehmen, das mit bestimmten Mitteln verfolgt wird, die einander notwendig untergeordnet sind. Die vollkommenste Verwirklichung dieser elementaren Bedingungen, die möglich, kommt nun allein der Familie zu, wo die Natur alle wesentlichen Kosten der Institution bestritten hat. So bildet der Familiensinn, trotz der berechtigten Vorwürfe, die sein vorübergehendes unberechtigtes Übergewicht aus verschiedenen Gründen oft hat verdienen können, immer und in jeder Hinsicht nicht minder die erste wesentliche Grundlage des Gemeinsinnes, von den regelmäßigen Modifikationen abgesehen, die er durch den spontanen Gang der menschlichen Entwicklung allmählich erleiden muß. Die schweren Angriffe, die sich heute direkt gegen diese grundlegende Institution richten, sind demnach als die erschreckendsten Symptome unserer vorübergehenden Tendenz zur sozialen Desorganisation anzusehen. Aber derartige Angriffe, die natürliche Folge der unvermeidlichen Übertreibung des revolutionären Geistes vermöge unserer intellektuellen Anarchie, sind namentlich wahrhaft gefährlich nur wegen der heutigen ohnmächtigen Hinfälligkeit der Überzeugungen, auf die man die Ideen der Familie wie alle anderen sozialen Begriffe noch immer ausschließlich begründet. Solange die doppelte wichtige Beziehung, welche die Familie ausmacht, fortdauernd keine anderen intellektuellen Grundlagen hat als die religiösen Lehren, wird sie notwendig in irgend einem Grade an dem wachsenden Mißtrauen teilhaben, das solche Prinzipien beim gegenwärtigen Stande der menschlichen Entwicklung unwiderruflich erfahren müssen. Nur die positive Philosophie, auch in dieser wie in jeder anderen Beziehung spontan reorganisierend, kann fortan, indem sie schließlich die Gesamtheit der sozialen Theorien aus dem Reiche vager Ideale auf das Feld unabweisbarer Wirklichkeiten überträgt, den grundlegenden Familiensinn mit den dem modernen Charakter des sozialen Organismus angemessenen Modifikationen auf wirklich unerschütterliche natürliche Grundlagen stützen.

Quelle: Comte (1923, Band I, 407–410, zuerst 1830–1842)

1.2.3 Soziale Dynamik: Das Dreistadiengesetz

Bei dem Studium der Entwicklung des menschlichen Geistes von seinem einfachsten Ansatz bis auf unsere Zeit glaube ich ein großes Gesetz entdeckt zu haben, dem diese Entwicklung unterworfen ist. Ein solches Gesetz kann meiner Ansicht nach aufgestellt werden, indem man es entweder auf die Beweise stützt, die sich aus der Erkenntnis unserer Organisation ergeben, oder auf die Bestätigungen der Geschichte, die sich aus der Prüfung der Vergangenheit ergeben. Dieses Gesetz lautet: Jeder Zweig unserer Kenntnisse durchläuft der Reihe nach drei verschiedene theoretische Zustände (Stadien), nämlich den theologischen oder fiktiven Zustand, den metaphysischen oder abstrakten Zustand und den wissenschaftlichen oder positiven Zustand. Mit andern Worten: Der menschliche Geist wendet in allen seinen Untersuchungen der Reihe nach verschiedene und sogar entgegengesetzte Methoden bei seinem Philosophieren an; zuerst die theologische Methode, dann die metaphysische und zuletzt die positive. Die erste ist der Punkt, an dem die Erkenntnis beginnt; die dritte der feste und endgültige Zustand, die zweite dient nur als Übergang von der ersten zur dritten.

Im theologischen Zustand richtet der menschliche Geist seine Untersuchungen auf die innere Natur der Dinge und auf die ersten Ursachen und letzten Ziele aller Erlebnisse, die ihn treffen; mit einem Wort: auf die absolute Erkenntnis. Die Vorgänge gelten ihm hier als die Taten weniger oder zahlreicher übernatürlicher Wesen, und deren Einwirkungen erklären ihm alle auftretenden Unregelmäßigkeiten der Welt.

Im metaphysischen Zustand, der nur eine Abwandlung des vorgehenden ist, werden die übernatürlichen Mächte durch abstrakte Kräfte oder Entitäten ersetzt, die den verschiedenen Wesen der Welt innewohnen sollen. Sie sollen imstande sein, alle beobachteten Erscheinungen zu erzeugen, deren Erklärung darin besteht, daß man ihnen die jeweilig entsprechende Entität zuweist.

Im positiven Zustand erkennen wir endlich die Unmöglichkeit, zu absoluten Begriffen zu gelangen; wir geben es auf, den Ursprung und die Bestimmung des Weltalls zu ermitteln und die inneren Ursachen der Erscheinungen zu erkennen. Statt dessen suchen wir deren Gesetze durch gemeinsamen Gebrauch der Vernunft und der Beobachtungen zu entdecken, d.h. deren Beziehungen im Nacheinander und der Ähnlichkeit nach. Die Erklärung der Tatsachen besteht nur noch darin, daß man die einzelnen Erscheinungen in Beziehung setzt zu allgemeinen Tatsachen, deren Zahl der Fortschritt der Wissenschaft stetig zu vermindern strebt.

Das theologische System erreichte seine höchste Vollkommenheit, als es die tätige Forschung eines einzigen Wesens an die Stelle des wechselnden Spieles zahlreicher und voneinander unabhängiger Götter setzte. Ebenso liegt der Abschluß des metaphysischen Systems in der Zusammenfassung der verschiedenen Wesenheiten (Entitäten) zu einer allgemeinen Entität, d.h. zur *Natur,* die man als die Quelle aller Erscheinungen auffaßt. In gleicher Weise soll die Vollkommenheit des positiven Systems darin bestehen, daß es alle Erscheinungen als die besondern Fälle einer allgemeinen Tatsache darlegt, wie z.B. der Tatsache der Gravitation.

Quelle: Comte (1933, 1–3, zuerst 1830–1842)

2 Spencer

2.1 Was ist eine Gesellschaft?

§ 212.

Diese Frage müssen wir zu allernächst aufstellen und beantworten. So lange wir uns nicht entschieden haben, ob eine Gesellschaft als ein Wesen für sich zu betrachten sei oder nicht, und so lange nicht ausgemacht ist, ob eine Gesellschaft, wenn man sie als ein besonderes Wesen betrachtet, als allen übrigen Wesen absolut ungleich oder als einigen derselben ähnlich hingestellt werden muss, bleibt unsere Vorstellung von dem hier zu behandelnden Hauptgegenstand viel zu unbestimmt.

Man könnte sagen, eine Gesellschaft sei nichts weiter als ein Sammelname für eine Anzahl von Einzelwesen. Wenn man den Gegensatz zwischen Nominalismus und Realismus auf ein anderes Gebiet übertragen dürfte, so könnte man einen Nominalisten behaupten lassen, dass geradeso wie nur die einzelnen Glieder einer Species existiren, während die gesondert von ihnen betrachtete Species selbst kein eigenes Dasein habe, so auch nur die Einheiten einer Gesellschaft lebten, während die Existenz der Gesellschaft blos im Worte läge. Er könnte beispielsweise auf die Zuhörerschaft eines Professors hinweisen als auf ein wirkliches Aggregat, das jedoch, indem es nach dem Schluss der Vorlesung einfach verschwindet, dadurch beweist, dass es nicht ein Ding, sondern nur eine bestimmte Anordnung von Einzelpersonen ist, und er könnte daraus folgern, dass das Gleiche von den einzelnen eine Nation bildenden Bürgern gelte.

Allein ohne uns auf eine Bestreitung der übrigen Sätze seines Arguments einzulassen, können wir sofort den letzten in Abrede stellen. Denn die in dem einen Fall nur zeitweilige Anordnung ist im andern dauernd und es ist gerade diese Dauer der Beziehungen zwischen den einzenen Bestandtheilen, welche die Individualität eines Ganzen im Unterschied von den Individualitäten seiner Theile ausmacht. Eine in Stücke gebrochene Masse hört damit auf, ein Ding zu sein, während umgekehrt die Quader, die Ziegelsteine und das Holz, lauter bis dahin getrennte Dinge zu dem Einzelding werden, das man ein Haus nennt, wenn sie in bleibender Weise zusammengefügt sind.

Somit dürfen wir ganz rechtmässiger Weise eine Gesellschaft als ein eigenes Wesen betrachten, weil, obschon es sich aus discreten Einheiten aufbaut, doch eine gewisse Concretheit in dem Aggregat desselben schon gegeben ist durch die allgemeine Fortdauer der Lagebeziehungen zwischen den Einheiten auf dem ganzen von ihnen eingenommenen räumlichen Gebiet. Und dieses Merkmal ist es auch, welches unsere Idee von einer Gesellschaft begründet. Denn wir versagen diesen Namen stets jenen fortwährend sich verändernden Haufen, wie sie bei primitiven Menschen sich bilden, und wenden ihn erst da an, wo eine gewisse Beständigkeit in der Vertheilung der Elemente durch sesshaftes Leben entstanden ist.

§ 213.

Nun aber, wenn wir eine Gesellschaft als ein Ding betrachten dürfen, zu welcher Art von Dingen müssen wir sie rechnen? Sie scheint vollkommen unähnlich jedem sonstigen Object, mit dem unsere Sinne uns bekannt machen. Die Ähnlichkeit, welche sie möglicherweise mit andern Dingen haben mag, kann also jedenfalls nicht der unmittelbaren Wahrnehmung zugänglich sein, sondern nur durch Schlüsse erkannt werden. Wenn die constanten Beziehungen zwischen ihren Theilen sie zu einem Wesen stempeln, so ergibt sich die Frage, ob diese constanten Beziehungen zwischen ihren Theilen irgendwie verwandt seien der constanten Beziehung zwischen den Theilen anderer Wesen. Die einzig denkbare Ähnlichkeit zwischen einer Gesellschaft und einem beliebigen andern Dinge muss also beruhen auf dem Parallelismus des Princips in der Anordnung ihrer Bestandtheile.

Es gibt nun zwei grosse Classen von Aggregaten, mit denen das sociale Aggregat verglichen werden kann: unorganische und organische. Sind die Eigenschaften einer Gesellschaft irgendwie gleich oder ähnlich denen eines nicht lebenden Körpers oder gleichen sie irgendwie denen eines lebenden Körpers oder aber unterscheiden sie sich völlig von beiden?

Die erste dieser Fragen braucht man nur auszusprechen, um sie sofort verneinend beantworten zu können. Ein ganzes, dessen einzelne Theile lebendig sind, kann unmöglich in seinen allgemeinen Eigenthümlichkeiten einem leblosen Ganzen gleichen. Die zweite Frage, deren Beantwortung nicht so sehr auf der Hand liegt, müssen wir im Ganzen bejahen. Die Gründe für die Annahme, dass die dauernden Beziehungen zwischen den Theilen einer Gesellschaft analog seien den dauernden Beziehungen zwischen den Theilen eines lebenden Körpers, wollen wir sogleich näher darlegen.

Die Gesellschaft ist ein Organismus.

§ 214.

Wenn wir sagen, dass sociale Aggregate und organische Aggregate die Erscheinungen des Wachsthums mit einander gemeint haben, so schliessen wir damit noch nicht völlig jede Gemeinsamkeit mit unorganischen Aggregaten aus. Denn manche der letzteren, wie z.B. Krystalle, wachsen in sichtbarer Weise und alle müssen der Entwickelungshypothese zufolge bald früher, bald später durch Integration entstanden sein. Nichtsdestoweniger zeigen lebende Körper ebenso wie Gesellschaften im Vergleich mit den genannten unbelebten Dingen die Massenzunahme in so auffälliger Weise, dass wir dieses Merkmal getrost als für die ersteren beiden auszeichnend betrachten können. Viele Organismen wachsen ihr ganzes Leben über und die übrigen wachsen wenigstens während eines erheblichen Theils ihres Lebens. Das sociale Wachsthum dauert gewöhnlich so lange fort, bis die Gesellschaft sich entweder theilt oder bis sie irgendwie überwältigt wird.

Hier haben wir also den ersten Charakter gefunden, vermöge dessen die Gesellschaften sich der organischen Welt anschliessen und sich ganz wesentlich von der unorganischen Welt unterscheiden.

§ 215.

Es gehört ferner zu den Besonderheiten der socialen sowohl wie der lebenden Körper überhaupt, dass sie während der Zunahme an Grösse auch in ihrem inneren Bau zunehmen. Gleich einem der niedersten Thiere zeigt der Embryo eines höher stehenden nur wenig unterscheidbare Theile; indem er aber einen grösseren Umfang erreicht, vermehren und differenziren sich auch seine Theile. So auch bei der Gesellschaft. Im Anfang sind die Verschiedenheiten zwischen den einzelnen Gruppen ihrer Einheiten der Zahl wie der Art nach sehr unbedeutend, sobald aber die Bevölkerung ansteigt, treten immer mehr und entschiedener ausgeprägte Abtheilungen und Unterabtheilungen hervor. Ferner hören diese Differenzirungsvorgänge in socialen Organisamen sowohl wie in einzelnen Lebewesen erst zugleich mit dem Abschluss oder der Vollendung des Typus auf, welcher den Reifezustand bezeichnet und dem Zerfall vorangeht.

Obgleich allerdings auch bei unorganischen Aggregaten, wie z.B. bei dem ganzen Sonnensystem und bei jedem seiner einzelnen Glieder Differenzirungen des inneren Baues stets die Integration begleiten, so sind jene doch verhältnissmässig so langsam und so einfach, dass man sie wohl ausser Acht lassen darf. Die Vermehrung gegensätzlicher Theile ist dagegen bei politischen Körpern wie bei lebenden Wesen so bedeutend, dass sie thatsächlich einen ferneren gemeinsamen Charakter ausmacht, welcher sie von den unorganischen Körpern trennt.

§ 216.

Diese Gemeinsamkeit wird noch einleuchtender erscheinen, wenn wir darauf hinweisen, dass die fortschreitende Differenzierung der Structur stets begleitet ist von fortschreitender Differenzirung der Functionen.

Die primären, secundären, tertiären u. s. w. Theile, welche bei einem sich entwickelnden Thiere auftreten, erlangen ihre grösseren und kleineren Verschiedenheiten nicht etwa ohne bestimmten Zweck. Zugleich mit den Abweichungen in ihrer Gestalt und Zusammensetzung finden sich stets Abweichungen in den von ihnen ausgeübten Thätigkeiten; sie wachsen zu ungleichen Organen heran, die stets ungleiche Aufgaben haben. Das Ernährungssystem z.B. übernimmt die gesammte Aufgabe der Nahrungsaufnahme zu gleicher Zeit, wo es die Besonderheit seines Baues ausbildet, und grenzt sich nun selbst wieder allemal in verschiedene Theile ab, deren jeder eine besondere Function hat, welche einen Theil der allgemeinen Function darstellt. Eine der Ortsbewegung oder dem Ergreifen dienende Gliedmaasse gliedert sich in grössere und kleinere Theile, welche jeweils ihren wesentlichen oder minder wesentlichen Antheil an der Ausführung dieser Thätigkeit nehmen.

So verhält es sich auch mit den Theilen, in welche eine Gesellschaft zerfällt. Tritt eine herrschende Classe auf, so wird sie dabei nicht allein unähnlich den übrigen, sondern sie erlangt auch einen regulirenden Zwang über alle andern, und wenn sich diese Classe wieder in die mehr und die weniger herrschende sondert, so beginnen auch diese wieder verschiedene Seiten der gesammten überwachenden Thätigkeit an sich zu reissen. Bei den Classen, deren Thätigkeit überwacht wird, finden wir dasselbe. Die verschiedenen Gruppen, in welche sie zerfallen, haben jede ihre besondere Beschaffenheit und jede einzelne Gruppe kann innerhalb ihres Umfangs wieder geringere Gegensätze der einzelnen Theile ausbilden, verbunden mit geringeren Gegensätzen ihrer Obliegenheiten.

Und hier können wir nun deutlicher sehen, wie die beiden Classen von Dingen, deren Vergleich wir verfolgen, sich von den Dingen aller übrigen Classen unterscheiden, denn die Structurverschiedenheiten, welche allmählich in unorganischen Aggregaten entstehen, sind doch nie von dem begleitet, was man mit Recht als Verschiedenheiten der Function bezeichnen darf.

§ 217.

Warum bei einem staatlichen Wesen und einem lebenden Körper diese verschiedenartige Thätigkeit ungleicher Theile wirklich als Functionen bezeichnet werden dürfen, während die verschiedenen Vorgänge, welche durch die ungleichen Theile eines unorganischen Körpers hervorgerufen werden, nicht so zu bezeichnen sind, werden wir noch klarer erkennen, wenn wir uns zu den nächsten und am schärfsten sie kennzeichnenden gemeinsamen Charakterzügen wenden. Die Entwickelung erzeugt in ihnen beiden nicht einfache, sondern bestimmt zusammenhängende Unterschiede – d. h. solche, welche einander gegenseitig erst möglich machen. Die Theile eines unorganischen Aggregates stehen in solcher Beziehung zu einander, dass der eine sich bedeutend verändern kann, ohne die übrigen irgend wahrnehmbar zu beeinflussen. Ganz anders verhält es sich mit den Theilen eines organischen oder socialen Aggregates. Beim einen wie beim andern sind die Veränderungen in ihren Theilen gegenseitig bestimmt und die veränderten Thätigkeiten der Theile hängen ebenso wechselweise von einander ab. Und überdies nimmt der Grad dieser Gegenseitigkeit in beiden zu, je mehr die Entwickelung fortschreitet. Auf der niedrigsten Stufe ist ein Thier ganz Magen, respiratorische Oberfläche und Gliedmaasse. Die Ausbildung eines höheren Typus mit Anhangsorganen, vermöge deren sich das Thier herumbewegen oder Nahrung ergreifen kann, ist nur möglich, wenn diese Anhangsgebilde ihr bisheriges Vermögen, unmittelbar aus den umgebenden Körpern Nahrungsstoffe aufzusaugen, verlieren und von nun an durch andere Theile, welche dieses Aufsaugungsvermögen beibehalten haben, mit Nahrung versorgt werden. Eine respiratorische Oberfläche, nach welcher die herumkreisende Nährflüssigkeit hinbefördert wird, um sie mit Sauerstoff zu versorgen, kann nur unter der Bedingung entstehen, dass der damit zusammenhängende Verlust ihrer Fähigkeit, sich selbst mit dem nöthigen Material zum Wiederersatz und zum Wachsthum zu versehen, ausgeglichen wird durch die Entwickelung eines besonderen Organs, welches ihr dieses Material zuführt.

Ähnliches zeigt nun auch die Gesellschaft. Wir sprechen mit vollem Recht von ihrer Organisation und meinen damit, dass nothwendig Eigenthümlichkeiten derselben Art in ihr bestehen. Auf der ersten noch rudimentären Stufe ist eine Gesellschaft als Ganzes noch Krieger, Jäger, Hüttenbauer, Waffenverfertiger u. s. w. zugleich. Jeder einzelne Theil sorgt eben selbst für alle seine Bedürfnisse. Der Fortschritt zu einer Stufe, welche sich durch das Vorhandensein eines stehenden Heeres auszeichnet, kann nur gleichen Schrittes erfolgen mit der Ausbildung von Einrichtungen, um dieses Heer mit Nahrung, Kleidung und Kriegsausrüstung von seiten der übrigen Gesellschaft zu versorgen. Wenn sich die Bevölkerung an dem einen Orte ausschliesslich mit Landbau, an einem andern Orte mit Bergbau beschäftigt – wenn die einen Waaren erzeugen, während andere dieselben vertheilen, so hat dies zur Voraussetzung, dass als Entgelt für eine besondere Art von Diensten, welche jeder dieser Theile den übrigen leistet, diese übrigen Theile ihrerseits dem ersteren ein entsprechendes Maass ihrer eigenen Dienste darbieten.

Diese Theilung der Arbeit, welche bekanntlich zuerst von den Nationalökonomen als eine sociale Erscheinung erkannt und darauf von den Biologen als eine Erscheinung bei den lebenden Wesen, welche sie „die physiologische Arbeitstheilung" nannten, nachgewiesen wurde, ist dasjenige, was die Gesellschaft wie das einzelne Thier erst zu einem lebenden Ganzen macht.

Ich kann kaum genug Gewicht auf die Wahrheit legen, dass hinsichtlich dieses fundamentalen Merkmals ein socialer Organismus und ein Einzelorganismus einander völlig gleich sind. Wenn wir sehen, dass bei einem Säugethiere die Unterdrückung der Thätigkeit der Lungen sehr bald das Herz zum Stillstand bringt; dass, wenn der Magen seine Dienste nicht mehr leistet, auch alle übrigen Theile nach und nach thätig zu sein aufhören: dass Lähmung der Glieder zuletzt für den ganzen Körper den Tod infolge von Mangel an Nahrung oder infolge der Unfähigkeit, den Gefahren zu entfliehen, nach sich zieht, ja dass auch der Verlust eines sehr kleinen Organs, wie etwa eines Auges, den ganzen übrigen Körper eines Dienstes beraubt, welcher für seine Erhaltung nothwendig ist, so können wir nicht umhin, einzusehen, dass die gegenseitige Abhängigkeit der Theile ein sehr wesentlicher Charakterzug ist. Und wenn wir anderseits in einer Gesellschaft beobachten, wie die Eisenarbeiter ihre Thätigkeit einstellen, sobald die Bergwerksarbeiter kein Material mehr liefern: wie die Verfertiger von Kleidern ihr Geschäft nicht mehr fortführen können in Ermangelung solcher, welche Textilwaaren spinnen und weben: wie die Gesammtheit der Fabrikationsarbeiten still steht, sofern nicht die Nahrung erzeugenden und Nahrung vertheilenden Agentien in Thätigkeit sind: wie endlich auch die herrschenden Kräfte, die Regierungen, die Behörden, die Gerichtsbeamten und die Polizei, nicht mehr im stande sind, die Ordnung aufrecht zu erhalten, wenn ihnen nicht die Lebensbedürfnisse von seiten jener Theile, die in Ordnung zu halten sind, geliefert werden – so ist einleuchtend, dass diese gegenseitige Abhängigkeit der Theile hier eine ganz ebenso innige ist. So verschieden auch die beiden Arten von Aggregaten im übrigen sein mögen, sie gleichen sich durchaus hinsichtlich dieses wesentlichen Charakterzuges und der durch ihn bedingten Eigenthümlichkeiten.

Quelle: Spencer (1885, Band II, 3–10, zuerst 1876)

2.2 Kritik der Theorie der großen Männer

Eine verwandte Klasse, gleich unvorbereitet wie diese, sociale Erscheinungen wissenschaftlich zu erklären, ist diejenige, welche im Gange der Civilisation wenig mehr als den Bericht von bedeutenden Personen und ihrer Thaten erblickt. Jemand, der als Vertreter dieser Ansicht eine hervorragende Stelle einnimmt, schreibt:

„Meiner Ansicht nach ist die Universalgeschichte, die Geschichte dessen, was der Mensch in dieser Welt vollbracht, im Grunde die Geschichte der grossen Männer, welche hier gearbeitet haben.“ Und dies, wenn auch vielleicht nicht deutlich formulirt, aber überall stillschweigend angenommen, ist die Meinung, in der wir fast alle erzogen werden. Sehen wir uns die Entstehung derselben an.

Um das Lagerfeuer versammelt, erzählen sich die Wilden die Ereignisse der heutigen Jagd, und derjenige unter ihnen, welcher irgendeine geschickte oder besondere That verrichtet hat, wird gebührend gelobt. Nach der Rückkehr vom Kriegspfade sind der Scharfsinn des Häuptlings und die Kraft oder der Muth dieses oder jenes Kriegers die alles andere absorbirenden Themata. Bietet der Tag oder die unmittelbare Vergangenheit keine bemerkenswerthe That dar, so ist der Gegenstand die Heldenthat irgendeines jüngst gestorbenen berühmten Führers oder eines traditionellen Gründers des Stammes, vielleicht begleitet von einem Tanze, welcher dramatisch jene im Gesang erzählten Siege darstellt. Dergleichen Erzählungen, wie sie denn in der That die Wohlfahrt, ja die Existenz des Stammes betreffen, sind vom intensivsten Interesse, und in ihnen haben wir die gemeinsame Wurzel der Musik, des Dramas, der Dichtkunst, der Biographie, Geschichte und Literatur im allgemeinen. Wildes Leben bietet wenig Bemerkenswerthes weiter dar, und die Chroniken der Stämme enthalten kaum Denkwürdiges ausserdem.

Die frühen historischen Völker zeigen uns dasselbe. Die ägyptischen Fresken und die Wandmalereien der Assyrier stellen die Thaten leitender Männer dar, und Inschriften, wie die auf dem Moabiter Steine, berichten von nichts als königlichen Heldenthaten; nur nebenher führen diese Berichte, malerisch, hieroglyphisch oder geschrieben, irgendetwas anderes vor. Und wie wir ähnlich den griechischen Epen entnehmen, dass es Städte, Kriegsschiffe, Kriegswagen, Matrosen und Soldaten zum Anführen und Fallen gegeben, so ist doch die unmittelbare Absicht, die Triumphe des Achilles, die Tapferkeit des Ajax, die Klugheit des Ulysses und dergleichen darzustellen.

Die jedem civilisirten Kinde beigebrachten Lehren gehen gleich den Traditionen der uncivilisirten und halbcivilisirten davon aus, dass in der ganzen Vergangenheit des Menschengeschlechts die Thaten hervorragender Männer die einzigen erinnerungswerthen Dinge gewesen. Wie Abraham seine Lenden gürtete und sich hierhin oder dorthin begab, wie Samuel göttliche Befehle überlieferte, welchen Saul nicht gehorchte, wie David seine Abenteuer als Hirt erzählte und für seine Missethaten als König gescholten war, diese und verwandte persönliche Notizen sind die Thatsachen, für die der jugendliche Leser der Bibel interessirt und über die er katechisirt wird, während Andeutungen jüdischer Einrichtungen, wie sie unvermeidlich in die Erzählung eingeflossen sind, weder von ihm noch von seinem Lehrer als irgend Bedeutung habend betrachtet werden. Ebenso wenn er, die Hände auf dem Rücken, seine Lection aus Pinnock* hersagt, sehen wir, dass die Dinge, welche zum Lernen für ihn bestimmt sind, darin bestehen, wann und von wem England erobert ward, welche Herrscher sich den Eroberungen widersetzten und wie sie fielen, was Alfred that und was Canut sagte, wer bei Agincourt focht und wer bei Flodden siegte, welcher König abdankte und welcher usurpirte u. s. w., und wenn sich zufällig zeigt, dass es in jenen Tagen Leibeigene gab, dass Barone kleine Herrscher, einige die Vasallen anderer waren, dass die Unterordnung derselben unter eine Centralmacht allmählich stattfand, so werden diese Thatsachen als relativ unwichtig behandelt. Ja, dasselbe ist der Fall, wenn der Knabe in die Hände seines classischen Lehrers daheim oder anderwärts übergeht. „*Arma virumque*“ bildet wie den Anfang so auch das Ende der Geschichte. Nach der Mythologie, welche natürlich allwesentlich ist, kommen die Heldenthaten der Herrscher und Krieger von Agamemmon bis auf Cäsar herab, während was von Kenntnis über sociale Organisation, Sitten, Vorstellungen, Sittlichkeit erlangt wird, wenig mehr ist, als was aus den biographischen Berichten hervorgeht. Und der Werth dieser Kenntniss nimmt einen solchen Rang ein, dass für Schande gilt, über die Liebschaften des Zeus falsch zu antworten, und für entehrend, den Namen des Feldherrn bei Marathon nicht zu kennen, dagegen aber für entschuldbar, nichts von dem socialen Zustande zu wissen, welcher der Gesetzgebung Lykurg's vorherging, oder von dem Ursprung und den Functionen des Areopagus.

So findet die „Grosse-Männer-Theorie“ der Geschichte überall eine für sie vorbereitete Auffassung vor, ja ist nur der bestimmte Ausdruck dessen, was in den Gedanken des Wilden betont, in allen frühern Traditionen stillschweigend behauptet und durch vielfältige Belege jedem Kinde gelehrt wird. Die frohe Aufnahme, der sie begegnet, hat eine Menge speciellerer Ursachen. Zunächst jene allgemeine Vorliebe für Persönlichkeiten, welche, in dem Urmenschen schon

* Erstes englisches Geschichtslehrbuch.

thätig, noch heutzutage herrscht; eine Vorliebe, wahrzunehmen an dem Bürschchen, welches dich bittet, ihm eine Geschichte zu erzählen, darunter die Abenteuer irgendjemandes verstehend; eine bei Erwachsenen durch Polizeiberichte, Hofneuigkeiten, Scheidungsprocesse, Berichte von Unglücksfällen und Geburts-, Heiraths- und Todesanzeigen befriedigte Vorliebe; eine selbst in den Unterhaltungen auf den Strassen entfaltete Vorliebe, wo im Vorbeigehen aufgefangene Bruchstücke von Zwiegesprächen zeigen, dass meist zwischen Männern und immer zwischen Frauen die persönlichen Fürwörter wiederkehren. Will man das geistige Kaliber irgendjemandes kurzer Hand schätzen, so kann man dies nicht besser thun, als indem man das Verhältniss von Allgemeinheiten zu Persönlichkeiten in seinem Sprechen beachtet, wie weit darin einfache Wahrheiten über Individuen durch aus zahlreichen Erfahrungen über Menschen und Dinge entnommene Wahrheiten ersetzt werden; und wenn man auf diese Weise viele gemessen hat, so findet man nur wenige spärlich zerstreut, welche wahrscheinlich eine etwas mehr als biographische Ansicht von menschlichen Angelegenheiten sich zu bilden pflegen.

Zweitens empfiehlt sich diese Grosse-Männer-Theorie, weil sie sowohl Belehrung als Unterhaltung verspricht. Da man schon erpicht darauf ist, von dem, was die Leute sagen und thun, zu hören, so ist es eine angenehme Kunde, dass man, um den Gang der Civilisation zu verstehen, nur fleissig die Lebensgeschichten ausgezeichneter Männer lesen müsse. Kann es eine annehmbarere Doctrin geben, als dass man nur einen der Lust am Dorfklatsche nahe verwandten Instinct zu befriedigen, gedruckt statt mündlich bedeutende Thaten würdiger Personen in sich aufzunehmen brauche und damit zugleich Kenntnisse gewinne, welche erklären, warum die Dinge sich so oder so in der Welt zugetragen haben, und dazu vorbereitet, sich eine richtige Meinung über jede an uns als Bürger herantretende Frage zu bilden?

Und drittens ist die so gegebene Erklärung der Dinge so herrlich einfach, scheint so leicht fassbar zu sein. Vorausgesetzt, dass man mit nicht ganz scharfen Vorstellungen zufrieden ist, wie es die meisten Menschen sind, erscheinen die Lösungen, welche sie gewährt, ganz befriedigend. Gerade wie jene Theorie des Sonnensystems, welche annimmt, dass die Planeten von der Hand des Allmächtigen in ihre Bahnen geschleudert worden, wol möglich erscheint, solange man nicht darauf dringt, genau zu wissen, was man unter der Hand des Allmächtigen zu verstehen habe, und wie die besondere Schöpfung der Pflanzen und Thiere als eine haltbare Hypothese erscheint, bis man sich den Process deutlich auszumalen versucht, durch welchen eines derselben ins Dasein gerufen worden, so mag die Entstehung von Völkern und Nationen durch die Handlungen grosser Männer bequem zu glauben sein, solange man nicht, statt bei allgemeinen Vorstellungen zu beharren, nach Einzelnheiten frägt.

Verlangt man nun aber, mit Unbestimmtheit nicht zufrieden, dass unsere Ideen scharf gezeichnet und genau definirt werden sollen, so entdeckt man, dass die Hypothese gänzlich folgewidrig ist. Wenn man, nicht bei der Erklärung stehen bleibend, dass der sociale Fortschritt vom grossen Manne herrühre, einen Schritt zurückgeht und fragt, woher der grosse Mann kommt, so findet man, dass die Theorie vollständig zusammenbricht. Die Frage hat zwei denkbare Antworten. Sein Ursprung ist entweder übernatürlich, oder er ist natürlich. Ist sein Ursprung übernatürlich, so ist er ein Vicegott, und wir haben eine Theokratie zweiten Grades, oder vielmehr gar keines Grades vor uns, denn alsdann muss man mit dem oben citirten Mr. Schomberg einstimmen, dass „der Entschluss Cäsar's, Britannien zu erobern", göttlich inspirirt und dass von ihm herab bis auf „Georg III., den Grossen und Guten", die einander nachfolgenden Herrscher dazu bestimmt gewesen, ebenso succesive Absichten auszuführen. Ist dies eine unannehmbare Lösung, nun dann ist der Ursprung des grossen Mannes natürlich, und sobald das erkannt worden, muss er mit allen andern Erscheinungen in der Gesellschaft, welche ihm das Dasein gegeben, als ein Product ihrer Antecedentien eingereiht werden. Zusammen mit der ganzen Generation, von der er nur einen geringen Theil bildet, zusammen mit ihren Einrichtungen, ihrer Sprache, Kunde, Sitten und mannichfachen Hülfsmitteln ist er die Resultante eines ungeheuern Aggregats von Kräften, welche seit Jahrtausenden zusammengewirkt haben. . . .

Wenn es eine Thatsache ist, dass der grosse Mann seine Nation in ihrem gesellschaftlichen Bau und ihren Handlungen modificiren kann, so ist es gleichfalls eine Thatsache, dass es jene vorgängigen Modificationen, welche den nationalen Fortschritt bildeten, gegeben haben muss, bevor er entwickelt werden konnte. Bevor er seine Gesellschaft neubilden kann, muss seine Gesellschaft ihn bilden, sodass alle jene Veränderungen, deren nächster Urheber er ist, ihre Hauptursachen in den Generationen, von denen er abstammt, haben. Wenn es irgendetwas wie eine wirkliche Erklärung jener Veränderungen geben soll, so muss sie in jenem Aggregat von Bedingungen gesucht werden, von dem er sowol wie sie entsprungen sind.

Quelle: Spencer (1875, 36–43, zuerst 1873)

3 Simmel

3.1 Das Problem der Soziologie.

Wenn es richtig ist, daß das menschliche Erkennen sich aus praktischen Notwendigkeiten entwickelt hat, weil das Wissen des Wahren eine Waffe im Kampf ums Dasein ist, sowohl gegenüber dem außermenschlichen Sein wie in der Konkurrenz der Menschen untereinander – so ist es doch an diese Herkunft längst nicht mehr gebunden, und ist aus einem bloßen Mittel für die Zwecke des Handelns selbst zu einem endgültigen Zwecke geworden. Dennoch hat das Erkennen, sogar in der selbstherrlichen Form der Wissenschaft, die Beziehungen zu den Interessen der Praxis nicht überall abgebrochen, wenn sie auch jetzt nicht als bloße Erfolge der letzteren auftreten, sondern als Wechselwirkungen zweier, zu selbständigen Rechten bestehenden Reiche. Denn das wissenschaftliche Erkennen bietet sich nicht nur, in der Technik, der Verwirklichung äußerer Willensziele dar, sondern auch, von der andern Seite her, setzt sich an die praktischen Zuständlichkeiten, innere wie äußere, das Bedürfnis theoretischer Einsicht an; manchmal tauchen neue Richtungen des Denkens auf, mit deren rein abstraktem Charakter dennoch nur die Interessen eines neuen Fühlens und Wollens sich in die Fragestellungen und Formen der Intellektualität hineinstrecken. So sind die Ansprüche, die die Wissenschaft der Soziologie zu erheben pflegt, die theoretische Fortsetzung und Abspiegelung der praktischen Macht, die im neunzehnten Jahrhundert die Massen gegenüber den Interessen des Individuums erlangt haben. Daß aber das Bedeutungsgefühl und die Aufmerksamkeit, die die unteren Stände den höheren abzwangen, gerade von dem Begriff der „Gesellschaft" getragen ist, liegt daran, daß vermöge der sozialen Distanz die ersteren den letzteren nicht nach ihren Individuen, sondern nur als einheitliche Masse erscheinen und daß eben diese Distanz beide in keiner andern prinzipiellen Hinsicht verbunden sein läßt, als daß sie zusammen „eine Gesellschaft" bilden. Indem die Klassen, deren Wirksamkeit nicht in der wahrnehmbaren Bedeutung der Einzelnen, sondern in ihrem „Gesellschaft"-Sein liegt, das theoretische Bewußtsein – in Konsequenz der praktischen Machtverhältnisse – auf sich zogen, nahm das Denken auf einmal wahr, daß überhaupt jede individuelle Erscheinung durch eine Unermeßlichkeit von Einflüssen aus ihrem menschlichen Umgebungskreise bestimmt ist. Und dieser Gedanke gewann sozusagen rückwirkende Kraft: neben der gegenwärtigen erschien die vergangene Gesellschaft als die Substanz, die die einzelne Existenz bildete, wie das Meer die Wellen; hier schien der Boden gewonnen, aus dessen Kräften allein die besonderen Formen, zu denen er die Individuen bildete, erklärbar wurden. Diese Denkrichtung unterstützte der moderne Relativismus, die Neigung, das Einzelne und Substanzielle in Wechselwirkungen aufzulösen; das Individuum war nur der Ort, an dem sich soziale Fäden verknüpfen, die Persönlichkeit nur die besondere Art, auf die dies geschieht. Da man sich zum Bewußtsein brachte, daß alles menschliche Tun innerhalb der Gesellschaft verläuft und keines sich ihrem Einfluß entziehen kann, so mußte alles, was nicht Wissenschaft von der äußeren Natur war, Wissenschaft von der Gesellschaft sein. Sie erschien als das allumfassende Gebiet, in dem sich Ethik wie Kulturgeschichte, Nationalökonomie wie Religionswissenschaft, Ästhetik wie Demographie, Politik wie Ethnologie zusammenfanden, da die Gegenstände dieser Wissenschaften sich in dem Rahmen der Gesellschaft realisierten: die Wissenschaft vom Menschen sei Wissenschaft von der Gesellschaft. Zu dieser Vorstellung der Soziologie als Wissenschaft von allem Menschlichen überhaupt trug bei, daß sie eine neue Wissenschaft war und infolgedessen alle möglichen, sonst nicht recht unterzubringenden Probleme sich an sie herandrängten – wie ein neuerschlossenes Gebiet immer zuerst das Dorado von heimatlosen und entwurzelten Existenzen wird: die zuerst unvermeidliche Unbestimmtheit und Unverteidigtheit der Grenzen gewährt jedem das Recht, dort unterzukommen. Näher angesehen indes, erzeugt dieses Zusammenwerfen aller bisherigen Wissensgebiete kein neues. Es bedeutet nur, daß alle historischen, psychologischen, normativen Wissenschaften in einen großen Topf geschüttet werden und diesem das Etikett: Soziologie – aufgeheftet wird. Damit wäre also nur ein neuer Name gewonnen, während alles, was er bezeichnet, in seinem Inhalt und seinen Verhältnissen schon feststeht oder innerhalb der bisherigen Forschungsprovinzen produziert wird. Die Tatsache, daß das menschliche Denken und Handeln in der Gesellschaft und durch sie bestimmt vorgeht, macht die Soziologie so wenig zu der allumfassenden Wissenschaft von demselben, wie man Chemie, Botanik und Astronomie zu Inhalten der Psychologie machen kann, weil ihre Gegenstände doch schließlich nur im menschlichen Bewußtsein wirklich werden und den Voraussetzungen desselben unterliegen.

Jenem Irrtum liegt eine zwar mißverstandene, aber an sich sehr bedeutsame Tatsache zum Grunde. Die Einsicht: der Mensch sei in seinem ganzen Wesen und allen Äußerungen dadurch bestimmt, daß er in Wechselwirkung mit andern Menschen lebt – muß allerdings zu einer neuen *Betrachtungsweise* in allen sogenannten Geisteswissenschaften führen. Es ist jetzt nicht mehr möglich, die historischen Tatsachen im weitesten Sinne des Wortes, die Inhalte der Kultur, die Arten der Wirtschaft, die Normen der Sittlichkeit aus dem Einzelmenschen, seinem Verstande und seinen Interessen heraus zu erklären und, wo dies nicht gelingt, sogleich zu metaphysischen oder magischen Ursachen zu greifen. Man steht z. B. bezüglich der Sprache nicht mehr vor der Alternative, daß sie entweder von genialen Individuen erfunden oder von Gott den Menschen gegeben ist; in die Religionsgebilde braucht sich nicht mehr die Erfindung schlauer Priester und die unmittelbare Offenbarung zuteilen usw. Vielmehr glauben wir jetzt die historischen Erscheinungen aus dem Wechselwirken und dem Zusammenwirken der Einzelnen zu verstehen, aus der Summierung und Sublimierung unzähliger Einzelbeiträge, aus der Verkörperung der sozialen Energien in Gebilden, die jenseits des Individuums stehen und sich entwickeln. Die Soziologie also, in ihrer Beziehung zu den bestehenden Wissenschaften, ist eine neue *Methode*, ein Hilfsmittel der Forschung, um den Erscheinungen aller jener Gebiete auf einem neuen Wege beizukommen. Damit verhält sie sich aber nicht wesentlich anders, als seinerzeit die Induktion, die als neues Forschungsprinzip in alle möglichen Wissenschaften eindrang, sich in jeder gleichsam akklimatisierte und ihr innerhalb der feststehenden Aufgaben zu neuen Lösungen verhalf. So wenig aber daraufhin Induktion eine besondere Wissenschaft oder gar eine allbefassende ist, so wenig ist es, auf dieselben Momente hin, die Soziologie. Soweit sie sich darauf stützt, daß der Mensch als Gesellschaftswesen verstanden werden muß und daß die Gesellschaft der Träger alles historischen Geschehens ist, enthält sie kein *Objekt*, das nicht schon in einer der bestehenden Wissenschaften behandelt würde, sondern nur einen neuen Weg für alle diese, eine Methode der Wissenschaft, die gerade wegen ihrer Anwendbarkeit auf die Gesamtheit der Probleme nicht eine eigne Wissenschaft für sich ist.

Welches aber kann das eigne und neue Objekt sein, dessen Erforschung die Soziologie zu einer selbständigen und grenzbestimmten Wissenschaft macht? Es liegt auf der Hand, daß zu dieser Legitimation ihrer als einer neuen Wissenschaft nicht die Entdeckung eines, seiner Existenz nach bisher unbekannten Gegenstandes gehört. Alles, was wir als Gegenstand schlechthin bezeichnen, ist ein Komplex von Bestimmungen und Beziehungen, deren jede, an einer Vielheit von Gegenständen aufgezeigt, zum Objekt einer besonderen Wissenschaft werden kann. Jede Wissenschaft beruht auf einer Abstraktion, indem sie die Ganzheit irgendwelchen Dinges, die wir als einheitliche durch keine Wissenschaft erfassen können, nach je einer ihrer Seiten, von dem Gesichtspunkt je eines Begriffes aus, betrachtet. Der Totalität des Dinges und der Dinge gegenüber erwächst jede Wissenschaft durch arbeitsteilige Zerlegung jener in einzelne Qualitäten und Funktionen, nachdem ein Begriff aufgefunden ist, der diese letzteren herauszulösen und in all ihrem Vorkommen an den realen Dingen nach methodischen Zusammenhängen zu erfassen gestattet. So haben z. B. die linguistischen Tatsachen, die man jetzt als das Material der vergleichenden Sprachwissenschaft zusammenfaßt, schon lange an wissenschaftlich behandelten Erscheinungen existiert; jene Sonderwissenschaft aber entstand mit der Entdeckung des Begriffes, unter dem dieselben, bisher an verschiedenen Sprachkomplexen auseinanderliegend, einheitlich zusammengehören und von speziellen Gesetzen geregelt werden. So könnte auch die Soziologie als besondere Wissenschaft ihr besonderes Objekt darin finden, daß sie nur eine neue Linie durch Tatsachen legt, die als solche durchaus bekannt sind; nur daß ihnen gegenüber eben der Begriff bisher nicht wirksam geworden wäre, der die auf jene Linie gehörige Seite dieser Tatsachen als eine ihnen allen gemeinsame und eine methodisch-wissenschaftliche Einheit bildende kenntlich macht. Den höchst komplizierten, unter *einen* wissenschaftlichen Gesichtspunkt überhaupt nicht zusammengehenden Tatsachen der geschichtlichen Gesellschaft gegenüber erzeugen die Begriffe der Politik, der Wirtschaft, der Kultur usw. derartige Erkenntnisreihen, sei es, indem sie gewisse Teile jener Tatsachen, unter Ausscheidung oder nur akzidentellem Mitwirken der andern, zu einmaligen historischen Verläufen verknüpfen, sei es, daß sie die Gruppierungen von Elementen kenntlich machen, die unabhängig von dem einzelnen Hier und Jetzt einen zeitlos notwendigen Zusammenhang enthalten. Soll es nun eine Soziologie als besondere Wissenschaft geben, so muß demnach der Begriff der *Gesellschaft* als solcher, jenseits der äußeren Zusammenfassung jener Erscheinungen, die gesellschaftlich-geschichtlichen Gegebenheiten einer neuen Abstraktion und Zusammenordnung unterwerfen, derart, daß gewisse, bisher nur in anderen und mannigfaltigen Verbindungen beachtete Bestimmungen derselben als zusammengehörig und deshalb als Objekte *einer* Wissenschaft erkannt werden.

Dieser Gesichtspunkt nun ergibt sich vermittels einer Analyse des Gesellschaftsbegriffes, die man als Unterscheidung zwischen Form und Inhalt der Gesellschaft bezeichnen kann – unter Betonung davon, daß dies hier eigentlich nur ein Gleichnis ist, um den Gegensatz der zu scheidenden Elemente annähernd zu benennen; dieser Gegensatz wird in seinem einzigartigen Sinn unmittelbar erfaßt werden müssen, ohne durch die sonstige Bedeutung dieser vorläufigen Namen präjudiziert zu werden. Ich gehe dabei von der weitesten, den Streit um Definition möglichst vermeidenden Vorstellung der Gesellschaft aus: daß sie da existiert, wo mehrere Individuen in Wechselwirkung treten. Diese Wechselwirkung entsteht immer aus bestimmten Trieben heraus oder um bestimmter Zwecke willen. Erotische, religiöse oder bloß gesellige Triebe, Zwecke der Verteidigung wie des Angriffs, des Spieles wie des Erwerbes, der Hilfeleistung wie der Belehrung und unzählige andere bewirken es, daß der Mensch in ein Zusammensein, ein Füreinander-, Miteinander-, Gegeneinander-Handeln, in eine Korrelation der Zustände mit andern tritt, d. h. Wirkungen auf sie ausübt und Wirkungen von ihnen empfängt. Diese Wechselwirkungen bedeuten, daß aus den individuellen Trägern jener veranlassenden Triebe und Zwecke eine Einheit, eben eine „Gesellschaft" wird. Denn Einheit im empirischen Sinn ist nichts anderes als Wechselwirkung von Elementen: ein organischer Körper ist eine Einheit, weil seine Organe in engerem Wechseltausch ihrer Energien stehen, als mit irgendeinem äußeren Sein, ein Staat ist einer, weil unter seinen Bürgern das entsprechende Verhältnis gegenseitiger Einwirkungen besteht, ja, die Welt könnten wir nicht eine nennen, wenn nicht jeder ihrer Teile irgendwie jeden beeinflußte, wenn irgendwo die, wie immer vermittelte, Gegenseitigkeit der Einwirkungen abgeschnitten wäre. Jene Einheit oder Vergesellschaftung kann, je nach der Art und Enge der Wechselwirkung, sehr verschiedene Grade haben – von der emphemeren Vereinigung zu einem Spaziergang bis zur Familie, von allen Verhältnissen „auf Kündigung" bis zu der Zusammengehörigkeit zu einem Staat, von dem flüchtigen Zusammen einer Hotelgesellschaft bis zu der innigen Verbundenheit einer mittelalterlichen Gilde. Ich bezeichne nun alles das, was in den Individuen, den unmittelbar konkreten Orten aller historischen Wirklichkeit, als Trieb, Interesse, Zweck, Neigung, psychische Zuständlichkeit und Bewegung derart vorhanden ist, daß daraus oder daran die Wirkung auf andre und das Empfangen ihrer Wirkungen entsteht – dieses bezeichne ich als den Inhalt, gleichsam die Materie der Vergesellschaftung. An und für sich sind diese Stoffe, mit denen das Leben sich füllt, diese Motivierungen, die es treiben, noch nicht sozialen Wesens. Weder Hunger noch Liebe, weder Arbeit noch Religiosität, weder die Technik noch die Funktionen und Resultate der Intelligenz bedeuten, wie sie unmittelbar und ihrem reinen Sinne nach gegeben sind, schon Vergesellschaftung; vielmehr, sie bilden diese erst, indem sie das isolierte Nebeneinander der Individuen zu bestimmten Formen des Miteinander und Füreinander gestalten, die unter den allgemeinen Begriff der Wechselwirkung gehören. Die Vergesellschaftung ist also die, in unzähligen verschiedenen Arten sich verwirklichende Form, in der die Individuen auf Grund jener – sinnlichen oder idealen, momentanen oder dauernden, bewußten oder unbewußten, kausal treibenden oder teleologisch ziehenden – Interessen zu einer Einheit zusammenwachsen und innerhalb deren diese Interessen sich verwirklichen.

In jeder vorliegenden sozialen Erscheinung bilden Inhalt und gesellschaftliche Form eine einheitliche Realität, eine soziale Form kann so wenig eine von jedem Inhalt gelöste Existenz gewinnen, wie eine räumliche Form ohne eine Materie bestehen kann, deren Form sie ist. Dies vielmehr sind die in der Wirklichkeit untrennbaren Elemente jedes sozialen Seins und Geschehens: ein Interesse, Zweck, Motiv und eine Form oder Art der Wechselwirkung unter den Individuen, durch die oder in deren Gestalt jener Inhalt gesellschaftliche Wirklichkeit erlangt.

Was nun die „Gesellschaft", in jedem bisher gültigen Sinne des Wortes, eben zur Gesellschaft macht, das sind ersichtlich die so angedeuteten Arten der Wechselwirkung. Irgendeine Anzahl von Menschen wird nicht dadurch zur Gesellschaft, daß in jedem für sich irgendein sachlich bestimmter oder ihn individuell bewegender Lebensinhalt besteht; sondern erst, wenn die Lebendigkeit dieser Inhalte die Form der gegenseitigen Beeinflussung gewinnt, wenn eine Wirkung von einem auf das andere – unmittelbar oder durch ein Drittes vermittelt – stattfindet, ist aus dem bloß räumlichen Nebeneinander oder auch zeitlichen Nacheinander der Menschen eine Gesellschaft geworden. Soll es also eine Wissenschaft geben, deren Gegenstand die Gesellschaft und nichts andres ist, so kann sie nur diese Wechselwirkungen, diese Arten und Formen der Vergesellschaftung untersuchen wollen. Denn alles andre, was sich sonst noch innerhalb der „Gesellschaft" findet, durch sie und in ihrem Rahmen realisiert wird, ist nicht Gesellschaft selbst, sondern nur ein Inhalt, der sich diese Form oder den sich diese Form der Koexistenz anbildet und der freilich erst mit ihr zusammen das reale Gebilde, das „Gesellschaft" im weiteren und üblichen Sinne heißt, zustande bringt. Daß dieses beides, in der Wirklichkeit untrennbar Vereinte, in der wissenschaftlichen Abstraktion getrennt werde, daß die Formen der Wechselwirkung oder Vergesellschaftung, in gedanklicher Ablösung von den Inhalten, die durch sie erst zu gesellschaftlichen werden, zusammengefaßt und einem einheitlichen wissenschaftlichen Gesichtspunkt methodisch unterstellt werden – dies scheint mir die einzige und die ganze Möglichkeit einer speziellen Wissenschaft von der Gesellschaft als solcher zu begründen. Mit ihr erst wären die Tatsachen, die wir als die gesellschaftlich-historische Realität bezeichnen, wirklich auf die Ebene des bloß Gesellschaftlichen projiziert.

Nun mögen derartige Abstraktionen, die allein aus der Komplexität oder auch der Einheit der Wirklichkeit Wissenschaft zustande bringen, noch so sehr aus den inneren Bedürfnissen des Erkennens heraus gefordert sein: irgendeine Legitimation für sie muß doch in der Struktur der Objektivität selbst liegen; denn nur in irgendeiner funktionellen Beziehung zur Tatsächlichkeit kann der Schutz gegen unfruchtbare Fragestellungen, gegen einen Zufallscharakter der wissenschaftlichen Begriffsbildung liegen. So irrig ein naiver Naturalismus das Gegebene schon die analytischen oder synthetischen Anordnungen, durch die es zum Inhalt einer Wissenschaft wird, enthalten läßt, so sind doch die Bestimmungen, die es tatsächlich besitzt, jenen Anordnungen mehr oder weniger fügsam – wie etwa ein Porträt die natürliche menschliche Erscheinung grundsätzlich umgestaltet, und dennoch die eine für dieses ihr ganz wurzelfremde Gebilde eine größere Chance besitzt als die andere; woran dann das besser oder schlechtere Recht jener wissenschaftlichen Probleme und Methoden meßbar ist. So wird nun das Recht, die historisch-gesellschaftlichen Erscheinungen der Analyse nach Formen und Inhalten zu unterwerfen und die ersten zu einer Synthese zu bringen, auf zwei Bedingungen ruhen, die nur von den Tatsachen aus verifiziert werden können. Es muß sich einerseits finden, daß die gleiche Form der Vergesellschaftung an ganz verschiedenem Inhalt, für ganz verschiedene Zwecke auftritt, und umgekehrt, daß das gleiche inhaltliche Interesse sich in ganz verschiedene Formen der Vergesellschaftung als seine Träger oder Verwirklichungsarten kleidet – wie sich die gleichen geometrischen Formen an den verschiedensten Materien finden und die gleiche Materie sich in den verschiedensten Raumformen darstellt, oder wie das Entsprechende zwischen den logischen Formen und den materialen Erkenntnisinhalten statt hat.

Beides ist aber als Tatsache unleugbar. An gesellschaftlichen Gruppen, welche ihren Zwecken und ihrer ganzen Bedeutung nach die denkbar verschiedensten sind, finden wir dennoch die gleichen formalen Verhaltungsweisen der Individuen zueinander. Über- und Unterordnung, Konkurrenz, Nachahmung, Arbeitsteilung, Parteibildung, Vertretung, Gleichzeitigkeit des Zusammenschlusses nach innen und des Abschlusses nach außen und unzähliges Ähnliches findet sich an einer staatlichen Gesellschaft wie an einer Religionsgemeinde, an einer Verschwörerbande wie an einer Wirtschaftsgenossenschaft, an einer Kunstschule wie an einer Familie. So mannigfaltig auch die Interessen sind, aus denen es überhaupt zu diesen Vergesellschaftungen kommt – die Formen, in denen sie sich vollziehen, können dennoch die gleichen sein. Und nun andrerseits: das inhaltlich gleiche Interesse kann sich in sehr verschiedenartig geformten Vergesellschaftungen darstellen, zum Beispiel das wirtschaftliche Interesse realisiert sich ebenso durch Konkurrenz wie durch planmäßige Organisation der Produzenten, bald durch Abschluß gegen andre Wirtschaftsgruppen, bald durch Anschluß an sie; die religiösen Lebensinhalte fordern, inhaltlich die identischen bleibend, einmal eine freiheitliche, ein andermal eine zentralistische Gemeinschaftsform; die Interessen, die den Beziehungen der Geschlechter zum Grunde liegen, befriedigen sich in der kaum übersehbaren Mannigfaltigkeit der Familienformen; das pädagogische Interesse führt bald zu einer liberalen, bald zu einer despotischen Verhältnisform des Lehrers zu den Schülern, bald zu individualistischen Wechselwirkungen zwischen dem Lehrer und dem einzelnen Schüler, bald zu mehr kollektivistischen zwischen jenem und der Gesamtheit der Schüler. Wie also die Form die identische sein kann, in der die divergentesten Inhalte sich vollziehen, so kann der Stoff beharren, während das Miteinander der Individuen, das ihn trägt, sich in einer Mannigfaltigkeit von Formen bewegt; wodurch denn die Tatsachen, obgleich in ihrer Gegebenheit Stoff und Form eine unlösbare Einheit des sozialen Lebens ausmachen, eben jene Legitimation des soziologischen Problems leisten, das die Feststellung, systematische Ordnung, psychologische Begründung und historische Entwicklung der reinen Formen der Vergesellschaftung fordert.

Dieses Problem ist dem Verfahren, nach dem die bisherigen einzelnen Sozialwissenschaften kreiert worden sind, direkt entgegengesetzt. Denn die Arbeitsteilung unter diesen wurde durchaus von der Verschiedenheit der *Inhalte* bestimmt. Nationalökonomie wie die Systematik der kirchlichen Organisationen, Geschichte des Schulwesens wie der Sitten, Politik wie die Theorien des sexuellen Lebens usw. haben das Gebiet der sozialen Erscheinungen unter sich aufgeteilt, so daß eine Soziologie, die die Totalität dieser Erscheinungen, mit ihrer Ineinsbildung von Form und Inhalt, umfassen wollte, sich als nichts anderes ergeben konnte, denn als eine Zusammenfassung jener Wissenschaften. Solange die Linien, die wir durch die historische Wirklichkeit ziehen, um sie in gesonderte Forschungsgebiete zu zerlegen, nur diejenigen Punkte verbinden, die gleiche Interesseninhalte aufzeigen – solange gewährt diese Wirklichkeit einer besonderen Soziologie keinen Platz; es bedarf vielmehr einer Linie, die, alle bisher gezogenen durchquerend, die reine Tatsache der Vergesellschaftung, ihren mannigfaltigen Gestaltungen nach, von ihrer Verbindung mit den divergentesten Inhalten löst und als ein Sondergebiet konstituiert. Sie wird dadurch eine Spezialwissenschaft in demselben Sinn, – bei allen selbstverständlichen Unterschieden der Methode und der Resultate – in dem Erkenntnistheorie eine solche geworden ist, indem sie die Kategorien oder Funktionen des Erkennens als solchen aus der Vielheit der Erkenntnisse einzelner Dinge abstrahiert hat. Sie gehört zu dem Typus von Wissenschaften, deren spezialistischer Charakter nicht darin liegt, daß ihr Gegenstand mit andern zusammen unter einen höheren Gesamtbegriff gehörte (wie klassische Philologie und Germanistik, oder Optik und Akustik), sondern darin, daß sie ein Gesamtgebiet von Gegenständen unter einen besonderen Gesichtspunkt rückt. Nicht ihr Objekt, sondern ihre Betrachtungsweise, die besondre, von ihr vollzogene Abstraktion differenziert sie von den übrigen historisch-sozialen Wissenschaften.

Der Begriff der Gesellschaft deckt zwei, für die wissenschaftliche Behandlung streng auseinander zu haltende Bedeutungen. Sie ist einmal der Komplex vergesellschafteter Individuen, das gesellschaftlich geformte Menschenmaterial, wie es die ganze historische Wirklichkeit ausmacht. Dann aber ist „Gesellschaft" auch die Summe jener Beziehungsformen, vermöge deren aus den Individuen eben die Gesellschaft im ersten Sinne wird. So bezeichnet man als „Kugel" einmal eine bestimmt geformte Materie, dann aber auch, im mathematischen Sinne, die bloße Gestalt oder Form, vermöge welcher aus bloßer Materie die Kugel im ersten Sinne wird. Wenn man von Gesellschaftswissenschaften jener ersteren Bedeutung nach spricht, so ist ihr Objekt alles, was in und mit der Gesellschaft vorgeht; Gesellschaftswissenschaft im zweiten Sinne hat die Kräfte, Beziehungen und Formen zum Gegenstand, durch die die Menschen sich vergesellschaften, die also, in selbständiger Darstellung, die „Gesellschaft" sensu strictissimo ausmachen – was selbstverständlich durch den Umstand nicht alteriert wird, daß der Inhalt der Vergesellschaftung, die speziellen Modifikationen ihres materiellen Zweckes und Interesses oft oder immer über ihre spezielle Formung entscheiden. Ganz irrig wäre hier der Einwand, daß alle diese Formen: Hierarchien und Korporationen, Konkurrenzen und Eheformen, Freundschaften und gesellige Sitten, Ein- und Vielherrschaften – doch nur konstellative Ereignisse in schon bestehenden Gesellschaften seien: wäre nicht schon eine Gesellschaft vorhanden, so fehlte die Voraussetzung und die Gelegenheit, solche Formen aufkommen zu lassen. Diese Vorstellung entsteht daraufhin, daß in jeder uns bekannten Gesellschaft eine große Anzahl derartiger Verbindungs-, d.h. Vergesellschaftungsformen wirksam sind. Wenn also selbst eine einzelne fortfiele, so würde noch immer „Gesellschaft" übrig bleiben, so daß es von jeder einzelnen allerdings scheinen kann, sie käme zu einer schon fertigen Gesellschaft hinzu oder entstünde innerhalb einer solchen. Wenn man sich aber alle diese einzelnen wegdenkt, so bleibt keine Gesellschaft mehr übrig. Erst indem derartige Wechselbeziehungen durch gewisse Motive und Interessen hervorgerufen, wirksam werden, entsteht Gesellschaft; so sehr also freilich die Geschichte und die Gesetze der so erwachsenen Gesamtgebilde Sache der Gesellschaftswissenschaft im weiteren Sinne ist, so bleibt, da diese schon in die einzelnen sozialen Wissenschaften auseinander gegangen ist, für eine Soziologie im engeren Sinne, in dem, der eine besondere Aufgabe stellt, nur noch die Betrachtung der abstrahierten Formen übrig, die nicht sowohl die Vergesellschaftung *bewirken,* als vielmehr die Vergesellschaftung *sind;* Gesellschaft in dem Sinne, den die Soziologie verwenden kann, ist dann entweder der abstrakte Allgemeinbegriff für diese Formen, die Gattung, deren Arten sie sind, oder die jeweilig wirksame Summe derselben. Es folgt weiterhin aus diesem Begriff, daß eine gegebene Anzahl von Individuen in größerem oder geringerem Grade Gesellschaft sein kann: mit jedem neuen Aufwachsen synthetischer Gestaltungen, jeder Bildung von Parteigruppen, jeder Vereinigung zu gemeinsamem Werk oder in gemeinsamem Fühlen und Denken, jeder entschiedneren Verteilung von Dienen und Herrschen, jeder gemeinsamen Mahlzeit, jedem Sich-Schmücken für die andern wird eben dieselbe Gruppe mehr „Gesellschaft", als sie es vorher war. Es gibt niemals schlechthin Gesellschaft, derart, daß unter ihrer Voraussetzung sich nun jene einzelnen Verbindungsphänomene bildeten; denn es gibt keine Wechselwirkung schlechthin, sondern besondere Arten derselben, mit deren Auftreten eben Gesellschaft da ist und die weder die Ursache noch die Folge dieser, sondern schon unmittelbar sie selbst sind. Nur die unabsehbare Fülle und Verschiedenheit, mit der sie in jedem Augenblick wirksam sind, hat dem Allgemeinbegriff Gesellschaft eine scheinbar selbständige historische Realität verschafft. Vielleicht liegt in dieser Hypostasierung einer bloßen Abstraktion die Ursache für die eigentümliche Verblasenheit und Unsicherheit, die diesem Begriff und den bisherigen Verhandlungen der allgemeinen Soziologie anhaftete – wie man mit dem Begriff des Lebens nicht recht vorwärts kam, solange die Wissenschaft ihn als ein einheitliches Phänomen von unmittelbarer Realität ansah. Erst als die einzelnen Prozesse innerhalb der Organismen, deren Summe oder Verwebung das Leben ist, untersucht wurden, erst als erkannt wurde, daß das Leben nur in diesen besonderen Vorgängen an und zwischen den Organen und Zellen besteht, gewann die Wissenschaft vom Leben ihren festen Boden.

Es dürfte erst auf diese Weise erfaßt werden, was an der Gesellschaft wirklich „Gesellschaft" ist, wie erst die Geometrie bestimmt, was an den räumlichen Dingen wirklich ihre Räumlichkeit ist. Soziologie als Lehre von dem Gesellschaft-Sein der Menschheit, die auch in unzähligen andern Hinsichten noch Wissenschaftsobjekt sein kann, verhält sich also zu den übrigen Spezialwissenschaften, wie sich zu den physikalisch-chemischen Wissenschaften von der Materie die Geometrie verhält: sie betrachtet die Form, durch die Materie überhaupt zu empirischen Körpern wird – die Form, welche freilich für sich allein nur in der Abstraktion existiert, grade wie die Formen der Vergesellschaftung. Sowohl Geometrie wie Soziologie überlassen die Erforschung der Inhalte, die sich in ihren Formen darstellen, oder der Totalerscheinungen, deren bloße Form sie betrachten, andern Wissenschaften. – Es bedarf kaum der Erwähnung, daß diese Analogie mit der Geometrie durchaus nicht weiter reicht, als bis zu der hier durch sie versuchten Verdeutlichung des prinzipiellen Problems der Soziologie. Vor allem hat die Geometrie den Vorteil, auf ihrem Gebiet äußerst einfache Gebilde vorzufinden, in welche die komplizierteren Figuren aufgelöst werden können; deshalb ist aus verhältnismäßig wenigen Grundbestimmungen der ganze Umkreis möglicher Gestaltungen zu konstruieren. Gegenüber den Formen der Vergesellschaftung ist eine auch nur annähernde Auflösung in einfache Elemente für absehbare Zeit nicht zu erhoffen. Die Folge davon ist, daß die soziologischen Formen, wenn sie einigermaßen bestimmte sein sollen, nur für einen relativ geringen Umkreis von Erscheinungen gelten. Wenn man also auch z. B. sagt, daß Über- und Unterordnungen eine Formung ist, die sich fast in jeder menschlichen Vergesellschaftung findet, so ist mit dieser allgemeinen Erkenntnis wenig gewonnen. Es bedarf vielmehr des Eingehens auf die einzelnen Arten der Über- und Unterordnung, auf die speziellen Formen ihrer Verwirklichung, die nun in dem Maße ihrer Bestimmtheit natürlich an Umfang ihrer Gültigkeit verlieren.

Wenn die Alternative, vor die man jetzt jede Wissenschaft zu stellen pflegt: ob sie auf die Auffindung zeitlos gültiger Gesetze oder auf die Darstellung und das Begreiflichmachen einmaliger, historisch-realer Verläufe geht – jedenfalls doch unzählige Vermittlungserscheinungen innerhalb des tatsächlichen Wissenschaftsbetriebes nicht ausschließt, so wird der hier festgestellte Problembegriff von der Notwendigkeit dieser Entscheidung von vornherein nicht berührt. Dieses aus der Wirklichkeit heraus abstrahierte Objekt läßt sich einerseits auf die Gesetzlichkeiten hin ansehen, die, rein in der sachlichen Struktur der Elemente gelegen, sich gegen ihre zeitlich-räumliche Verwirklichung gleichgültig verhalten; sie *gelten* eben, mögen die historischen Wirklichkeiten sie einmal oder tausendmal in Kraft treten lassen. Andrerseits aber können jene Vergesellschaftungsformen ebenso auf ihr Vorkommen in einem Dort und Dann, auf ihre geschichtliche Entwicklung innerhalb bestimmter Gruppen hin angesehen werden. Die Feststellung ihrer wäre in dem letzteren Falle sozusagen historischer Selbstzweck, in dem ersteren Induktionsmaterial zur Auffindung zeitloser Gesetzlichkeiten. Von Konkurrenz z. B. erfahren wir auf den verschiedensten Gebieten, die Politik wie die Volkswirtschaft, die Geschichte der Religionen wie die der Kunst erzählen uns unzählige Fälle derselben. Aus diesen Tatsachen gilt es nun festzustellen, was denn die Konkurrenz, als reine Form des menschlichen Verhaltens, bedeute, unter welchen Umständen sie entstehe, wie sie sich entwickle, welche Modifikationen sie durch die Sonderart ihres Objektes erfahre, durch welche gleichzeitigen, formalen und materialen Bestimmungen einer Gesellschaft sie gesteigert oder herabgesetzt wird, wie sich die Konkurrenz der Individuen von der zwischen Gruppen unterscheidet – kurz, was sie als Beziehungsform der Menschen untereinander sei, die alle möglichen Inhalte in sich aufnehmen kann, aber durch die Gleichheit ihrer Erscheinung bei großer Verschiedenheit der letzteren beweist, daß sie einem nach eignen Gesetzen geregelten und abstrahierungsberechtigten Gebiet angehört. An den komplexen Erscheinungen wird das Gleichmäßige wie mit einem Querschnitt herausgehoben, das Ungleichmäßige an ihnen – hier also die inhaltlichen Interessen – gegenseitig paralysiert. Entsprechend ist also mit all den großen gesellschaftsformenden Verhältnissen und Wechselwirkungen zu verfahren: mit der Parteibildung, der Nachahmung, der Bildung von Klassen, Kreisen, sekundären Abteilungen, mit der Verkörperung der sozialen Wechselwirkungen in Sondergebilden sachlicher, personaler, ideeller Art, mit dem Aufwachsen und der Rolle der Hierarchien, mit der „Vertretung“ von Gesamtheiten durch Einzelne, mit der Bedeutung gemeinsamer Gegnerschaft für den inneren Zusammenhalt der Gruppe; an solche Hauptprobleme schließen sich dann, gleichmäßig die Formbestimmtheit der Gruppen tragend, einerseits speziellere, andrerseits kompliziertere Tatsachen, jene z. B.: die Bedeutung des „Unparteiischen“, die des „Armen“ als organischen Gliedes der Gesellschaften, die der numerischen Bestimmtheit der Gruppenelemente, die des primus inter pares und des tertius gaudens. Als kompliziertere Vorgänge wären zu nennen: die Kreuzung mannigfaltiger Kreise in einzelnen Persönlichkeiten, die besondere Bedeutung des „Geheimen“ in der Bildung von Kreisen, die Modifikation der Gruppencharaktere, je nachdem sie lokal zusammenbefindliche oder durch nicht dazu gehörige Elemente getrennte Individuen umfassen, und unzähliges anderes. . . .

Wenn die Lehre von der Vergesellschaftung als solcher, abgesondert von allen Sozialwissenschaften, die von einem besonderen Inhalt des gesellschaftlichen Lebens aus bestimmt sind, als die einzige Wissenschaft erschien, die zu dem Namen der Gesellschaftswissenschaft schlechthin berechtigt ist, so ist das Wichtige natürlich nicht diese Namengebung, sondern die Auffindung jenes neuen Komplexes von Einzelproblemen. Der Streit, was denn Soziologie eigentlich bedeute, erscheint mir, solange er sich nur um die Zuerkennung dieses Titels an bereits bestehende und behandelte Aufgabenkreise dreht, als etwas völlig Belangloses. Wenn indes für diese Aufgabensammlung der Titel Soziologie mit dem Anspruch erwählt ist, den Begriff der Soziologie völlig und allein zu decken, so muß dies noch einer andern Problemgruppe gegenüber gerechtfertigt werden, die unleugbar nicht weniger, über die inhaltlich bestimmten Gesellschaftswissenschaften hinaus, Aussagen über die Gesellschaft als solche und als ganze zu gewinnen suchen.

Wie jede andre exakte, auf das unmittelbare Verständnis des Gegebenen gerichtete Wissenschaft, ist auch die soziale von zwei philosophischen Gebieten eingegrenzt. Das eine umfaßt die Bedingungen,

Grundbegriffe, Voraussetzungen der Einzelforschung, die in dieser selbst keine Erledigung finden können, da sie ihr vielmehr schon zugrunde liegen; in dem andern wird diese Einzelforschung zu Vollendungen und Zusammenhängen geführt und mit Fragen und Begriffen in Beziehung gesetzt, die innerhalb der Erfahrung und des unmittelbar gegenständlichen Wissens keinen Platz haben. Jenes ist die Erkenntnistheorie, dieses die Metaphysik der fraglichen Einzelgebiete. Die letztere bedeutet eigentlich zwei Probleme, die indes in der wirklichen Denkbehandlung mit Recht ungeschieden zu bleiben pflegen: die Unbefriedigung an dem fragmenarischen Charakter der Einzelerkenntnisse, an dem frühen Ende der sachlichen Feststellbarkeiten und der Beweisreihen führt zu der Ergänzung dieser Unvollkommenheiten mit den Mitteln der Spekulation; und eben dieselben dienen dem parallelen Bedürfnis, die Zusammenhangslosigkeit und gegenseitige Fremdheit jener Stücke zur Einheit eines Gesamtbildes zu ergänzen. Neben dieser, auf den *Grad* des Erkennens gerichteten metaphysischen Funktion, geht eine andre auf eine andre Dimension des Daseins, in der die metaphysische Bedeutung seiner Inhalte liegt: wir drücken sie aus als den Sinn oder den Zweck, als die absolute Substanz unter den relativen Erscheinungen, auch als den Wert oder die religiöse Bedeutung. Der Gesellschaft gegenüber ergibt diese geistige Attitüde Fragen wie diese: Ist die Gesellschaft der Zweck der menschlichen Existenz oder ein Mittel für das Individuum? Ist sie etwa für dieses nicht einmal ein Mittel, sondern umgekehrt eine Hemmung? Liegt ihr Wert in ihrem funktionellen Leben oder in der Erzeugung eines objektiven Geistes oder in den ethischen Qualitäten, die sie an den Einzelnen hervorruft? Offenbart sich in den typischen Entwicklungsstadien der Gesellschaften eine kosmische Analogie? – so daß die sozialen Beziehungen der Menschen in eine allgemeine, für sich nicht in die Erscheinung tretende, alle Erscheinungen aber fundamentierende Form oder Rhythmus einzuordnen wären, die auch die Wurzelkärfte der materiellen Tatsachen lenkt? Kann es überhaupt eine metaphysich-religiöse Bedeutung von Gesamtheiten geben, oder ist diese den individuellen Seelen vorbehalten?

Allein diese und unzählige Fragen ähnlicher Art scheinen mir nicht diejenige kategoriale Selbständigkeit, dasjenige einzigartige Verhältnis zwischen Gegenstand und Methode zu besitzen, das sie zur Gründung der Soziologie als einer neuen Wissenschaft, die den bestehenden nebengeordnet wäre, legitimierte. Denn alles dies sind schlechthin *philosophische* Fragen, und daß sie als ihren Gegenstand die Gesellschaft aufgenommen haben, bedeutet nur die Erstreckung einer ihrer Struktur nach bereits gegebenen Erkenntnisart auf ein weiteres Gebiet. Mag man Philosophie überhaupt als Wissenschaft anerkennen oder nicht: die Philosophie der Gesellschaft hat keinerlei Rechtsgrund, sich den

Vorteilen oder Nachteilen ihrer Zugehörigkeit zur Philosophie überhaupt durch ihre Konstituierung zu einer besonderen Wissenschaft der Soziologie zu entziehen.

Quelle: Simmel (1968, 1–21, zuerst 1908)

3.2 Exkurs über den Fremden.

Wenn das Wandern als die Gelöstheit von jedem gegebenen Raumpunkt der begriffliche Gegensatz zu der Fixiertheit an einem solchen ist, so stellt die soziologische Form des „Fremden" doch gewissermaßen die Einheit beider Bestimmungen dar – freilich auch hier offenbarend, daß das Verhältnis zum Raum nur einerseits die Bedingung, andrerseits das Symbol der Verhältnisse zu Menschen ist. Es ist hier also der Fremde nicht in dem bisher vielfach berührten Sinn gemeint, als der Wandernde, der heute kommt und morgen geht, sondern als der, der heute kommt und morgen bleibt – sozusagen der potenziell Wandernde, der, obgleich er nicht weitergezogen, die Gelöstheit des Kommens und Gehens nicht ganz überwunden hat. Er ist innerhalb eines bestimmten räumlichen Umkreises – oder eines, dessen Grenzbestimmtheit der räumlichen analog ist – fixiert, aber seine Position in diesem ist dadurch wesentlich bestimmt, daß er nicht von vornherein in ihn gehört, daß er Qualitäten, die aus ihm nicht stammen und stammen können, in ihn hineinträgt. Die Einheit von Nähe und Entferntheit, die jegliches Verhältnis zwischen Menschen enthält, ist hier zu einer, am kürzesten so zu formulierenden Konstellation gelangt: die Distanz innerhalb des Verhältnisses bedeutet, daß der Nahe fern ist, das Fremdsein aber, daß der Ferne nah ist. Denn das Fremdsein ist natürlich eine ganz positive Beziehung, eine besondere Wechselwirkungsform; die Bewohner des Sirius sind uns nicht eigentlich fremd – dies wenigstens nicht in dem soziologisch in Betracht kommenden Sinne des Wortes –, sondern sie existieren überhaupt nicht für uns, sie stehen jenseits von Fern und Nah. Der Fremde ist ein Element der Gruppe selbst, nicht anders als die Armen und die mannigfachen „inneren Feind" – ein Element, dessen immanente und Gliedstellung zugleich ein Außerhalb und Gegenüber einschließt. Die Art nun, wie repellierende und distanzierende Momente hier eine Form des Miteinander und der wechselwirkenden Einheit bilden, mag durch folgende – keineswegs als erschöpfend gemeinte – Bestimmungen angedeutet werden.

In der ganzen Geschichte der Wirtschaft erscheint der Fremde allenthalben als Händler bzw. der Händler als Fremder. Solange im wesentlichen Wirtschaft für den Eigenbedarf herrscht oder ein räumlich enger Kreis seine Produkte austauscht, bedarf es innerhalb seiner keines Zwischenhändlers; ein Händler kommt nur für diejenigen Produkte in Frage, die ganz außerhalb des Kreises erzeugt werden. Insofern nicht etwa Personen in die Fremde wandern, um diese Erforderlichkeiten einzukaufen – in welchem Falle sie dann in diesem andern Gebiete eben die „fremden“ Kaufleute sind – *muß* der Händler ein Fremder sein, für einen andern ist keine Existenzgelegenheit. Diese Position des Fremden verschärft sich für das Bewußtsein, wenn er, statt den Ort seiner Tätigkeit wieder zu verlassen, sich an ihm fixiert. Denn in unzähligen Fällen wird ihm auch dies nur möglich sein, wenn er vom Zwischenhandel leben kann. Ein irgendwie geschlossener Wirtschaftskreis, mit aufgeteiltem Grund und Boden und Handwerken, die der Nachfrage genügen, wird nun auch dem Händler eine Existenz gewähren; denn allein der Handel ermöglicht unbegrenzte Kombinationen, in ihm findet die Intelligenz noch immer Erweiterungen und Neuerschließungen, die dem Urproduzenten mit seiner geringeren Beweglichkeit, seinem Angewiesensein auf einen nur langsam vermehrbaren Kundenkreis, schwer gelingen. Der Handel kann immer noch mehr Menschen aufnehmen als die primäre Produktion, und er ist darum das indizierte Gebiet für den Fremden, der gewissermaßen als Supernumerarius in einen Kreis dringt, in dem eigentlich die wirtschaftlichen Positionen schon besetzt sind. Das klassische Beispiel gibt die Geschichte der europäischen Juden. Der Fremde ist eben seiner Natur nach kein Bodenbesitzer, wobei Boden nicht nur in dem physischen Sinne verstanden wird, sondern auch in dem übertragenen einer Lebenssubstanz, die, wenn nicht an einer räumlichen, so an einer ideellen Stelle des gesellschaftlichen Umkreises fixiert ist. Auch in den intimeren Verhältnissen von Person zu Person mag der Fremde alle möglichen Attraktionen und Bedeutsamkeiten entfalten; aber er ist, so lange er eben als Fremder empfunden wird, in dem Andern kein „Bodenbesitzer“. Nun gibt jene Angewiesenheit auf den Zwischenhandel und vielfach, wie in einer Sublimierung hiervon, auf das reine Geldgeschäft, dem Fremden den spezifischen Charakter der *Beweglichkeit;* in dieser, indem sie innerhalb einer umgrenzten Gruppe stattfindet, lebt jene Synthese von Nähe und Ferne, die die formale Position des Fremden ausmacht: denn der schlechthin Bewegliche kommt gelegentlich mit jedem einzelnen Element in Berührung, ist aber mit keinem einzelnen durch die verwandtschaftlichen, lokalen, beruflichen Fixiertheiten organisch verbunden.

Ein andrer Ausdruck für diese Konstellation liegt in der Objektivität des Fremden. Weil er nicht von der Wurzel her für die singulären Bestandteile oder die einseitigen Tendenzen der Gruppe festgelegt ist, steht er allen diesen mit der besonderen Attitüde des „Objektiven" gegenüber, die nicht etwa einen bloßen Abstand und Unbeteiligtheit bedeutet, sondern ein besonderes Gebilde aus Ferne und Nähe, Gleichgültigkeit und Engagiertheit ist. Ich verweise auf die Auseinandersetzung – im Kapitel „Über- und Unterordnung" – über die dominierenden Stellungen des Gruppenfremden, als deren Typus die Praxis jener italienischen Städte erschien, ihre Richter von auswärts zu berufen, weil kein Eingeborener von der Befangenheit in Familieninteressen und Parteiungen frei war. Mit der Objektivität des Fremden hängt auch die vorhin berührte Erscheinung zusammen, die freilich hauptsächlich, aber doch nicht ausschließlich, dem weiterziehenden gilt: daß ihm oft die überraschendsten Offenheiten und Konfessionen, bis zu dem Charakter der Beichte, entgegengebracht werden, die man jedem Nahestehenden sorgfältig vorenthält. Objektivität ist keineswegs Nicht-Teilnahme, – denn diese steht überhaupt jenseits von subjektivem und objektivem Verhalten – sondern eine positiv-besondre Art der Teilnahme – wie Objektivität einer theoretischen Beobachtung durchaus nicht bedeutet, daß der Geist eine passive tabula rasa wäre, in die die Dinge ihre Qualitäten einschrieben, sondern die volle Tätigkeit des nach seinen eigenen Gesetzen wirkenden Geistes, nur so, daß er die zufälligen Verschiebungen und Akzentuierungen ausgeschaltet hat, deren individuell-subjektive Verschiedenheiten ganz verschiedene Bilder von dem gleichen Gegenstand liefern würden. Man kann Objektivität auch als Freiheit bezeichnen: der objektive Mensch ist durch keinerlei Festgelegtheiten gebunden, die ihm seine Aufnahme, sein Verständnis, seine Abwägung des Gegebenen präjudizieren könnten. Diese Freiheit, die den Fremden auch das Nahverhältnis wie aus der Vogelperspektive erleben und behandeln läßt, enthält freilich allerhand gefährliche Möglichkeiten. Von jeher wird bei Aufständen aller Art von der angegriffenen Partei behauptet, es hätte eine Aufreizung von außen her, durch fremde Sendlinge und Hetzer stattgefunden. Soweit das zutrifft, ist es eine Exaggerierung der spezifischen Rolle des Fremden: er ist der Freiere, praktisch und theoretisch, er übersieht die Verhältnisse vorurteilsloser, mißt sie an allgemeineren, objektiveren Idealen und ist in seiner Aktion nicht durch Gewöhnung, Pietät, Antezedentien gebunden.*

---

* Wo jenes aber seitens der Angegriffenen fälschlich behauptet wird, entstammt es der Tendenz der Höherstehenden, die Tieferen, die bisher in einem einheitlichen, engeren Verhältnis zu ihnen gestanden haben, doch noch zu exkulpieren. Denn indem sie die Fiktion aufbringen: die Rebellen wären eigentlich gar nicht schuldig, sie wären nur aufgehetzt, die Rebellion ginge gar nicht von ihnen aus – exkulpieren sie sich selbst, negieren sie von vornherein jeden realen Grund des Aufstandes.

Endlich gewinnt die Proportion von Nähe und Entferntheit, die dem Fremden den Charakter der Objektivität gibt, noch einen praktischen Ausdruck in dem *abstrakteren* Wesen des Verhältnisses zu ihm, d. h. darin, daß man mit dem Fremden nur gewisse *allgemeinere* Qualitäten gemein hat, während sich das Verhältnis zu den organischer Verbundenen auf der Gleichheit von spezifischen Differenzen gegen das bloß Allgemeine aufbaut. Nach diesem Schema vollziehen sich überhaupt, in mannigfachen Anordnungen, alle irgendwie persönlichen Verhältnisse. Über sie entscheidet nicht nur, daß bestimmte Gemeinsamkeiten zwischen den Elementen bestehen, neben individuellen Differenzen, die die Beziehung entweder beeinflussen oder sich jenseits ihrer halten. Jenes Gemeinsame selbst vielmehr wird in seiner Wirkung auf das Verhältnis dadurch wesentlich bestimmt, ob es nur zwischen den Elementen eben dieses besteht und so nach innen zwar allgemein, nach außen aber spezifisch und unvergleichlich ist – oder ob es für die Empfindung der Elemente selbst ihnen nur gemeinsam ist, weil es überhaupt einer Gruppe oder einem Typus oder der Menschheit gemeinsam ist. In dem letzteren Fall tritt, proportional der Weite des den gleichen Charakter tragenden Kreises, eine Verdünnung der Wirksamkeit des Gemeinsamen ein, es funktioniert zwar als einheitliche Basis der Elemente, aber es weist nicht gerade diese Elemente aufeinander hin, eben diese Gleichheit könnte ein jedes auch mit allen möglichen andern vergemeinsamen. Auch dies ist ersichtlich eine Art, in der ein Verhältnis gleichzeitig Nähe und Ferne einschließt: in dem Maße, in dem die Gleichheitsmomente allgemeines Wesen haben, wird der Wärme der Beziehung, die sie stifen, ein Element von Kühle, ein Gefühl von der Zufälligkeit gerade *dieser* Beziehung beigesetzt, die verbindenden Kräfte haben den spezifischen, zentripetalen Charakter verloren. Diese Konstellation nun scheint mir in dem Verhältnis zu dem Fremden ein außerordentliches prinzipielles Übergewicht über die individuellen, nur der in Frage stehenden Beziehung eigenen Gemeinsamkeiten der Elemente zu besitzen. Der Fremde ist uns nah, insofern wir Gleichheiten nationaler oder sozialer, berufsmäßiger oder allgemein menschlicher Art zwischen ihm und uns fühlen; er ist uns fern, insofern diese Gleichheiten über ihn und uns hinausreichen und uns beide nur verbinden, weil sie überhaupt sehr Viele verbinden. In diesem Sinne kommt leicht auch in die engsten Verhältnisse ein Zug von Fremdheit. Erotische Beziehungen weisen in dem Stadium der ersten Leidenschaft jenen Generalisierungsgedanken sehr entschieden ab: eine Liebe wie diese habe es überhaupt noch nicht gegeben, weder mit der geliebten Person noch mit unsrer Empfindung für sie sei irgend etwas zu vergleichen. Eine Entfremdung pflegt – ob als Ursache, ob als Folge, ist schwer entscheidbar – in dem Augenblick einzusetzen, in dem der Beziehung ihr Einzigkeitsgefühl entschwindet; ein Skeptizismus gegen ihren Wert an sich und für uns knüpft sich gerade an den Gedanken, daß man schließlich mit ihr nur ein allgemein menschliches Geschick vollzöge, ein tausendmal dagewesenes Erlebnis erlebte, und daß, wenn man nicht zufällig eben dieser Person begegnet wäre, irgendeine andre die gleiche Bedeutung für uns gewonnen hätte. Und irgendetwas davon mag keinem, noch so nahen Verhältnis fehlen, weil das Zweien Gemeinsame vielleicht niemals *bloß* ihnen gemeinsam ist, sondern einem allgemeinen Begriff zugehört, der noch viel andres einschließt, viele *Möglichkeiten* des Gleichen; so wenig sie sich verwirklichen mögen, so oft wir sie vergessen mögen, hier und da drängen sie sich doch wie Schatten zwischen die Menschen, wie ein jedem bezeichnenden Worte enthuschender Nebel, der erst wie zu fester Körperlichkeit gerinnen müßte, um Eifersucht zu heißen. Vielleicht ist das in manchen Fällen die generellere, mindestens die unüberwindlichere Fremdheit, als die durch Differenzen und Unbegreiflichkeiten gegebene: daß zwar eine Gleichheit, Harmonie, Nähe besteht, aber mit dem Gefühle, daß diese eigentlich kein Alleinbesitz eben dieses Verhältnisses ist, sondern ein Allgemeineres, das potenziell zwischen uns und unbestimmt vielen Andern gilt und deshalb jenem allein realisierten Verhältnis keine innere und ausschließende Notwendigkeit zukommen läßt. – Andrerseits gibt es eine Art von „Fremdheit", bei der gerade die Gemeinsamkeit auf dem Boden eines Allgemeineren, die Parteien Umfassenden, ausgeschlossen ist: hierfür ist etwa das Verhältnis der Griechen zum *βάρβαρος* typisch, all die Fälle, in denen dem Andern gerade die generellen Eigenschaften, die man als eigentlich und bloß menschlich empfindet, abgesprochen werden. Allein hier hat „der Fremde" keinen positiven Sinn, die Beziehung zu ihm ist Nicht-Beziehung, er ist nicht das, als was er hier in Frage steht: ein Glied der Gruppe selbst.

Als solches vielmehr ist er *zugleich* nah und fern, wie es in der Fundamentierung der Beziehung auf eine nur allgemein menschliche Gleichheit liegt. Zwischen jenen beiden Elementen aber erhebt sich eine besondere Spannung, indem das Bewußtsein, nur das überhaupt Allgemeine gemein zu haben, doch gerade das, was nicht gemeinsam ist, zu besondrer Betonung bringt. Dies ist aber im Falle des Land-, Stadt-, Rassefremden usw. auch wieder nichts Individuelles, sondern eine fremde Herkunft, die vielen Fremden gemeinsam ist oder sein könnte. Darum werden die Fremden auch eigentlich nicht als Individuen, sondern als die Fremden eines bestimmten Typus überhaupt empfunden, das Moment der Ferne ist ihnen gegenüber nicht weniger generell als das der Nähe. Diese Form liegt z. B. einem so speziellen Fall wie der mittelalterlichen Judensteuer, wie sie in Frankfurt, aber auch sonst gefordert wurde, zugrunde. Während die von den christlichen Bürgern gezahlte Beede nach dem jedesmaligen Stande des Vermögens wechselte, war die Steuer für jeden einzelnen Juden ein für allemal festgesetzt. Diese Fixiertheit beruhte darauf, daß der Jude seine soziale Position als *Jude* hatte, nicht als Träger bestimmter sachlicher Inhalte. In Steuersachen war jeder andre Bürger Besitzer eines bestimmten Vermögens, und seine Steuer konnte den Wandlungen dieses folgen. Der Jude aber war als Steuerzahler in erster Linie Jude, und dadurch erhielt seine steuerliche Position ein invariables Element; am stärksten tritt dies natürlich hervor, sobald sogar diese individuellen Bestimmungen, deren Individualität durch die starre Unabänderlichkeit begrenzt war, fallen, und die Fremden eine durchgehend gleiche Kopfsteuer bezahlen. Mit all seiner unorganischen Angefügtheit ist der Fremde doch ein organisches Glied der Gruppe, deren einheitliches Leben die besondere Bedingtheit dieses Elementes einschließt; nur daß wir die eigenartige Einheit dieser Stellung nicht anders zu bezeichnen wissen, als daß sie aus gewissen Maßen von Nähe und gewissen von Ferne zusammengesetzt ist, die, in irgendwelchen Quanten jedes Verhältnis charakterisierend, in einer besonderen Proportion und gegenseitigen Spannung das spezifische, formale Verhältnis zum „Fremden“ ergeben.

Quelle: Simmel (1968, 509–512, zuerst 1908)

4 Weber

4.1 Soziologische Grundbegriffe

. . . § 1. Soziologie (im hier verstandenen Sinn dieses sehr vieldeutig gebrauchten Wortes) soll heißen: eine Wissenschaft, welche soziales Handeln deutend verstehen und dadurch in seinem Ablauf und seinen Wirkungen ursächlich erklären will. „Handeln" soll dabei ein menschliches Verhalten (einerlei ob äußeres oder innerliches Tun, Unterlassen oder Dulden) heißen, wenn und insofern als der oder die Handelnden mit ihm einen subjektiven *Sinn* verbinden. „Soziales" Handeln aber soll ein solches Handeln heißen, welches seinem von dem oder den Handelnden gemeinten Sinn nach auf das Verhalten *anderer* bezogen wird und daran in seinem Ablauf orientiert ist.

I. Methodische Grundlagen.

1. „Sinn" ist hier entweder a) der tatsächlich *α.* in einem historisch gegebenen Fall von einem Handelnden oder *β.* durchschnittlich und annähernd in einer gegebenen Masse von Fällen von den Handelnden oder b) in einem begrifflich konstruierten *reinen* Typus von dem oder den als Typus *gedachten* Handelnden subjektiv *gemeinte* Sinn. Nicht etwa irgendein objektiv „richtiger" oder ein metaphysisch ergründeter „wahrer" Sinn. Darin liegt der Unterschied der empirischen Wissenschaften vom Handeln: der Soziologie und der Geschichte, gegenüber allen dogmatischen: Jurisprudenz, Logik, Ethik, Aesthetik, welche an ihren Objekten den „richtigen", „gültigen" Sinn erforschen wollen.

2. Die Grenze sinnhaften Handelns gegen ein bloß (wie wir hier sagen wollen:) reaktives, mit einem subjektiv gemeinten Sinn nicht verbundenes, Sichverhalten ist durchaus flüssig. Ein sehr bedeutender Teil alles soziologisch relevanten Sichverhaltens, insbesondere das rein traditionale Handeln (s.u.) steht auf der Grenze beider. Sinnhaftes, d.h. verstehbares, Handeln liegt in manchen Fällen psychophysischer Vorgänge gar nicht, in andren nur für den Fachexperten vor; mystische und daher in Worten nicht adäquat kommunikable Vorgänge sind für den solchen Erlebnissen nicht Zugänglichen nicht voll verstehbar. Dagegen ist die Fähigkeit, aus Eignem ein gleichartiges Handeln zu produzieren, nicht Voraussetzung der Verstehbarkeit: „man braucht nicht Cäsar zu sein, um Cäsar zu verstehen." Die volle „Nacherlebbarkeit" ist für die Evidenz des Verstehens wichtig, nicht aber absolute Bedingung der Sinndeutung. Verstehbare und nicht verstehbare Bestandteile eines Vorgangs sind oft untermischt und verbunden.

3. Alle Deutung strebt, wie alle Wissenschaft überhaupt, nach „Evidenz". Evidenz des Verstehens kann entweder rationalen (und alsdann entweder: logischen oder mathematischen), oder einfühlend nacherlebenden: emotionalen, künstlerisch-rezeptiven Charakters sein. Rational evident ist auf dem Gebiet des Handelns vor allem das in seinem gemeinten Sinnzusammenhang restlos und durchsichtig *intellektuell* Verstandene. Einfühlend evident ist am Handeln das in seinem erlebten *Gefühlszusammenhang* voll Nacherlebte. . . .

4. Sinnfremde Vorgänge und Gegenstände kommen für alle Wissenschaften vom Handeln als: Anlaß, Ergebnis, Förderung oder Hemmung menschlichen Handelns in Betracht. . . .

5. Verstehen kann heißen: 1. das *aktuelle* Verstehen des gemeinten Sinnes einer Handlung (einschließlich: einer Aeußerung). Wir „verstehen" z.B. aktuell den Sinn des Satzes 2 x 2 = 4, den wir hören oder lesen (rationales aktuelles Verstehen von Gedanken) oder einen Zornausbruch, der sich in Gesichtsausdruck, Interjektionen, irrationalen Bewegungen manifestiert (irrationales aktuelles Verstehen von Affekten), oder das Verhalten eines Holzhackers oder jemandes, der nach der Klinke greift, um die Tür zu schließen, oder der auf ein Tier mit dem Gewehr anlegt (rationales aktuelles Verstehen von Handlungen). – Verstehen kann aber auch heißen: 2. *erklärendes* Verstehen. Wir „verstehen" *motivationsmäßig,* welchen Sinn derjenige, der den Satz 2 x 2 = 4 ausspricht, oder niedergeschrieben hat, damit verband, daß er dies gerade jetzt und in diesem Zusammenhang *tat*, wenn wir ihn mit einer kaufmännischen Kalkulation, einer wissenschaftlichen Demonstration, einer technischen Berechnung oder einer anderen Handlung befaßt sehen, in deren Zusammenhang nach ihrem uns verständlichen *Sinn* dieser Satz „hineingehört", das heißt: einen uns verständlichen Sinn*zusammenhang* gewinnt (rationales Motivationsverstehen). Wir verstehen das Holzhacken oder Gewehranlegen nicht nur aktuell, sondern auch motivationsmäßig, wenn wir wissen, daß der Holzhacker entweder gegen Lohn oder aber für seinen Eigenbedarf oder zu seiner Erholung (rational), oder etwa „weil er sich eine Erregung abreagierte" (irrational), oder wenn der Schießende auf Befehl zum Zweck der Hinrichtung oder der Bekämpfung von Feinden (rational) oder aus Rache (affektuell, also in diesem Sinn: irrational) diese Handlung vollzieht. Wir verstehen endlich motivationsmäßig den Zorn, wenn wir wissen, daß ihm Eifersucht, gekränkte Eitelkeit, verletzte Ehre zugrunde liegt (affektuell bedingt, also: irrational motivationsmäßig). All dies sind verständliche *Sinnzusammenhänge,* deren Verstehen wir als ein *Erklären* des tatsächlichen Ablaufs des Handelns ansehen. „Erklären" bedeutet also für eine mit dem Sinn des Handelns befaßte Wissenschaft soviel wie: Erfassung des Sinn*zusammenhangs,* in den, seinem subjektiv gemeinten Sinn nach, ein aktuell verständliches Handeln hineingehört. (Ueber die kausale Bedeutung dieses „Erklärens" s. Nr. 6.) In all diesen Fällen, auch bei affektuellen Vorgängen, wollen wir den subjektiven Sinn des Geschehens, auch des Sinnzusammenhanges als „gemeinten" Sinn bezeichnen (darin also über den üblichen Sprachgebrauch hinausgehend, der von „Meinen" in diesem Verstand nur bei rationalem und zweckhaft beabsichtigtem Handeln zu sprechen pflegt).

6. „Verstehen" heißt in all diesen Fällen: deutende Erfassung: a) des im Einzelfall real gemeinten (bei historischer Betrachtung) oder b) des durchschnittlich und annäherungsweise gemeinten (bei soziologischer Massenbetrach-

tung) oder c) des für den *reinen* Typus (Idealtypus) einer häufigen Erscheinung wissenschaftlich zu konstruierenden („idealtypischen") Sinnes oder Sinnzusammenhangs. Solche idealtypische Konstruktionen sind z. B. die von der reinen Theorie der Volkswirtschaftslehre aufgestellten Begriffe und „Gesetze". Sie stellen dar, wie ein bestimmt geartetes, menschliches Handeln ablaufen *würde, wenn* es streng zweckrational, durch Irrtum und Affekte ungestört, und *wenn* es ferner ganz eindeutig nur an einem Zweck (Wirtschaft) orientiert wäre. Das reale Handeln verläuft nur in seltenen Fällen (Börse) und auch dann nur annäherungsweise so, wie im Idealtypus konstruiert. (Ueber den Zweck solcher Konstruktionen s. [*meine* Ausf. im] Archiv f. Sozialwiss. XIX S. 64 ff. [Ges. Aufs. z. Wissenschaftslehre, S. 190 ff.] und unter Nr. 11).

Jede Deutung strebt zwar nach Evidenz (Nr. 3). Aber eine sinnhaft noch so evidente Deutung kann als solche und um dieses Evidenzcharakters willen noch nicht beanspruchen: auch die kausal *gültige* Deutung zu sein. Sie ist stets an sich nur eine besonders evidente kausale *Hypothese.* a) Es verhüllen vorgeschobene „Motive" und „Verdrängungen" (d.h. zunächst: nicht eingestandene Motive) oft genug gerade dem Handelnden selbst den wirklichen Zusammenhang der Ausrichtung seines Handelns derart, daß auch subjektiv aufrichtige Selbstzeugnisse nur relativen Wert haben. In diesem Fall steht die Soziologie vor der Aufgabe, diesen Zusammenhang zu ermitteln und deutend festzustellen, *obwohl* er nicht, oder meist: nicht voll, als in concreto „gemeint" ins *Bewußtsein* gehoben wurde: ein Grenzfall der Sinndeutung. b) Aeußeren Vorgängen des Handelns, die uns als „gleich" oder „ähnlich" gelten, können höchst verschiedene Sinnzusammenhänge bei dem oder den Handelnden zugrunde liegen, und wir „verstehen" auch ein sehr stark abweichendes, oft sinnhaft geradezu gegensätzliches Handeln gegenüber Situationen, die wir als unter sich „gleichartig" ansehen (Beispiele bei Simmel, Probl. der Geschichtsphil.). c) Die handelnden Menschen sind gegebenen Situationen gegenüber sehr oft gegensätzlichen, miteinander kämpfenden Antrieben ausgesetzt, die wir sämtlich „verstehen". In welcher relativen *Stärke* aber die verschiedenen im „Motivenkampf" liegenden, uns untereinander *gleich* verständlichen Sinnbezogenheiten im Handeln sich auszudrücken pflegen, läßt sich, nach aller Erfahrung, in äußerst vielen Fällen nicht einmal annähernd, durchaus regelmäßig aber nicht sicher, abschätzen. Der tatsächliche Ausschlag des Motivenkampfes allein gibt darüber Aufschluß. Kontrolle der verständlichen Sinndeutung durch den Erfolg: den Ausschlag im tatsächlichen Verlauf, ist also, wie bei jeder Hypothese, unentbehrlich. Sie kann mit relativer Genauigkeit nur in den leider wenigen und sehr besondersartigen dafür geeigneten Fällen im psychologischen Experiment erreicht werden. Nur in höchst verschiedener Annäherung in den (ebenfalls begrenzten) Fällen zählbarer und in ihrer Zurechnung eindeutiger Massenerscheinungen durch die Statistik. Im übrigen gibt es nur die Möglichkeit der Vergleichung möglichst vieler Vorgänge des historischen oder Alltagslebens, welche sonst gleichartig, aber in dem entscheidenden *einen* Punkt: dem jeweils auf seine praktische Bedeutsamkeit hin untersuchten „Motiv" oder „Anlaß", verschieden geartet sind: eine wichtige Aufgabe der vergleichenden Soziologie. Oft freilich bleibt leider nur das unsichere Mittel des „gedanklichen Experiments", d. h. des Fort*denkens* einzelner Bestandteile der Motivationskette und der Konstruktion des *dann* wahrscheinlichen Verlaufs, um eine kausale Zurechnung zu erreichen. . . .

7. „Motiv" heißt ein Sinnzusammenhang, welcher dem Handelnden selbst oder dem Beobachtenden als sinnhafter „Grund" eines Verhaltens erscheint. . . .

8. Vorgänge und Regelmäßigkeiten, welche, weil unverstehbar, im hier gebrauchten Sinn des Wortes nicht als „soziologische Tatbestände" oder Regeln bezeichnet werden, sind natürlich um deswillen nicht etwa weniger *wichtig*. Auch nicht etwa für die Soziologie im hier betriebenen Sinne des Wortes (der ja eine Begrenzung auf „*verstehende* Soziologie" enthält, welche niemandem aufgenötigt werden soll und kann). Sie rücken nur, und dies allerdings methodisch ganz unvermeidlich, in eine andere Stelle als das verstehbare Handeln: in die von „Bedingungen", „Anlässen", „Hemmungen", „Förderungen" desselben.

9. Handeln im Sinn sinnhaft verständlicher Orientierung des eignen Verhaltens gibt es für uns stets nur als Verhalten von einer oder mehreren *einzelnen* Personen. . . .

Für wiederum andere (z. B. juristische) Erkenntniszwecke oder für praktische Ziele kann es andererseits zweckmäßig und geradezu unvermeidlich sein: soziale Gebilde („Staat", „Genossenschaft", „Aktiengesellschaft", „Stiftung") genau so zu behandeln, wie Einzelindividuen (z. B. als Träger von Rechten und Pflichten oder als Täter *rechtlich* relevanter Handlungen). Für die verstehende Deutung des Handelns durch die Soziologie sind dagegen diese Gebilde lediglich Abläufe und Zusammenhänge spezifischen Handelns *einzelner* Menschen, da diese allein für uns verständliche Träger von sinnhaft orientiertem Handeln sind. . . .

10. Die „Gesetze", als welche man manche Lehrsätze der verstehenden Soziologie zu bezeichnen gewohnt ist, – etwa das Greshamsche „Gesetz" – sind durch Beobachtung erhärtete typische *Chancen* eines bei Vorliegen gewisser Tatbestände zu *gewärtigenden* Ablaufes von sozialem Handeln, welche aus typischen Motiven und typisch gemeintem Sinn der Handelnden *verständlich* sind. . . .

11. Die Soziologie bildet – wie schon mehrfach als selbstverständlich vorausgesetzt – *Typen*-Begriffe und sucht *generelle* Regeln des Geschehens. Im Gegensatz zur Geschichte, welche die kausale Analyse und Zurechnung *individueller, kultur*wichtiger, Handlungen, Gebilde, Persönlichkeiten erstrebt. Die Begriffsbildung der Soziologie entnimmt ihr *Material,* als Paradigmata, sehr wesentlich, wenn auch keineswegs ausschließlich, den auch unter den Gesichtspunkten der Geschichte relevanten Realitäten des Handelns. Sie bildet ihre Begriffe und sucht nach ihren Regeln vor allem *auch* unter dem Gesichtspunkt: ob sie damit der historischen kausalen Zurechnung der kulturwichtigen Erscheinungen einen Dienst leisten kann. Wie bei jeder generalisierenden Wissenschaft bedingt die Eigenart ihrer Abstraktionen es, daß ihre Begriffe gegenüber der konkreten Realität des Historischen relativ inhalts*leer* sein müssen. . . .

II. Begriff des sozialen Handelns.

1. Soziales Handeln (einschließlich des Unterlassens oder Duldens) kann orientiert werden am vergangenen, gegenwärtigen oder für künftig erwarteten Ver-

halten anderer (Rache für frühere Angriffe, Abwehr gegenwärtigen Angriffs, Verteidigungsmaßregeln gegen künftige Angriffe). Die „anderen" können Einzelne und Bekannte oder unbestimmt Viele und ganz Unbekannte sein („Geld" z. B. bedeutet ein Tauschgut, welches der Handelnde beim Tausch deshalb annimmt, weil er sein Handeln an der Erwartung orientiert, daß sehr zahlreiche, aber unbekannte und unbestimmt viele Andre es ihrerseits künftig in Tausch zu nehmen bereit sein werden).

2. Nicht jede Art von Handeln – auch von äußerlichem Handeln – ist „soziales" Handeln im hier festgehaltenen Wortsinn. Aeußeres Handeln dann nicht, wenn es sich lediglich an den Erwartungen des Verhaltens sachlicher Objekte orientiert. Das innere Sichverhalten ist soziales Handeln nur dann, wenn es sich am Verhalten anderer orientiert. Religiöses Verhalten z. B. dann nicht, wenn es Kontemplation, einsames Gebet usw. bleibt. Das Wirtschaften (eines Einzelnen) erst dann und nur insofern, als es das Verhalten Dritter mit in Betracht zieht. Ganz allgemein und formal also schon: indem es auf die Respektierung der eignen faktischen Verfügungsgewalt über wirtschaftliche Güter durch Dritte reflektiert. In materialer Hinsicht: indem es z. B. beim Konsum den künftigen Begehr Dritter mitberücksichtigt und die Art des eignen „Sparens" daran mitorientiert. Oder indem es bei der Produktion einen künftigen Begehr Dritter zur Grundlage seiner Orientierung macht usw.

3. Nicht jede Art von Berührung von Menschen ist sozialen Charakters, sondern nur ein sinnhaft am Verhalten des andern orientiertes eignes Verhalten. Ein Zusammenprall zweier Radfahrer z. B. ist ein bloßes Ereignis wie ein Naturgeschehen. Wohl aber wären ihr Versuch, dem andern auszuweichen, und die auf den Zusammenprall folgende Schimpferei, Prügelei oder friedliche Erörterung „soziales Handeln".

4. Soziales Handeln ist weder identisch a) mit einem *gleichmäßigen* Handeln mehrerer, noch b) mit jedem durch das Verhalten anderer *beeinflußten* Handeln. a) Wenn auf der Straße eine Menge Menschen beim Beginn eines Regens gleichzeitig den Regenschirm aufspannen, so ist (normalerweise) das Handeln des einen nicht an dem des andern orientiert, sondern das Handeln aller gleichartig an dem Bedürfnis nach Schutz gegen die Nässe. – b) Es ist bekannt, daß das Handeln des Einzelnen durch die bloße Tatsache, daß er sich innerhalb einer örtlich zusammengedrängten „Masse" befindet, stark beeinflußt wird (Gegenstand der „massenpsychologischen" Forschung, z. B. von der Art der Arbeiten Le Bon's): massen*bedingtes* Handeln. . . .

§ 2. Wie jedes Handeln kann auch das soziale Handeln bestimmt sein 1. *zweckrational:* durch Erwartungen des Verhaltens von Gegenständen der Außenwelt und von anderen Menschen und unter Benutzung dieser Erwartungen als „Bedingungen" oder als „Mittel" für rational, als Erfolg, erstrebte und abgewogene eigne *Zwecke,* – 2. *wertrational:* durch bewußten Glauben an den – ethischen, ästhetischen, religiösen oder wie immer sonst zu deutenden – unbedingten *Eigen*wert eines bestimmten Sichverhaltens rein als solchen und unabhängig vom Erfolg, – 3. *affektuell,* insbesondere *emotional:* durch aktuelle Affekte und Gefühlslagen, – 4. *traditional:* durch eingelebte Gewohnheit. . . .

§ 3. Soziale „Beziehung" soll ein seinem Sinngehalt nach aufeinander gegenseitig *eingestelltes* und dadurch orientieres Sichverhalten mehrerer heißen. Die soziale Beziehung *besteht* also durchaus und ganz ausschließlich: in der *Chance,* daß in einer (sinnhaft) angebbaren Art sozial gehandelt wird, einerlei zunächst: worauf diese Chance beruht.

1. Ein Mindestmaß von Beziehung des *beider*seitigen Handelns *aufeinander* soll also Begriffsmerkmal sein. Der Inhalt kann der allerverschiedenste sein: Kampf, Feindschaft, Geschlechtsliebe, Freundschaft, Pietät, Marktaustausch, „Erfüllung" oder „Umgehung" oder „Bruch" einer Vereinbarung, ökonomische oder erotische oder andre „Konkurrenz", ständische oder nationale oder Klassengemeinschaft (*falls* diese letzteren Tatbestände über bloße Gemeinsamkeiten hinaus „soziales Handeln" erzeugen, – wovon später). Der Begriff besagt also *nichts* darüber: ob „Solidarität" der Handelnden besteht oder das gerade Gegenteil. . . .

4. Eine soziale Beziehung kann ganz vorübergehenden Charakters sein oder aber auf Dauer, d. h. derart eingestellt sein: daß die Chance einer kontinuierlichen *Wiederkehr* eines sinnentsprechenden (d. h. dafür geltenden und demgemäß erwarteten) Verhaltens besteht. *Nur* das Vorliegen dieser Chance: – der mehr oder minder großen *Wahrscheinlichkeit* also, daß ein sinnentsprechendes Handeln stattfindet, und *nichts* darüber hinaus – bedeutet der *„Bestand"* der sozialen Beziehung, was zur Vermeidung falscher Vorstellungen stets gegenwärtig zu halten ist. Daß eine „Freundschaft" oder daß ein „Staat" *besteht* oder bestand, bedeutet also ausschließlich und allein: *wir* (die *Betrachtenden*) urteilen, daß eine *Chance* vorliegt oder vorlag: daß auf Grund einer bestimmt gearteten Einstellung bestimmter Menschen in einer einem *durchschnittlich gemeinten* Sinn nach angebbaren Art *gehandelt* wird, und sonst gar nichts. . . .

5. Der Sinngehalt einer sozialen Beziehung kann wechseln: – z. B. eine politische Beziehung aus Solidarität in Interessenkollision umschlagen. . . .

6. Der Sinngehalt, welcher eine soziale Beziehung *perennierend* konstituiert, kann in „Maximen" formulierbar sein, deren durchschnittliche oder sinnhaft annähernde Innehaltung die Beteiligten von dem oder den Partnern *erwarten* und an denen sie ihrerseits (durchschnittlich und annähernd) ihr Handeln orientieren. . . .

7. Der Sinngehalt einer sozialen Beziehung kann durch gegenseitige Zusage *vereinbart* sein. Dies bedeutet: daß die daran Beteiligten für ihr künftiges Verhalten (sei es zu einander, sei es sonst) *Versprechungen* machen.

§ 4. Es lassen sich innerhalb des sozialen Handelns tatsächliche Regelmäßigkeiten beobachten, d. h. in einem typisch gleichartig *gemeinten Sinn* beim gleichen Handelnden sich wiederholende oder (eventuell auch: zugleich) bei zahlreichen Handelnden verbreitete Abläufe von Handeln. Mit diesen *Typen* des Ablaufs von Handeln befaßt sich die Soziologie, im Gegensatz zur Geschichte als der kausalen Zurechnung wichtiger, d. h. schicksalhafter, Einzelzusammenhänge.

Eine tatsächlich bestehende Chance einer *Regelmäßigkeit* der Einstellung sozialen Handelns soll heißen *Brauch,* wenn und soweit die Chance ihres Bestehens innerhalb eines Kreises von Menschen *lediglich* durch tatsächliche Uebung gegeben ist. Brauch soll heißen *Sitte,* wenn die tatsächliche Uebung auf langer *Eingelebtheit* beruht. . . .

§ 5. Handeln, insbesondre soziales Handeln und wiederum insbesondre eine soziale Beziehung, können von seiten der Beteiligten an der *Vorstellung* vom Bestehen einer *legitimen Ordnung* orientiert werden. Die Chance, daß dies tatsächlich geschieht, soll „Geltung" der betreffenden Ordnung heißen. . . .

§ 6. Die Legitimität einer Ordnung kann *garantiert* sein:

I. rein innerlich und zwar
   1. rein affektuell: durch gefühlsmäßige Hingabe;
   2. wertrational: durch Glauben an ihre absolute Geltung als Ausdruck letzter verpflichtender Werte (sittlicher, ästhetischer oder irgendwelcher anderer);
   3. religiös: durch den Glauben an die Abhängigkeit eines Heilsgüterbesitzes von ihrer Innehaltung;

II. auch (oder: nur) durch Erwartungen spezifischer äußerer Folgen; also: durch Interessenlage; aber: durch Erwartungen von besonderer *Art.*

Eine Ordung soll heißen:

a) *Konvention,* wenn ihre Geltung äußerlich garantiert ist durch die Chance, bei Abweichung innerhalb eines angebbaren Menschenkreises auf eine (relativ) allgemeine und praktisch fühlbare *Mißbilligung* zu stoßen;

b) *Recht,* wenn sie äußerlich garantiert ist durch die Chance (des) (physischen oder psychischen) *Zwanges* durch ein auf Erzwingung der Innehaltung oder Ahndung der Verletzung gerichtetes Handeln eines *eigens* darauf eingestellten *Stabes* von Menschen.

§ 7. *Legitime* Geltung kann einer Ordnung von den Handelnden zugeschrieben werden:

a) kraft *Tradition:* Geltung des immer Gewesenen;

b) kraft *affektuellen* (insbesondere: emotionalen) Glaubens: Geltung des neu Offenbarten oder des Vorbildlichen;

c) kraft *wertrationalen* Glaubens: Geltung des als absolut gültig Erschlossenen;

d) kraft positiver Satzung, an deren *Legalität* geglaubt wird.

Diese Legalität kann als legitim gelten

α) kraft Vereinbarung der Interessenten für diese;

β) kraft Oktroyierung auf Grund einer als legitim geltenden Herrschaft von Menschen über Menschen und Fügsamkeit. . . .

1. Die Geltung von Ordnungen kraft Heilighaltung der Tradition ist die universellste und ursprünglichste. Angst vor magischen Nachteilen verstärkte die psychische Hemmung gegenüber jeder Aenderung eingelebter Gepflogenheiten des Handelns und die mannigfachen Interessen, welche sich an Erhaltung der Fügsamkeit in die einmal geltende Ordnung zu knüpfen pflegen, wirkten im Sinn ihrer Erhaltung. . . .

4. Die heute geläufigste Legitimitätsform ist der *Legalitäts*glaube: die Fügsamkeit gegenüber *formal* korrekt und in der üblichen Form zustandegekommenen Satzungen. . . .

§ 8. *Kampf* soll eine soziale Beziehung insoweit heißen, als das Handeln an der Absicht der Durchsetzung des eignen Willens gegen Widerstand des oder der Partner orientiert ist. „Friedliche" Kampfmittel sollen solche heißen, welche nicht in aktueller physischer Gewaltsamkeit bestehen. Der „friedliche" Kampf soll „Konkurrenz" heißen, wenn er als formal friedliche Bewerbung um eigne Verfügungsgewalt über Chancen geführt wird, die auch andre begehren. „Geregelte Konkurrenz" soll eine Konkurrenz insoweit heißen, als sie in Zielen und Mitteln sich an einer Ordnung orientiert. Der ohne sinnhafte Kampfabsicht *gegen* einander stattfindende (latente) Existenzkampf menschlicher Individuen oder Typen um Lebens- oder Ueberlebenschancen soll „Auslese" heißen: „soziale Auslese", sofern es sich um Chancen Lebender im Leben, „biologische Auslese", sofern es sich um Ueberlebenschancen von Erbgut handelt. . . .

§ 9. „Vergemeinschaftung" soll eine soziale Beziehung heißen, wenn und soweit die Einstellung des sozialen Handelns – im Einzelfall oder im Durchschnitt oder im reinen Typus – auf subjektiv *gefühlter* (affektueller oder traditionaler) *Zusammengehörigkeit* der Beteiligten beruht.

„Vergesellschaftung" soll eine soziale Beziehung heißen, wenn und soweit die Einstellung des sozialen Handelns auf rational (wert- oder zweckrational) motiviertem Interessen*ausgleich* oder auf ebenso motivierter Interessen*verbindung* beruht. Vergesellschaftung kann typisch insbesondere (aber nicht: nur) auf rationaler *Vereinbarung* durch gegenseitige Zusage beruhen. Dann wird das vergesellschaftete Handeln im Rationalitätsfall orientiert a) wertrational an dem Glauben an die *eigene* Verbindlichkeit, – b) zweckrational an der Erwartung der Loyalität des *Partners*.

§ 10. Eine soziale Beziehung (gleichviel ob Vergemeinschaftung oder Vergesellschaftung) soll nach außen *„offen"* heißen, wenn und insoweit die Teilnahme an dem an ihrem Sinngehalt orientierten gegenseitigen sozialen Handeln, welches sie konstituiert, nach ihren geltenden Ordnungen niemand verwehrt wird, der dazu tatsächlich in der Lage und geneigt ist. Dagegen nach außen *„geschlossen"* dann, insoweit und in dem Grade, als ihr Sinngehalt oder ihre geltenden Ordnungen die Teilnahme ausschließen oder beschränken oder an Bedingungen knüpfen. Offenheit und Geschlossenheit können traditionell oder affektuell oder wert- oder zweckrational bedingt sein. . . .

§ 12. *Verband* soll eine nach außen regulierend beschränkte oder geschlossene soziale Beziehung dann heißen, wenn die Innehaltung ihrer Ordnung garantiert wird durch das eigens auf deren Durchführung eingestellte Verhalten bestimmter Menschen: eines *Leiters* und, eventuell, eines *Verwaltungsstabes,* der gegebenenfalls normalerweise zugleich Vertretungsgewalt hat. . . .

§ 15. *Betrieb* soll ein kontinuierliches *Zweck*handeln bestimmter Art, *Betriebsverband* eine Vergesellschaftung mit kontinuierlich zweckhandelndem Verwaltungsstab heißen.

Verein soll ein vereinbarter Verband heißen, dessen gesatzte Ordnungen nur für die kraft persönlichen Eintritts Beteiligten Geltung beanspruchen.

Anstalt soll ein Verband heißen, dessen gesatzte Ordnungen innerhalb eines angebbaren Wirkungsbereiches jedem nach bestimmten Merkmalen angebbaren Handeln (relativ) erfolgreich oktroyiert werden. . . .

§ 16. *Macht* bedeutet jede Chance, innerhalb einer sozialen Beziehung den eigenen Willen auch gegen Widerstreben durchzusetzen, gleichviel worauf diese Chance beruht.

Herrschaft soll heißen die Chance, für einen Befehl bestimmten Inhalts bei angebbaren Personen Gehorsam zu finden; *Disziplin* soll heißen die Chance, kraft eingeübter Einstellung für einen Befehl prompten, automatischen und schematischen Gehorsam bei einer angebbaren Vielheit von Menschen zu finden. . . .

§ 17. *Politischer* Verband soll ein Herrschaftsverband dann und insoweit heißen, als sein Bestand und die Geltung seiner Ordnungen innerhalb eines angebbaren geographischen *Gebiets* kontinuierlich durch Anwendung und Androhung *physischen* Zwangs seitens des Verwaltungsstabes garantiert werden. *Staat* soll ein politischer *Anstaltsbetrieb* heißen, wenn und insoweit sein Verwaltungsstab erfolgreich das *Monopol legitimen* physischen Zwanges für die Durchführung der Ordnungen in Anspruch nimmt. . . .

1. Für politische Verbände ist selbstverständlich die Gewaltsamkeit weder das einzige, noch auch nur das normale Verwaltungsmittel. Ihre Leiter haben sich vielmehr aller überhaupt möglichen Mittel für die Durchsetzung ihrer Zwecke bedient. Aber ihre Androhung und, eventuell, Anwendung ist allerdings ihr *spezifisches* Mittel und überall die ultima ratio, wenn andre Mittel

versagen. Nicht *nur* politische Verbände haben Gewaltsamkeit als *legitimes* Mittel verwendet und verwenden sie, sondern ebenso: Sippe, Haus, Einungen, im Mittelalter unter Umständen: alle Waffenberechtigten. Den politischen Verband kennzeichnet *neben* dem Umstand: daß die Gewaltsamkeit (mindestens auch) zur Garantie von „Ordnungen" angewendet wird, das Merkmal: daß er die Herrschaft seines Verwaltungsstabes und seiner Ordnungen für ein *Gebiet* in Anspruch nimmt *und* gewaltsam garantiert. Wo immer für Verbände, welche Gewaltsamkeit anwenden, jenes Merkmal zutrifft – seien es Dorfgemeinden oder selbst einzelne Hausgemeinschaften oder Verbände von Zünften oder von Arbeiterverbänden („Räten") –, müssen sie *insoweit* politische Verbände heißen.

2. Es ist nicht möglich, einen politischen Verband – auch nicht: den „Staat" – durch Angeben des *Zweckes* seines Verbandshandelns zu definieren. Von der Nahrungsfürsorge bis zur Kunstprotektion hat es keinen Zweck gegeben, den politische Verbände *nicht* gelegentlich, von der persönlichen Sicherheitsgarantie bis zur Rechtsprechung keinen, den *alle* politischen Verbände verfolgt hätten. Man kann daher den „politischen" Charakter eines Verbandes *nur* durch das – unter Umständen zum Selbstzweck gesteigerte – *Mittel* definieren, welches nicht ihm allein eigen, aber allerdings spezifisch und für sein Wesen *unentbehrlich* ist: die Gewaltsamkeit. . . .

3. Den *Staats*begriff empfiehlt es sich, da er in seiner Vollentwicklung durchaus modern ist, auch seinem modernen Typus entsprechend – aber wiederum: unter Abstraktion von den, wie wir ja gerade jetzt erleben, wandelbaren inhaltlichen Zwecken – zu definieren. Dem heutigen Staat formal charakteristisch ist: eine Verwaltungs- und Rechtsordnung, welche durch Satzungen abänderbar ist, an der der Betrieb des Verbandshandelns des (gleichfalls durch Satzung geordneten) Verwaltungsstabes sich orientiert und welche Geltung beansprucht nicht nur für die – im wesentlichen durch Geburt in den Verband hineingelangenden – Verbandsgenossen, sondern in weitem Umfang für alles auf dem beherrschten Gebiet stattfindende Handeln (also: gebietsanstaltsmäßig). Ferner aber: daß es „legitime" Gewaltsamkeit heute nur noch insoweit gibt, als die staatliche Ordnung sie zuläßt oder vorschreibt (z. B. dem Hausvater das „Züchtigungsrecht" beläßt, einen Rest einstmaliger eigenlegitimer, bis zur Verfügung über Tod und Leben des Kindes oder Sklaven gehender Gewaltsamkeit des Hausherrn). Dieser Monopolcharakter der staatlichen Gewaltherrschaft ist ein ebenso wesentliches Merkmal ihrer Gegenwartslage wie ihr rationaler „Anstalts"- und kontinuierlicher „Betriebs"-Charakter.

Quelle: Weber (1972, 1–30, zuerst 1921)

4.2 Asketischer Protestantismus und kapitalistischer Geist

Um die Zusammenhänge der religiösen Grundvorstellungen des asketischen Protestantismus mit den Maximen des ökonomischen Alltagslebens zu durchschauen, ist es nötig, vor allem solche theologischen Schriften heranzuziehen, die sich als aus der seelsorgerischen

Praxis herausgewachsen erkennen lassen. Denn in einer Zeit, in welcher das Jenseits alles war, an der Zulassung zum Abendmahl die soziale Position des Christen hing, die Einwirkung des Geistlichen in Seelsorge, Kirchenzucht und Predigt einen Einfluß übte, von dem – wie jeder Blick in die gesammelten „consilia", „casus conscientiae" usw. ergibt – wir modernen Menschen uns *einfach keine Vorstellung* mehr zu machen vermögen, sind die in *dieser Praxis* sich geltend machenden religiösen Mächte die entscheidenden Bildner des „Volkscharakters". –

Wir können nun für die (hier vorliegenden) Erörterungen den asketischen Protestantismus als *eine* Gesamtmasse behandeln. Da aber der aus dem Calvinismus hervorgewachsene englische *Puritanismus* die konsequenteste Fundierung der Berufsidee bietet, stellen wir unserem Prinzip gemäß einen seiner Vertreter in den Mittelpunkt. Richard Baxter zeichnet sich vor vielen anderen literarischen Vertretern der puritanischen Ethik durch seine eminent praktische und irenische Stellung, zugleich auch durch die universelle Anerkennung seiner immer wieder neu aufgelegten und übersetzten Arbeiten aus. . . .

Nimmt man nun Baxters „Ewige Ruhe der Heiligen" und sein „Christian Directory" oder auch verwandte Arbeiten Anderer zur Hand, so fällt auf den ersten Blick in den Urteilen über den Reichtum und seinen Erwerb die Betonung gerade der ebionitischen Elemente der neutestamentlichen Verkündigung auf. Der Reichtum als solcher ist eine schwere Gefahr, seine Versuchungen sind unausgesetzte, das Streben danach ist nicht nur sinnlos gegenüber der überragenden Bedeutung des Gottesreichs, sondern auch sittlich bedenklich. Weit schärfer als bei Calvin, der in dem Reichtum der Geistlichen kein Hindernis für ihre Wirksamkeit, im Gegenteil eine durchaus erwünschte Steigerung ihres Ansehens erblickte (und) ihnen gestattete, ihr Vermögen gewinnbringend anzulegen, nur unter Vermeidung von Ärgernis, scheint hier die Askese *gegen* jedes Streben nach Erwerb zeitlicher Güter gerichtet. Man kann die Beispiele der Verdammung des Strebens nach Geld und Gut aus puritanischen Schriften ganz beliebig häufen und mit der darin viel unbefangeneren spätmittelalterlichen ethischen Literatur kontrastieren. Und es ist mit diesen Bedenken auch durchaus ernst gemeint, – nur bedarf es etwas näheren Zusehens, um ihren entscheidenden ethischen Sinn und Zusammenhang zu bemerken. Das sittlich wirklich Verwerfliche ist nämlich das *Ausruhen* auf dem Besitz, der *Genuß* des Reichtums mit seiner Konsequenz von Müßigkeit und Fleischeslust, vor allem von Ablenkung von dem Streben nach „heiligem" Leben. Und *nur weil* der Besitz die Gefahr dieses Ausruhens mit sich bringt, ist er bedenklich. Denn die „ewige Ruhe der Heiligen" liegt im Jenseits, auf Erden aber muß auch der Mensch, um seines Gnadenstandes sicher zu werden, „wirken die Werke dessen, der ihn gesandt hat, solange es Tag ist". Nicht Muße und Genuß, sondern *nur Handeln* dient nach dem unzweideutig geoffenbarten Willen Gottes zur Mehrung seines Ruhms. *Zeitvergeudung* ist also die erste und prinzipiell schwerste aller Sünden. . . .

Demgemäß zieht sich eine immer wiederholte, zuweilen fast leidenschaftliche Predigt harter, stetiger, körperlicher oder geistiger *Arbeit* durch Baxters Hauptwerk. Zwei Motive wirken hier zusammen. Die Arbeit ist zunächst das alterprobte *asketische Mittel,* als welches sie in der Kirche des Abendlandes, in scharfem Gegensatz nicht nur gegen den Orient, sondern gegen fast alle Mönchsregeln der ganzen Welt, von jeher geschätzt war. Sie ist namentlich das spezifische Präventiv gegen alle jene Anfechtungen, welche der Puritanismus unter dem Begriff „unclean life" zusammenfaßt, – und deren Rolle ist keine geringe. Die sexuelle Askese ist ja im Puritanismus nur dem Grade, nicht dem zugrundeliegenden Prinzip nach von der mönchischen verschieden und infolge der Erfassung auch des ehelichen Lebens weitreichender als jene. Denn der Geschlechtsverkehr ist auch *in* der Ehe *nur* als das von Gott gewollte Mittel zur Mehrung seines Ruhmes, entsprechend dem Gebot: „Seid fruchtbar und mehret euch", zulässig. Wie gegen religiöse Zweifel und skrupulöse Selbstquälerei so wird auch gegen alle sexuellen Anfechtungen – neben nüchterner Diät, Pflanzenkost und kalten Bädern – verschrieben: „Arbeite hart in deinem Beruf".

Aber die Arbeit ist darüber hinaus, und vor allem, von Gott vorgeschriebener *Selbst*zweck des Lebens überhaupt. Der paulinische Satz: „Wer nicht arbeitet, soll nicht essen", gilt bedingungslos und für jedermann. Die Arbeitsunlust ist Symptom fehlenden Gnadenstandes.

Deutlich zeigt sich hier die Abweichung von der mittelalterlichen Haltung. Auch Thomas von Aquin hatte jenen Satz interpretiert. Aber nach ihm ist die Arbeit nur naturali ratione notwendig zur Erhaltung des Lebens des Einzelnen und der Gesamtheit. Wo dieser Zweck wegfällt, zessiert auch die Geltung der Vorschrift. Sie trifft nur die Gattung, nicht jeden Einzelnen. Wer ohne Arbeit von seinem Besitz leben kann, auf den bezieht sie sich nicht, und ebenso steht natürlich die Kontemplation als eine geistliche Form des Wirkens im Gottesreich über dem Gebot in seiner wörtlichen Auslegung. Für die Populartheologie vollends lag ja die höchste Form mönchischer „Produktivität" in der Mehrung des „thesaurus ecclesiae" durch Gebet und Chordienst. Nicht nur diese Durchbrechungen der ethischen Arbeitspflicht aber fallen bei Baxter selbstverständlich fort, sondern mit größtem Nachdruck schärft er den Grundsatz ein, daß auch der Reichtum von jener bedingungslosen Vorschrift nicht entbinde. Auch der Besitzende soll nicht essen, ohne zu arbeiten, denn wenn er auch zur Deckung seines Bedarfs der Arbeit nicht benötigt, so besteht doch Gottes Gebot, dem er ebenso zu gehorchen hat wie der Arme. Denn für jeden ohne Unterschied hält Gottes Vorsehung einen Beruf (calling) bereit, den er erkennen und in dem er arbeiten soll, und dieser Beruf ist nicht wie im Luthertum eine Schickung, in die man sich zu fügen und mit der man sich zu bescheiden hat, sondern ein Befehl Gottes an den Einzelnen, zu seiner Ehre zu wirken. Diese scheinbar leichte Nuance hatte weittragende psychologische Konsequenzen und hing mit einer Weiterbildung jener *providentiellen* Deutung des ökonomischen Kosmos zusammen, welche schon der Scholastik geläufig war.

Das Phänomen der Arbeitsteilung und Berufsgliederung der Gesellschaft hatte, wie andere, schon Thomas von Aquin als direkten Ausfluß des göttlichen Weltplanes aufgefaßt. Aber die Eingliederung der Menschen in diesen Kosmos erfolgt ex causis naturalibus und ist zufällig („contingent", nach dem scholastischen Sprachgebrauch). Für Luther wurde die aus der objektiven historischen Ordnung folgende Eingliederung der Menschen in die gegebenen Stände und Berufe zum direkten Ausfluß göttlichen Willens und also das *Verharren* des Einzelnen in der Stellung und in den Schranken, die Gott ihm zugewiesen hat, religiöse Pflicht. . . . Wiederum anders nuanciert sich der providentielle Charakter des Ineinanderspielens der privatwirtschaftlichen Interessen in der puritanischen Anschauung. Welches der providentielle Zweck der Berufsgliederung ist, erkennt man, getreu dem puritanischen Schema pragmatischer Deutung, an ihren *Früchten.* Über diese nun läßt sich Baxter in Ausführungen aus, welche in mehr als einem Punkte direkt an Adam Smiths bekannte Apotheose der Arbeitsteilung erinnern. Die Spezialisierung der Berufe führt, weil sie die Übung (skill) des Arbeiters ermöglicht, zur quantitativen und qualitativen Steigerung der Arbeitsleistung und dient also dem allgemeinen Wohl (common best), welches mit dem Wohl möglichst Vieler identisch ist. Ist insoweit die Motivierung rein utilitarisch und durchaus verwandt mit manchen in der weltlichen Literatur der Zeit bereits üblichen Gesichtspunkten, so tritt der charakteristische puritanische Einschlag alsbald hervor, wenn Baxter an die Spitze seiner Auseinandersetzungen das Motiv stellt: „Außerhalb eines festen Berufs sind die Arbeitsleistungen eines Menschen nur unstete Gelegenheitsarbeit, und er verbringt mehr Zeit in Faulheit als in Arbeit", und wenn er sie folgendermaßen beschließt: „und er (der Berufsarbeiter) wird seine Arbeit *in Ordnung* vollbringen, während ein anderer in ewiger Verwirrung steckt und sein Geschäft nicht Ort noch Zeit kennt <. . .> darum ist ein fester Beruf („certain calling", an anderen Stellen heißt es „stated calling") für jedermann das beste." Die unstete Arbeit, zu welcher der gewöhnliche Tagelöhner gezwungen ist, ist ein oft unvermeidlicher, aber stets unerwünschter Zwischenzustand. Es fehlt eben dem Leben des „Beruflosen" der systematisch-methodische Charakter, den die innerweltliche Askese verlangt. Auch nach der Quäkerethik soll das Berufsleben des Menschen eine konsequente asketische Tugendübung, eine Bewährung seines Gnadenstandes an seiner *Gewissen*haftigkeit sein, die in der Sorgfalt und Methode, mit welcher er seinem Beruf nachgeht, sich auswirkt. Nicht Arbeit an sich, sondern rationale Berufsarbeit ist eben das von Gott Verlangte. Auf diesem methodischen Charakter der Berufsaskese liegt bei der puritanischen Berufsidee stets der Nachdruck, nicht, wie bei Luther, auf dem Sichbescheiden mit dem einmal von Gott zugemessenen Los. Daher wird nicht nur die Frage, ob jemand mehrere callings kombinieren dürfte, unbedingt bejaht – wenn es für das allgemeine Wohl oder das eigene zuträglich und niemandem sonst abträglich ist und wenn es nicht dazu führt, daß man in einem der kombinierten Berufe ungewissenhaft („unfaithful") wird. Sondern es wird auch der *Wechsel* des Berufs als keineswegs an sich verwerflich angesehen, wenn er nicht leichtfertig, sondern um einen Gott wohlgefälligeren, und das heißt dem allgemeinen Prinzip entsprechend: nützlicheren Beruf zu ergreifen, erfolgt. Und vor allem: die Nützlichkeit eines Berufs und seine entsprechende Gottwohlgefälligkeit richtet sich zwar in erster Linie nach sittlichen und demnächst nach Maßstäben der Wichtigkeit der darin zu produzierenden Güter für die „Gesamtheit", aber alsdann folgt als dritter und natürlich praktisch wichtigster Gesichtspunkt: die privatwirtschaftliche *„Profitlichkeit"*. Denn wenn jener Gott, den der Puritaner in allen Fügungen des Lebens wirksam sieht, einem der Seinigen eine Gewinnchance zeigt, so hat er seine Absichten dabei. Und mithin hat der gläubige Christ diesem Rufe zu folgen, indem er sie sich zunutze macht. „Wenn Gott Euch einen Weg zeigt, auf dem Ihr ohne Schaden für Eure Seele oder für andere in gesetzmäßiger Weise *mehr gewinnen könnt* als auf einem anderen Wege und Ihr dies zurückweist und den minder gewinnbringenden Weg verfolgt, dann *kreuzt Ihr einen der Zwecke Eurer Berufung* (calling), *Ihr weigert Euch, Gottes Verwalter* (steward) zu sein und seine Gaben anzunehmen, um sie für ihn gebrauchen zu können, wenn er es verlangen sollte. Nicht freilich für Zwecke der Fleischeslust und Sünde, wohl *aber für Gott dürft Ihr arbeiten, um reich zu sein.*" Der Reichtum ist eben nur als Versuchung zu faulem Ausruhen und sündlichem Lebensgenuß bedenklich und das Streben danach nur dann, wenn es geschieht, um später sorglos und lustig leben zu können. Als Ausübung der Berufspflicht aber ist es sittlich nicht nur gestattet, sondern geradezu geboten. . . .

Das Theater war dem Puritaner verwerflich, und bei der strikten Ausscheidung des Erotischen und der Nuditäten aus dem Kreise des Möglichen blieb in Literatur wie Kunst die radikalere Auffassung nicht stehen. Die Begriffe des „idle talk", der „superfluities", der „vain ostentation" – alles Bezeichnungen eines irrationalen, ziellosen, daher nicht asketischen und überdies nicht zum Ruhme Gottes, sondern des Menschen dienenden Gebarens – waren schnell bei der Hand, um gegen jede Verwendung künstlerischer Motive die nüchterne Zweckmäßigkeit entschieden zu begünstigen. Vollends galt dies da, wo es sich um den direkten Schmuck der Person, z.B. die Tracht, handelte. Jene mächtige Tendenz zur Uniformierung des Lebensstils, welcher heute das kapitalistische Interesse an der „standardization" der Produktion zur Seite steht, hatte in der Ablehnung der „Kreaturvergötterung" ihre ideelle Grundlage. . . .

Die innerweltliche protestantische Askese – so können wir das bisher Gesagte wohl zusammenfassen – wirkte also mit voller Wucht gegen den unbefangenen *Genuß* des Besitzes, sie schnürte die *Konsumtion,* speziell die Luxuskonsumtion, ein. Dagegen *entlastete* sie im psychologischen Effekt den *Gütererwerb* von den Hemmungen der traditionalistischen Ethik, sie sprengte die Fesseln des Gewinnstrebens, indem sie es nicht nur legalisierte, sondern (in dem dargestellten Sinn) direkt als gottgewollt ansah. . . .

Auf der Seite der *Produktion* des privatwirtschaftlichen Reichtums kämpfte die Askese gegen Unrechtlichkeit ebenso wie gegen rein *trieb*hafte Habgier, – denn diese war es, welche sie als „covetousness", als „Mammonismus" usw. verwarf: das Streben nach Reichtum zu dem Endzweck, reich zu *sein.* Denn der Besitz als solcher war Versuchung. Aber hier war nun die Askese die Kraft, „die stets das Gute will und stets das Böse" – das in ihrem Sinn Böse: den Besitz und seine Versuchungen – „schafft". Denn nicht nur sah sie, mit dem Alten Testament und in voller Analogie zu der ethischen Wertung der „guten Werke", zwar in dem Streben nach Reichtum als *Zweck* den Gipfel des Verwerflichen, in der Erlangung des Reichtums als *Frucht* der Berufsarbeit aber den Segen Gottes. Sondern, was noch wichtiger war: die religiöse Wertung der rastlosen, stetigen, systematischen, weltlichen Berufsarbeit als schlechthin höchsten asketischen Mittels und zugleich sicherster und sichtbarster Bewährung des wiedergeborenen Menschen und seiner Glaubensechtheit mußte ja der denkbar mächtigste Hebel der Expansion jener Lebensauffassung sein, die wir hier als „Geist" des Kapitalismus bezeichnen. Und halten wir nun noch jene Einschnürung der Konsumtion mit dieser Entfesselung des Erwerbsstrebens *zusammen,* so ist das äußere Ergebnis naheliegend: *Kapitalbildung* durch *asketischen Sparzwang.* Die Hemmungen, welche dem konsumtiven Verbrauch des Erworbenen entgegenstanden, mußten ja seiner produktiven Verwendung: als *Anlage*kapital, zugute kommen. Wie stark diese Wirkung gewesen ist, entzieht sich ziffernmäßig naturgemäß jeder exakten Bestimmung. In Neu-England tritt der Zusammenhang so greifbar hervor, daß er bereits dem Auge eines so vortrefflichen Historikers wie Doyle nicht entgangen ist. Aber auch in dem vom strikten Calvinismus nur 7 Jahre wirklich beherrschten Holland führte die in den religiös ernsteren Kreisen herrschende größere Einfachheit des Lebens bei enormen Reichtümern zu einer exzessiven Kapitalaufsammlungssucht. . . .

Soweit die Macht puritanischer Lebensauffassung reichte, kam sie unter allen Umständen – und dies ist natürlich weit wichtiger als die bloße Begünstigung der Kapitalbildung – der Tendenz zu bürgerlicher, ökonomisch *rationaler* Lebensführung zugute; sie war ihr wesentlichster und vor allem: ihr einzig konsequenter Träger. Sie stand an der Wiege des modernen „Wirtschaftsmenschen". Gewiß: diese puritanischen Lebensideale versagten bei einer allzu starken Belastungsprobe durch die den Puritanern selbst sehr wohlbekannten „Versuchungen" des Reichtums. Sehr regelmäßig finden wir die genuinsten Anhänger puritanischen Geistes in den Reihen der erst im *Aufsteigen begriffenen* Schichten der Kleinbürger und Farmer und die „beati possidentes", selbst bei den Quäkern, recht oft zur Verleugnung der alten Ideale bereit. Es war das das gleiche Schicksal, welchem die Vorgängerin der innerweltlichen Askese: die klösterliche Askese des Mittelalters, immer wieder erlag: wenn die rationelle Wirtschaftsführung hier, an der Stätte streng geregelten Lebens und gehemmter Konsumtion, ihre Wirkung voll entfaltet hatte, so verfiel der gewonnene Besitz entweder direkt – wie in der Zeit vor der Glaubensspaltung – der Veradligung oder es drohte doch die klösterliche Zucht in die Brüche zu gehen, und eine der zahlreichen „Reformationen" mußte eingreifen. Ist doch die ganze Geschichte der Ordensregeln in gewissem Sinne ein stets erneutes Ringen mit dem Problem der säkularisierenden Wirkung des Besitzes. Das gleiche gilt in grandiosem Maßstabe auch für die innerweltliche Askese des Puritanismus. . . .

Mit dem Bewußtsein, in Gottes voller Gnade zu stehen und von ihm sichtbar gesegnet zu werden, vermochte der bürgerliche Unternehmer, wenn er sich innerhalb der Schranken formaler Korrektheit hielt, sein sittlicher Wandel untadelig und der Gebrauch, den er von seinem Reichtum machte, kein anstößiger war, seinen Erwerbsinteressen zu folgen und *sollte* dies tun. Die Macht der religiösen Askese stellte ihm überdies nüchterne, gewissenhafte, ungemein arbeitsfähige und an der Arbeit als gottgewolltem Lebenszweck klebende Arbeiter zur Verfügung. Sie gab ihm dazu die beruhigende Versicherung, daß die ungleiche Verteilung der Güter dieser Welt ganz spezielles Werk von Gottes Vorsehung sei, der mit diesen Unterschieden ebenso wie mit der nur partikulären Gnade seine geheimen, uns unbekannten Ziele verfolge. Schon Calvin hatte den oft zitierten Ausspruch getan, daß nur, wenn das „Volk", d.h. die Masse der Arbeiter und Handwerker, arm erhalten werde, es Gott gehorsam bleibe. Die Niederländer (Pieter de la Court und andere) hatten dies dahin „säkularisiert": daß die Masse der Menschen nur *arbeite,* wenn die Not sie dazu treibe, und diese Formulierung eines Leitmotivs kapitalistischer Wirtschaft mündete dann weiterhin in den Strom der Theorie von der „Produktivität" niederer Löhne. Auch hier schob sich die utilitarische Wendung dem Gedanken unvermerkt mit dem Absterben seiner religiösen Wurzel unter, ganz nach dem Entwicklungsschema, welches wir immer wieder beobachten. . . .

Nun ist natürlich die gesamte asketische Literatur fast *aller* Konfessionen von dem Gesichtspunkt durchtränkt, daß treue Arbeit auch bei niederen Löhnen seitens dessen, dem das Leben sonst keine Chancen zugeteilt hat, etwas Gott höchst Wohlgefälliges sei. *Darin* brachte die protestantische Askese an sich keine Neuerung. Aber: sie vertiefte nicht nur diesen Gesichtspunkt aufs mächtigste, sondern sie erschuf jener Norm das, worauf es ja schließlich für deren Wirkung *allein ankam:* den psychologischen *Antrieb* durch die Auffassung dieser Arbeit als *Beruf,* als vorzüglichsten, ja letztlich oft als *einzigen* Mittels, des Gnadenstandes sicher zu werden. Und sie legalisierte auf der anderen Seite die Ausbeutung dieser spezifischen Arbeitswilligkeit, indem sie auch den Gelderwerb des Unternehmers als „Beruf" deutete. Es liegt auf der Hand, wie mächtig das *ausschließliche* Streben nach dem Gottesreich durch Erfüllung der Arbeitspflicht als Beruf und die strenge Askese, welche die Kirchenzucht naturgemäß gerade den besitzlosen Klassen aufnötigte, die „Produktivität" der Arbeit im kapitalistischen Sinn des Wortes fördern mußten. Die Behandlung der Arbeit als „Beruf" wurde für den modernen Arbeiter ebenso charakteristisch wie für den Unternehmer die entsprechende Auffassung des Erwerbs. . . .

Einer der konstitutiven Bestandteile des modernen kapitalistischen Geistes, und nicht nur dieses, sondern der modernen Kultur: die rationale Lebensführung auf Grundlage der *Berufsidee,* ist – das sollten diese Darlegungen erweisen – geboren aus dem Geist der *christlichen Askese.* – Der Gedanke, daß die moderne Berufsarbeit ein *asketisches* Gepräge trage, ist ja auch nicht neu. Daß die Beschränkung auf Facharbeit, mit dem Verzicht auf die faustische Allseitigkeit des Menschentums, welchen sie bedingt, in der heutigen Welt Voraussetzung wertvollen Handelns überhaupt ist, daß also „Tat" und „Entsagung" einander heute unabwendbar bedingen: dieses asketische Grundmotiv des bürgerlichen Lebensstils – wenn er eben Stil und nicht Stillosigkeit sein will – hat auf der Höhe seiner Lebensweisheit, in den „Wanderjahren“ und in dem Lebensabschluß, den er seinem Faust gab, auch Goethe uns lehren wollen. Für ihn bedeutete diese Erkenntnis einen entsagenden Abschied von einer Zeit vollen und schönen Menschentums, welche im Verlauf unserer Kulturentwicklung ebensowenig sich wiederholen wird wie die Zeit der Hochblüte Athens im Altertum. Der Puritaner *wollte* Berufsmensch sein, – wir *müssen* es sein. Denn indem die Askese aus den Mönchszellen heraus in das Berufsleben übertragen wurde und die innerweltliche Sittlichkeit zu beherrschen begann, half sie an ihrem Teil mit daran, jenen mächtigen Kosmos der modernen, an die technischen und ökonomischen Voraussetzungen mechanisch-maschineller Produktion gebundenen Wirtschaftsordnung erbauen, der heute den Lebensstil aller Einzelnen, die in dies Triebwerk hineingeboren werden – *nicht* nur der direkt ökonomisch Erwerbstätigen –, mit überwältigendem Zwang bestimmt und vielleicht bestimmen wird, bis der letzte Zentner fossilen Brennstoffs verglüht ist. Nur wie „ein dünner Mantel, den man jederzeit abwerfen könnte“, sollte nach Baxters Ansicht die Sorge um die äußeren Güter um die Schultern seiner Heiligen liegen. Aber aus dem Mantel ließ das Verhängnis ein stahlhartes Gehäuse werden. Indem die Askese die Welt umzubauen und in der Welt sich auszuwirken unternahm, gewannen die äußeren Güter dieser Welt zunehmende und schließlich unentrinnbare Macht über den Menschen, wie niemals zuvor in der Geschichte. Heute ist ihr Geist – ob endgültig, wer weiß es? – aus diesem Gehäuse entwichen. Der siegreiche Kapitalismus jedenfalls bedarf, seit er auf mechanischer Grundlage ruht, dieser Stütze nicht mehr. Auch die rosige Stimmung ihrer lachenden Erbin: der Aufklärung, scheint endgültig im Verbleichen, und als ein Gespenst ehemals religiöser Glaubensinhalte geht der Gedanke der „Berufspflicht“ in unserem Leben um. Wo die „Berufserfüllung“ nicht direkt zu den höchsten geistigen Kulturwerten in Beziehung gesetzt werden kann – oder wo nicht umgekehrt sie auch subjektiv einfach als ökonomischer Zwang empfunden werden muß –, da verzichtet der Einzelne heute meist auf ihre Ausdeutung überhaupt. Auf dem Gebiet seiner höchsten Entfesselung, in den Vereinigten Staaten, neigt das seines religiös-ethischen Sinnes entkleidete Erwerbsstreben heute dazu, sich mit rein agonalen Leidenschaften zu assoziieren, die ihm nicht selten geradezu den Charakter des Sports aufprägen. Niemand weiß noch, wer künftig in jenem Gehäuse wohnen wird und ob am Ende dieser ungeheuren Entwicklung ganz neue Propheten oder eine mächtige Wiedergeburt alter Gedanken und Ideale stehen werden, *oder* aber – wenn keins von beiden – mechanisierte Versteinerung, mit einer Art von krampfhaftem Sich-wichtig-nehmen verbrämt. Dann allerdings könnte für die „letzten Menschen" dieser Kulturentwicklung das Wort zur Wahrheit werden: „Fachmenschen ohne Geist, Genußmenschen ohne Herz: dies Nichts bildet sich ein, eine nie vorher erreichte Stufe des Menschentums erstiegen zu haben." –

Doch wir geraten damit auf das Gebiet der Wert- und Glaubensurteile, mit welchen diese rein historische Darstellung nicht belastet werden soll. Die Aufgabe wäre vielmehr: die in der vorstehenden Skizze nur angeschnittene Bedeutung des asketischen Rationalismus nun auch für den Inhalt der *sozialpolitischen* Ethik, also für die Art der Organisation und der Funktionen der sozialen Gemeinschaften vom Konventikel bis zum Staat aufzuzeigen. . . . Weiter aber müßte dann auch die Art, wie die protestantische Askese ihrerseits durch die Gesamtheit der gesellschaftlichen Kulturbedingungen, insbesondere auch der *ökonomischen,* in ihrem Werden und ihrer Eigenart beeinflußt worden ist, zutage treten. Denn obwohl der moderne Mensch im ganzen selbst beim besten Willen nicht imstande zu sein pflegt, sich die Bedeutung, welche religiöse Bewußtseinsinhalte auf die Lebensführung, die Kultur und die Volkscharaktere gehabt haben, *so* groß vorzustellen, wie sie tatsächlich gewesen ist, – so kann es dennoch natürlich nicht die Absicht sein, an Stelle einer einseitig „materialistischen" eine ebenso einseitig spiritualistische kausale Kultur- und Geschichtsdeutung zu setzen. *Beide* sind *gleich möglich,* aber mit beiden ist, wenn sie nicht Vorarbeit, sondern Abschluß der Untersuchung zu sein beanspruchen, der historischen Wahrheit gleich wenig gedient.

Quelle: Weber (1956 e, 357–381, zuerst 1905)